《广州改革开放四十年》丛书

丛书主编　徐咏虹

城市变迁

一座国际大都市的成长

涂成林　主编

广州新华出版发行集团
广州出版社

图书在版编目（CIP）数据

城市变迁：一座国际大都市的成长 / 涂成林主编.—广州：广州出版社，2019.1

（《广州改革开放四十年》丛书 / 徐咏虹主编）

ISBN 978-7-5462-2890-7

Ⅰ. ①城… Ⅱ. ①涂… Ⅲ. ①国际性城市—城市建设—成就—广州 Ⅳ. ①F299.276.51

中国版本图书馆CIP数据核字（2019）第006707号

书　　名 城市变迁——一座国际大都市的成长
Chengshi Bianqian Yi Zuo Guoji Da Dushi de Chengzhang
出版发行 广州出版社
（地址：广州市天河区天润路 87 号 9 楼、10 楼　邮政编码：510635
网址：www.gzcbs.com.cn）
责任编辑 田宇星
责任校对 李少芳　黄焕姗　蒋美秀
封面设计 舒　巧
印刷单位 佛山市华禹彩印有限公司
（地址：佛山市南海区罗村联和工业区西二区三路 1-1 号　邮政编码：528226）
规　　格 787 毫米 ×1092 毫米　16 开
字　　数 310 千
印　　张 23.25
版　　次 2019 年 1 月第 1 版
印　　次 2019 年 1 月第 1 次
书　　号 ISBN 978-7-5462-2890-7
定　　价 68.00 元

《广州改革开放四十年》丛书

编委会

《城市变迁——一座国际大都市的成长》编委会

主　编：涂成林

副主编：谭苑芳

编　委：（按姓氏笔画排序）

丁艳华　李　春　汪文姣　周　雨

姚华松　彭晓刚　粟华英

撰　稿：李佳希　李佳曦　姚华松　曾恒皋

总 序

四十而不惑。置身历史的长河，改革开放自1978年开始，走过了40年的风风雨雨，值得庆祝，值得铭记。

40年改革开放绘就壮美长卷。中国人民自力更生、发愤图强、砥砺前行，依靠自己的辛勤和汗水书写了国家和民族发展的壮丽史诗。对中国而言，这40年不仅是一个时间概念，更是一段非凡历程，正是这40年的发展让中国富了起来，并不断强起来。40年来，我们党团结带领全国各族人民，从“摸着石头过河”到建立社会主义市场经济体制，从由下而上的基层试点改革到自上而下全面深化改革，从打开国门实施开放政策到张开怀抱自信拥抱世界，从积极吸引外资“引进来”到主动到境外投资“走出去”，从加入世界贸易组织到共建“一带一路”，从聚精会神搞国内建设到为世界发展贡献中国方案，成功走出了一条中国特色社会主义发展道路。改革开放使中国走向了世界，正日益走近世界舞台的中央。改革开放的中国实践是21世纪马克思主义在中国焕发出勃勃生机和无限生命力的生动写照。

改革开放不仅深刻改变了中国，也深刻影响了世界。40年的改革开放，不仅发展了中国，也造福了世界和全人类。特别是党的十八大以来，以习近平同志为核心的党中央统筹推进“五位一体”总体布局，协调推进“四个全面”战略布局，着力提高国家治理体系现代化能力和水平，形成了习近平新时代中国特色社会主义思想，指引着中国坚定前行。面对世界格局的深刻变化，中国坚定笃行经济全球化大道，以大国情怀与担当提出构建人类命运共同体的理念，发出“一带一路”倡议，主动为各国搭乘中国发展“快车”提供便利和条件，改革的决心从未动摇。开放已经成为当代中国的鲜明标识。中国开放的大门不会关闭，只会越开越大！

春江水暖鸭先知。在中国改革开放发展的历史进程中，广州是一座具有特殊重要地位的城市。作为一座因海而生、向海而兴的千年商都和有着2200多年建城史的国家中心城市和国际大都市，广州的历史文化脉络、商业发展盛景、改革开放成就在全球城市发展史上独树一帜，占有一席之地。40年来，面临改革大潮，广州人坚持做改革的弄潮儿，有着强烈的历史担当精神。广州坚定传承改革开放的历史基因，大力发扬敢为人先、敢闯敢试的精神，以“杀出一条血路”的胆识与魄力，在诸多领域开创了可资全国借鉴的先行经验，从改革开放初期率先进行价格闯关，推进流通体制改革，鼓励非公企业生产发展，到20世纪80年代依托广州开发区建设推动外向型经济发展，再到近年来建设南沙自贸区以点带面构建全面开放新格局，广州的创新探索实践始终走在全国前列，始终引领着改革开放的发展步伐。

一滴水能反映出太阳的光辉，一个城市可以体现一个国家的风貌。进入新时代，全球经济不确定因素增加，国内经济呈现新的发展态势，发展机遇和挑战并存。广州坚持把学懂弄通做实习近平新时代中国特色社会主义思想作为第一要务，源源不断地从新思想中汲取真理力量和实践智慧，坚定践行新发展理念，积极适应引领经济发展新常态，在不断深化的改革开放实践中破解发展难题，推动经济由高速增长向高质量发展转换，通过扎实推进创新驱动发展战略，培育新的动力源和增长极，保持经济发展“换挡不失速”。40年间，广州经济总量从1978年的43亿元跃升到2017年的21503亿元，人均地区生产总值从1978年不足1000元提升到2017年突破15万元（按平均汇率折算为22317美元），接近发达国家水平。与此同时，广州坚持以先进制造业为产业主攻方向，高标准高起点高质量谋划产业结构优化升级，构建起以IAB（新一代信息技术、人工智能、生物科技）、NEM（新能源、新材料）为主导的现代产业体系，将改善政治生态环境、提升城市环境与优化营商环境有机结合、同步推进，推动全球最高端资源要素向广州集聚，持续优化的经济结构和开放的发展环境为广州未来积极健康稳定发展奠定了良好的基础，为新时代广州改革开放发展积蓄了强大势能，创造了巨大空间。广州这座老城市，越来越充满新活力。

惟改革者进，惟创新者强，惟改革创新者胜。站在新时代新起点上，我们始终谨记：改革开放是决定当代中国命运的关键一招，也是决定实现“两个一百年”奋斗目标、实现中华民族伟大复兴的关键一招。正是在这个意义上，隆重庆祝改革开放40周年，更具有重大的历史意义和现实意义。当今的世界，你中有我，我中有你，经济全球化大潮浩浩荡荡、不可阻挡。改革开放40年的经验启示我们，中国发展离不开世界，世界发展也需要中国。只要我们保持战略定力，全面深化改革开放，深化供给侧结构性改革，下大气力解决存在的突出矛盾和问题，中国经济就一定能加快转入高质量发展轨道，中国人民就一定能战胜前进道路上的一切困难挑战，中国就一定能迎来更加光明的发展前景。中国改革开放永不停步！下一个40年的中国，定当有让世界刮目相看的新成就！

党的十八大以来，习近平总书记两次亲临广东考察并发表重要讲话，多次对广东、广州工作作出重要指示批示，对广州发展寄予厚望。面对新征程，广州要保持走在全国前列，最根本的是要继续弘扬改革开放精神，推动思想再解放、改革再深入、工作再落实。为认真学习贯彻习近平总书记重要讲话精神，总结改革开放40年来的经验，乘势而上，在新起点上推动改革开放实现新突破，中共广州市委宣传部策划出版本套丛书，以回溯历史的形式重读历史，不仅是对广州改革开放40年历程经验的一个简单回顾总结，更是为了以问题为导向，深刻认识新形势下改革开放的时代性、体系性、全局性，高举新时代改革开放旗帜，不忘改革开放初心，坚定改革再出发、将改革开放进行到底的决心，凝心聚力，接续奋斗，激励广州在更高起点、更高层次、更高水平上推进改革开放，用新业绩抒写新时代改革开放恢宏的画卷。

祝愿每一位读者都能从品读广州改革开放40年的历史中获取源源不断的奋斗激情和前进动力。

是为序。

丛书编委会

2018年11月10日

前　言

法国地理学家潘什梅尔曾说过，“城市既是一个景观、一片经济空间、一种人口密度，也是一个生活中心和劳动中心，也有可能是一种气氛，一种特征或一个灵魂”。时空转换和城镇化运动促进了城市的发展演进，带来了城市空间、人口、交通、建筑、环境、文化、社会生活、城市地位等诸多方面的历史变迁。

广州，始于秦王政三十三年（公元前214年）任嚣所筑番禺城，至今已有2200多年历史。广州从秦朝开始，就是我国岭南地区郡治、州治、府治的行政中心和主要对外通商口岸，是岭南文化的中心地和“海上丝绸之路”的发祥地。1921年2月15日，《广州市暂行条例》颁布实施，正式成立市政厅，设三部六局，拆城墙、修马路、建骑楼、开辟中轴线，完善水陆联运现代交通体系，建立现代城市规划管理体系，现代意义上的“城市”在广州诞生。[①]中华人民共和国成立后到改革开放之前的这段时期，广州在国家工业化总动员机制下，采取了从商业城市到工业生产城市转变的发展战略，该时期广州工业投资约

①冯江. 广州变形记：从晚清省城到民国第一座现代城市［J］. 城市与区域规划研究，2013（1）.

占全市投资总额的40%。广州工业总产值从1949年的4.3亿元增长到1980年的100亿元，成为全国第五个工业产值越过百亿元大关的大城市。①

改革开放以来，广州作为我国第一批沿海开放城市，积极创新，大胆先行先试，经济发展和城市建设进入黄金发展时期。在改革开放的40年间，广州的城市经济水平、人口规模、城镇化水平等诸多指标都得以迅速提升，现在的广州已发展成为总面积7434.4平方公里、常住人口1404.35万人、城镇化率86.06%、经济总量连续28年稳居全国第三的国际化大都市。通过南拓、北优、东进、西联，城市空间格局已从原来狭小的“云山珠水”提升到现在磅礴的“山、水、城、田、海”，城市地位也从改革开放初期的华南中心城市提升为现在的国家中心城市，并正在向全球城市迈进。但在经济高速增长和快速城镇化进程中，广州从20世纪90年代开始也逐渐遇到人口膨胀、交通拥堵、环境恶化、住房紧张等难题。为此，广州秉承着敢为人先的城市精神，积极推动城市发展理念、发展战略创新。在21世纪的新时代，广州从传统城镇化走向创新驱动发展道路，从城市行政管理转向城市精细化治理，从控制人口机械增长转向通过高层次人才战略积极调整人口结构，从城市大拆大建转向推动城市有机更新和城市风貌区整体保护。在这些创新理念和城市发展战略的推动下，现在广州已很好地解决了经济增长和生态、文化保护协调发展问题，不仅成为国内首个特大型城市中创建全国文明城市成功的城市，获得了国际花园城市、国家园

①李三虎．纽约与广州：一种城市变迁的历史透视［J］．探求，2002（2）．

林城市、国家森林城市、全国绿化模范城市等荣誉称号，而且在2017年成为国家中心城市及地区生产总值超万亿元、常住人口超千万人的省会城市中率先实现PM2.5达标的城市，“广州蓝”频频刷爆微信朋友圈，成为广州的新名片。

改革开放40年是广州建城史上发展最快最好的40年。本书从城市变迁的视角准确记录广州改革开放40年来在城市建设和经济社会发展中取得的伟大成就，按照时代脉络清晰反映40年来广州在城市战略、规划实践、空间结构、基础设施建设、旧城改造和新城建设、住房保障、文化保护、人口管理、城市综合治理等方面取得的典型经验与重要成果。这是一次对过去城市建设和发展成果的完整呈现与展示，向在改革开放40年中为广州城市发展默默付出的所有建设者、参与者致敬。希望对发展经验和发展模式的梳理和总结，可使得广州在未来的城市建设和经济社会发展中走得更好、更稳。

目 录

城市建设篇

城市管理篇

发展战略篇

第一章
城市发展战略与城市定位变迁

一、广州城市发展战略演进

（一）广州城镇化发展进程

城镇化是一种经济社会现象，其本质是乡村城镇化，它包括同时发生的两个过程：一是农业人口向非农业转移，向城镇集中；另外是农村生产、生活质量的逐步城镇化。根据世界各国经济发展水平与城镇化过程，一般将城镇化全过程分为三个阶段：城镇化率在30%以下为城镇化初期阶段，30%—70%为城镇化中期阶段，70%以上为城镇化后期阶段。

在中华人民共和国成立至改革开放之前的30年间，广州受计划经济体制的影响，经济发展比较缓慢，城市人口的增长主要靠自然增长，城镇化发展非常缓慢。从1949年到1978年，广州的总人口从247.53万人增长到487.54万人，年均增长2.29%，而非农业人口从117.96万人增长到231.79万人，年均增长仅1.02%，城镇化率从1949年的47.66%提高到1978年的48.07%，30年间仅仅提高不到一个百分点，城镇化水平几乎没有什么变化。

1978年党的十一届三中全会召开后，广州作为我国改革开放的前沿阵地，城市经济、产业、社会与文化发展迈进新时代。而城市经济社会的飞速发展也加速了城镇化进程的推进，自此广州的城镇化发展步入快车道。根据不同时期广州城镇化发展的特点，改革开放40年间广州的城镇化进程可分为四个阶段：

第一阶段为1978年至1991年间，这是广州城镇化恢复发展阶段。1979年6月，中共广州市委三届二次常委扩大会议明确提出“把广州建设成为一个以轻工业为主，原材料工业、支农工业协调发展，科学文化、对外贸易和旅游事业发达的现代化城市”的发展目标，拉开了现代化城市建设的帷幕。在此后的1984年，广州被国务院正式列为全国沿海港口城市、计划单列市和经济体制综合改革试点城市。为了更好地发挥广州作为华南地区中心城市的作用，1986年3月，广州在“七五”计划中进一步提出“把广州建设成为具有强大的内外辐射能力、高度文明、多功能的社会主义现代化的中心城市”。围绕建设现代化中心城市的目标，广州城市建设推出一系列重大举措：一是为了大力发展外向型经济，加快利用外资以及引进先进技术和先进设备的步伐，广州开始启动城市产业功能区建设。继1984年4月成立了广州经济技术开发区后，于1991年前后先后成立了广州天河高新技术产业开发区、广州保税区、广州南沙经济技术开发区等不同产业功能区。二是加快新城区的开发和扩建。1980年明确把天河、芳村作为新城区发展的重点，将天河作为未来广州的新城市中心。1987年天河体育中心建成，并成功举办第六届全运会。随后，广州经济技术开发区、黄埔大沙地、芳村区和白云区部分镇也被列为发展重点，加快新城区开发建设。三是对广州总体城市道路规划进行调整和深化，扩建和新建城市主干道，修建跨江大桥，增加立体化交通设施，加快城市公共服务基础设施建设步伐。

在这些改革创新措施的推动下，广州经济实现跨越式增长，城市建设步伐明显加快。从1978年到1991年，广州地区生产总值从43.1亿元增加到386.7亿元，增长了7.97倍，城市综合实力跃居全国城市第三位。第三产业迅速恢复发展，1979年结束了1978年以前第三产业比重一直处于30%以下的状态，重新回升至34.1%，此后每年以年均三个百分点的速度持续增长，1990年达到49.3%。经济的快速增长尤其是第三产业的恢复性发展，极大地促进了广州的城镇化进程。非农业人口从1978年的231.49万人增加到1991年的348.29万人，与第三产业保持了大致相同的增长速度。城镇化率从1978年的48.07%提高到1991年的57.83%[①]，结束前一阶段城镇化水平徘徊不前的局面，城镇化进程逐渐进入中后期阶段。

第二阶段为1992年至2000年间，这是广州城镇化快速发展阶段。1992年春天，邓小平视察南方发表重要讲话，希望广东争取用20年时间赶上“亚洲四小龙”。1992年，广州市委、市政府大胆提出“追龙”目标，即以1990年为基数，人均国内生产总值保持年均增长11.8%的速度，用15年左右的时间赶上“亚洲四小龙”，基本实现现代化，初步建成“具有强大内外辐射能力的现代化国际大都市”。1993年，广州城市总体规划提出开发大广州东南部的问题，包括建设珠江新城、开发海珠岛、扩大广州经济技术开发区、建设莲花山港区及番禺南沙经济技术开发区等，城市新区不断向东南方向扩展。1998年，广州又开始启动“一年一小变，三年一中变，到2010年一大变”的城市环境建设工程，开展了大规模的城市环境综合整治。其间，国家级经济技术开发区和保税区有效地发挥了对外开放的窗口和基地作用，推动了全市整体对外开放。1998年第三产业比重首次超过50%，正式成为广州经济发展的主要支柱

①数据来源于广州市统计局.

产业，成为推动广州城镇化发展的主要驱动力。环城高速路、内环路、北二环路、机场高速路、广园东路、内外环连接线、地铁一号线和二号线、新白云国际机场等一批跨世纪重大基础设施工程相继铺开，初步形成了以机场、港口、铁路枢纽、高速快速路网和轨道交通为主骨架的现代化枢纽型基础设施体系。广州城区全方位依托对外交通干线，向外辐射，向建成区以外快速扩张，郊区化初显端倪，城市空间布局进一步拓展，从分散组团城市向带状组团城市发展。广州新体育馆、广州艺术博物院等一批大型文体设施相继建成，城市面貌焕然一新，2000年广州荣膺“国际花园城市”称号。广州城市常住人口规模从1992年的612.2万人提高到2000年的700.69万人，城镇化也保持了平稳增长的势头，城镇化率从1991年的57.83%提高到2000年的62.84%，增长了5个百分点。

第三阶段为2001年至2011年，这是广州城镇化高质量发展阶段。快速城镇化也带来了用地不足、交通拥堵、环境恶化等一系列城市问题，因此在进入21世纪以后，广州的城镇化发展开始从速度型向质量型转变。迈进21世纪后，全球范围内区域经济一体化迅速发展，中国成功加入WTO（世界贸易组织），中国—东盟自由贸易区正式启动，中央政府与香港特别行政区共同签署了CEPA（《关于建立更紧密经贸关系的安排》），广州迎来对外开放新格局。2000年，广州首开国内大城市先河，制定了《广州城市建设总体战略概念规划纲要》，提出“南拓、北优、东进、西联”的城市发展方针，构筑多中心、组团式、网络型的城市空间格局，珠江新城、大学城等功能区启动建设，大量产业板块或功能新区在中心城区外围迅速形成。2007年，在原城市发展的“八字”方针基础上增加“中调”战略，通过深化老城区综合改造，抓好城市中心区、副中心和各组团功能定位配套设施建设，促进城市整体功能优化。另外，为改变“大市管小市”的弊端， 广州开始进行行政区划调整，撤市设区进行城市功能区划体系整合。2000年，经国务院批准撤销番禺市和花都市，成立番禺区和花都区，2005年，撤销东山区和芳村区，设立南沙区和萝岗区。新十区各有明确的定位，天河区拟建成广州市未来城市中心，越秀区转为广州市政治、文化中心，海珠区拟建成广州市南部的经济、流通和科技中心，南沙区主要发展为广州市工业区等。随着城市功能空间结构调整和行政功能区划整合的推进，广州市区面积由原来的1443.6平方公里扩大到3718.5平方公里，广州也由沿江城市变为沿海城市，现代化大都市面貌初步显现。

同时，在此阶段，广州借行政区划调整之机，调整城市产业布局结构和土地资源配置方式，为产业结构调整提供了充足的空间。2000年以后，广州的汽车、石化、电子信息制造业发展迅猛，成为广州的支柱产业；金融、商贸、物流、会展等综合服务功能不断增强，广州服务业中心地位不断强化。广州市的经济发展开始迈入工业化后期，第三产业占国内生产总值的比重已经超过第二产业所占比重，第三产业对城镇化的推动作用进一步凸显。现代化城市基础设施体系日趋完善，到2011年末，市区（十区）城市道路总长度达7072公里，城市道路总面积达100.32平方公里，全市地铁通车里程达236公里。根据广东省委省政府2003年提出的“围绕全面建设小康社会，加快率先实现社会主义现代化目标，以提高城市综合竞争力为核心，全力推进工业化、信息化、国际化，精心打造经济中心、文化名城、山水之都，进一步把广州建成带动全省、辐射华南、影响东南亚的现代化大都市”的目标要求，广州充分发挥“山、水、城、田、海”自然生态优势，加快建设具有国际水平的宜居“花园城市”。2010年广州完成“十年一大变”目标，荣获国家环境保护模范城市、国家卫生城市、国家园林城市、国家森林城市称号，获得世界水资源论坛水环境治理奖第一名和国际可持续交通奖，城市环境面貌发生巨大变化，国际大都市形象显著提升。2011年，广州的城镇化率已超过70%，位于全国领先地位，正式步入城镇化后期阶段，人口机械增长和城市城镇实体地域的向外延伸不再是推动广州城镇化进程的最主要动力，取而代之的是经济的高质量增长和教育文化社会事业的发展。

第四阶段为2012年至今，这是广州城镇化发展的新时代。城镇化发展进入后期以后，过渡至平稳阶段，出现人口向城市集中速率减慢、城乡差别近乎消除、逆城镇化、区域空间一体化等现象。党的十八大以来，广州根据城镇化发展的现实条件以及未来城市发展的基本要求，科学把握“五位一体”总体布局和“四个全面”战略布局，全面推进城市发展。2014年2月，国务院同意撤销原广州市黄埔区、萝岗区，设立新的广州市黄埔区，以原黄埔区、萝岗区的行政区域为新的黄埔区的行政区域；撤销县级从化市，设立广州市从化区，以原从化市的行政区域为从化区的行政区域；撤销县级增城市，设立广州市增城区，以原增城市的行政区域为增城区的行政区域。2015年《广州市国民经济和社会发展第十三个五年规划纲要》强调“三中心一体系”建设，重点建设“三大战略枢纽”，形成“多点支撑”格局，拓展城市发展新空间。2016年2月，《国务院关于广州市城市总体规划的批复》明确将广州从“国家中心城市”提升为“我国重要的中心城市、国际商贸中心和综合交通枢纽”，要求广州认真落实创新、协调、绿色、开放、共享的发展理念，认识、尊重和顺应城市发展规律，坚持经济、社会、人口、环境和资源相协调的可持续发展战略，提高新型城镇化质量和水平，统筹做好广州市城乡规划、建设和管理的各项工作。2016年8月，中共广州市委十届九次全会提出了“尊重城市发展规律，围绕国家重要的中心城市总目标，着力建设枢纽型网络城市，提升适宜居住、适宜创新创业创造的城市品质”等目标。自此，广州从传统城镇化迈入建设枢纽型网络城市的新时代。

在此阶段，广州围绕形成枢纽型网络城市格局，科学布局建设城市空间枢纽与节点、网络与连接，优化城市形态，凸显城市特征，强化城市功能。打造精品珠江，优化提升“一江两岸三带”。创建一批国家级、省级名镇名村，建设一批美丽乡村。实施“互联网+”行动和“大数据”战略，建设国家新型智慧城镇先行区。持续系统推进差异化城市更新，补齐城乡基础设施和基本公共服务短板，统筹城乡区域协调发展。坚持把生态文明建设放在突出位置，建设干净整洁平安有序城市环境，推进新一轮“绿化广东”大行动和花城绿城建设。在这些创新措施的推动下，广州市建设发展取得显著成就，城镇化进程迈上新台阶。城市产业功能格局不断完善，广州开发区综合实力持续位居全国国家级开发区前列，南沙新区、南沙自贸试验区上升为国家战略，琶洲互联网创新集聚区、国际金融城等一批新的产业发展载体建设全面铺开。到2017年，广州的第一、第二、第三产业增加值比例为1.09：27.97：70.94，第二、第三产业对经济增长的贡献率分别为20.9%和79.3%[①]，第三产业在推动城镇化发展中的核心地位进一步凸显。加快国际性综合交通枢纽建设。广州国际性综合交通枢纽建设纳入国家“十三五”规划，加快白云机场扩建、南沙港三期、国铁、城轨、地铁、高快速路等一批重大项目建设。空港、海港、铁路港、信息港等一批基础设施建设全面提速，国际交通枢纽地位不断增强。2017年白云国际机场完成旅客吞吐量6583万人次，货邮吞吐量178万吨，在全国排名第3位，在全球排名也处于前列；港口货物吞吐量5.9亿吨，集装箱完成2037万标箱，分居国内沿海港口第3位和第4位，全球排名为第5位和第7位。绿化美化水平持续提升，城市环境不断改善，联合国开发计划署发布的人类发展指数广州蝉联全

①数据来源于《2017年广州市国民经济和社会发展统计公报》.

国第一。垃圾分类处理荣获联合国“中国城市可持续发展范例奖”，成功创建全国首批生活垃圾分类示范城市。到2017年末，广州市常住人口1449.84万人，城镇化率为86.14%，户籍人口897.87万人，城镇化率为79.69%，成为我国城镇化率最高的省会城市。

（二）广州城市发展战略演进

1. 具有广州特色的城镇化发展道路

著名的诺贝尔经济学奖获得者斯蒂格利茨有一句名言：21世纪对全人类影响最深的两个事件：一个是美国的高科技产业，另一个就是中国的城镇化。回顾改革开放40年，我国城镇化进程突飞猛进，尤其是自1995年确立城镇化的国策以来，我国各地的城镇化率从1996年到2011年由30.5%提升至51.67%，年递增率达到1.3%。2012年2月，中国社科院社科文献出版社和上海社科院城市与区域研究中心发布的《国际城市发展报告2012》指出：2011年末我国城镇人口占总人口比重首次超过51.67%，在统计学意义上，中国已成为“城镇化”国家。

从广州的城镇化发展进程来看，在1978—2000年的20多年中，广州基本走的是国际上通行的传统城镇化发展道路，通过经济城镇化、人口城镇化、社会城镇化、空间城镇化等内在动力实现城镇化水平的快速提高。虽然广州城镇化进程较快，水平也较高，但沿着传统城镇化发展道路行进导致区域发展不平衡，从远郊（以花都区、从化区、增城区为代表），到近郊（以白云区、番禺区为代表），到中心城区（以天河等区为代表），依次表现为城镇化水平由低到高的态势，层次特征明显。由于广州市不同区域城镇化水平差异较大，导致各区城镇化发展速度不均，所面临的矛盾与问题也不相同，这在很大程度上反映了广州城镇化的基本轨迹。同时，在广州快速城镇化过程中，和全国其他一线城市一样，广州城市发展也出现一些共性问题，比如因为城市发展迅猛引发大量的“城市病”。所谓“城市病”，是指人口过于向大城市集中而引起的一系列社会问题，主要表现在人口增多、用水用电紧张、交通拥堵、环境恶化等社会问题，以及由上述问题引起的城市人群易患的身心疾病，这些问题和矛盾又在一定程度上制约了城市的进一步发展。因此广州于2000年开全国之先河，率先开展了《广州市城市总体发展战略规划》编制工作，以空间结构、生态环境和综合交通三个专题为核心，制定广州市未来较长时间内比较稳定的城市发展战略与目标，形成广州市长远发展政策框架。广州城市发展战略规划归纳起来有四个特点：

（1）抓住重点。从宏观层面去研究城市空间的发展战略，抓住城市在空间发展方面最主要的问题以及城市发展中可能出现的主要矛盾。广州城市发展战略要结合行政区划的调整，即番禺和花都撤市设区后的城市空间，研究对象和发展目标重点是抓城市空间发展过程中城市生态环境的保护和城市交通发展。战略规划与城市总体规划明显不同的是，不是从过去几十个专项规划去开展研究，而是紧紧抓住城市空间发展的核心，即功能布局与土地利用、综合交通和生态环境。

（2）强调区域。城市的发展战略重视中心城市在区域中的地位和作用。广州是珠江三角洲乃至华南地区的中心城市，广州要充分发挥中心城市作用，必须考虑广州在区域城市群中的作用和反作用。要研究广州城市的空间发展和经济社会发展战略，就必须把广州放到区域中去研究，放到华南地区、珠江三角洲经济区，以及广佛都市圈等周边城市群中去研究，这正是广州战略规划研究的特点之一。近20年来香港在调整全港发展策略时就非常注重它所邻近的广州、深圳、珠江三角洲以及周边地区其他城市的发展。

（3）弹性发展。在规划发展期限上战略规划一般不受时限约束，近期5年，中期10年，远景可以20年、50年，富有弹性。一般在战略研究中考虑，高速发展时如何，中速或者低速发展时又如何。应对不同的经济社会发展速度和水平具有较强的适应性，应对经济社会发展状况可以选择跨越式、外延式和内聚式，甚至复合式等多种空间发展策略。

（4）目标清晰。广州经过2000年城市发展战略规划研究并通过专家评审、科学的综合和广泛的公众参与，使得广州的空间发展战略家喻户晓。广州市城市空间结构呈“山、水、城、田、海”的山水型生态城市格局，“南拓、北优、东进、西联”是城市空间发展的基本战略，空间布局与土地利用、综合交通和生态环境是城市空间发展的焦点，而使广州在21世纪发展成为一个繁荣、高效、舒适的城市，一个最适宜创业发展和居住生活的国际化区域中心城市，是广州未来发展的目标。

由于具有远见卓识的城市发展战略规划的适时编制出台，以及在2001年以后对城市发展与建设活动进行及时有效地科学引导与有机控制，广州城镇化发展道路从速度型发展模式开始向质量型发展模式转变，走出了一条具有广州特色的城镇化发展道路。在战略规划指导下，在短短十来年间，广州的地区生产总价值增长了2.3倍，城市建设用地规模增长了30%，拉开了城市的框架，多中心组团式的网络型城市结构框架已具雏形；以机场、港口、铁路为龙头，以“双快”交通体系为骨干的城市综合交通体系也已基本构建；“山、水、城、田、海”的生态城市架构与城乡生态安全格局初步形成；旧城改造稳步推进，高密度的老城区人口逐步向外围新区疏解，产业开始向外围疏解。①

2. 枢纽型网络城市发展战略

快速城镇化发展推动广州从区域性中心城市跃升为面向世界、服务

①王东，吕传廷，黎云等. 以战略规划引领城市发展模式转型［J］. 城市规划，2010（3）.

全国的现代化大都市。但根据国家给予广州的“我国重要的中心城市、国际商贸中心和综合交通枢纽”的最新定位，一些过去不太明显的短板与问题就显现出来，亟须通过新的城市发展战略引领来实现新时代的新跨越。因此在2014年后，广州城市发展开始从“战略拓展”向“战略聚焦”转变，紧紧围绕“一江两岸三带”和“三中心一体系”建设。一是聚焦国际金融城、琶洲互联网创新集聚区、中新广州知识城等高端要素平台；二是聚焦航空、航运、科技创新三大战略枢纽；三是聚焦国家新区、自贸试验区、自主创新示范区“多区”叠加的南沙副中心，打造多点支撑、互联互通的枢纽型网络城市。

2016年8月，广州按照中央和省城市工作会议的要求以市委全会的形式专题研究广州市城市规划建设管理工作，审议通过了《中共广州市委 广州市人民政府关于进一步加强城市规划建设管理工作的实施意见》，明确提出以国家中心城市建设为目标，主动响应国家“一带一路”倡议，聚焦国际航运中心、物流中心、贸易中心和现代金融服务体系，构建枢纽型网络城市的总体格局，提升城市品质和国际竞争力。自此，广州的城市发展战略从传统城镇化跃升为层次更清晰、功能更完善、联系更便捷的枢纽型网络城市，为“适应全球城市发展新趋势，传承广州城市发展脉络，实现国家赋予广州的城市定位，巩固提升国家重要的中心城市地位的内在要求”，广州城市发展正式进入建设枢纽型网络城市的新阶段。

全球化时代，经济全球化、社会信息化和文化多元化使得世界成为一个巨大的网络空间，全球城市是全球经济系统的中枢和世界城市网络体系的组织枢纽。全球城市理论告诉我们，全球城市划分为四个等级：全球金融中心、跨国联系中心、重要的国家级中心、次国家级或区域性中心；全球城市网络从全球化、信息化的交互作用来界定全球城市或网络节点城市，由网络流量和影响范围决定节点城市的能级。可见，构建高等级的枢纽型网络城市，是各国各地区城市发展的必由之路。

对于广州而言，枢纽型网络城市是对广州发展定位的高度概括，是巩固提升国家中心城市地位的强大支撑。枢纽是能级，网络是布局。通过打造枢纽，城市具有强有力的辐射带动能力。从具体内容看，广州的枢纽型网络城市建设着重体现在城市的空间结构、风貌特色、交通网络、生态网络等方面，通过各种网络使城市外部或内部之间相互联动，构成有机整体。[①]

广州构建枢纽型网络城市，主要包括以下几个关键点：

（1）优化沿大珠江水系的多中心、组团式网络空间结构。广州位于珠江出海口，沿江而生，因江而盛。广州将依托自然脉络，以大珠江水系为主线，与广州的自然禀赋、历史文脉实现高度融合，形成沿大珠江水系的多中心、组团式网络空间结构[②]。按照中、南、北、东四个段落做好相关规划引导，实施珠江沿岸整体规划，分段布局。中段优化提升旧城，建设国际科技创新枢纽。通过规划引领集聚高端要素，加强历史城区传统风貌保护，高水平规划建设黄金三角区和黄埔临港经济区，发挥在金融、科技创新等方面的辐射带动作用。南段整合珠江口湾区，打造国际航运枢纽。深化粤港澳合作，成为国家“一带一路”枢纽城市、珠三角汇集高端要素的先导区和广州城市副中心。北段立足空港经济区、广州北站地区，建设国际航空枢纽，形成空铁联运的国家航空经济示范区，长远发展成为一流的国际航空城、世界枢纽港。东段依托广州开发区、增城开发区和东部交通枢纽，形成以产品研发、技术创新为特色的

---

①彭高峰．枢纽型网络城市——广州建设国家中心城市的规划探索与实践［J］．北京规划建设，2017（1）．

②陈代光．广州城市发展史［M］．广州：暨南大学出版社，1997．

东部产业集聚带，深化与东莞、惠州等珠江东岸城市的联系，建设广州东部山水城区。

（2）建设互联互通的国际综合交通枢纽。广州位于珠江口区域地理中心，自古以来是“南货北上，北货南下”的核心通道，具有建设国际交通枢纽条件。规划建设世界级空港、海港和铁路网络，积极融入“一带一路”建设，强化国际门户地位。白云国际机场是我国三大国际航空枢纽机场之一，建成集国际中转、对外门户、国内枢纽三大功能为一体，服务于洲际联系和亚太地区的世界航空枢纽。加快建设T3航站楼，第四、第五跑道和第二国际货站；加强空铁联运，通过4条轨道交通实现15分钟到达广州北站，1小时覆盖珠三角[①]。广州港是我国华南地区最大综合性枢纽港，建成以远洋航运为主的国际航运枢纽，泛珠三角地区通往世界的物流门户。通过建设南沙港区四期及通用码头、南沙国际邮轮码头，技改扩能黄埔新港、新沙港区，拓展港口容量；通过南沙港深水航道拓宽工程、建设南沙疏港铁路、优化公路疏港网络、发展多式联运，提升港口集疏运能力。广州是我国华南铁路枢纽，要努力建成国家铁路主枢纽。规划10个铁路客运站，向东接入广汕、广河，连接粤东，打通沿海大通道；向北引入京九客专，建设广清城际，强化与粤北地区及北方城市联系；向西连接广湛、贵广、南广，直通西南和西北腹地；向南通过广深港客专、广珠城际等辐射香港、澳门，形成“四面八方、四通八达”的铁路网络，提升国家铁路主枢纽职能。

（3）塑造依山、沿江、滨海特色鲜明的城市风貌。依托自身山水、人文特质，自北向南，塑造依山、沿江、滨海的城市风貌。北部地区突出山体森林的生态风貌。结合“山、水、林、果、泉、湖”的景观特

①顾朝林．广州枢纽型网络城市建设的思考［N］．中国社会科学报，2017-04-25.

色，保护成片农田、自然保护区、森林公园、湿地公园、水源保护区等自然空间，形成连续性、开放性、景观性的自然景观界面。让人望得见山，看得见水，记得住乡愁。中部地区突出传统现代交融的都市风貌。保护广州历史文化名城风貌、城市肌理与街道界面，严格控制珠江沿岸的城市开发，根植岭南文化，塑造中西合璧、古今交融的活力街区。南部地区突出滨海新城风貌。保护和合理开发滨海河道岸线，科学规划生产、生活、生态岸线，增加滨水空间的开敞性，建设现代化滨海新城。

（4）优化山水城市生态格局。构建自然生态网络，形成以北部森林、中部园林绿地、南部滨海防护林和珠江水系为生态骨架的自然生态网络。打造300公里区域生态廊道，构建城市风廊；500多公里组团生态廊道，隔离城市组团；800多公里城市绿道，助力体育休闲。强化生态底线管控与生态格局优化。划定4000多平方公里的城市生态控制线，包括王子山、流溪河等大山大水，白云山、海珠湿地等“城市绿肺”，越秀公园等主要城市公园。

（5）加快建设南沙城市副中心。立足广州、面向国际，发挥国家新区与自贸试验区“双区”叠加、自贸试验区与国家自主创新示范区“双自”联动的优势，把南沙新区建设成为国家“一带一路”枢纽、珠三角汇集高端要素的先导区、广州城市副中心。强化南沙新区和自贸试验区对珠三角及全国的辐射功能，形成粤港澳深度合作示范区。面向泛珠三角地区，依托铁路、城际轨道和高快速路系统，构建珠三角的核心交通枢纽。建设快速直达的30分钟轨道交通和40分钟高快速路，实现广州中心城区与南沙新区的结构性提升，串联和带动沿线的经济要素整合，强有力支撑广州网络城市的大格局。重点完善南沙新区各片区之间的交通网络、优质的公共服务体系，提升国际化的综合环境品质，着力打造铁路和城际轨道区域综合交通枢纽。

二、广州城市发展定位的时代变迁

城市定位是指在分析和调查城市发展历史和现状的基础上，对城市的发展模式、城市发展方向及经济结构布局进行规划的一个过程，是城市未来的发展方向，是按照唯一性、排他性、差异性和权威性的原则对城市特色的升华，是找到城市的个性、灵魂和核心价值的过程。通过城市定位，一个城市可以明显区别于竞争对手，充分表现城市的个性。从城市定位的核心内涵上说，一个城市如果没有明确长远发展总体战略目标就等于没有城市定位，城市建设和发展就没有起统领作用的“灵魂”，就会盲目地“照搬照抄”或“东冲西撞”。事实上，多年来国内许多城市之所以出现千城一面、产业同构、布局重叠等问题，很大程度上是由于各个城市没有合理确立适合自己的个性化城市定位。

经营城市关键是要解决“两大问题”：一是城市定位的合理确立；二是城市定位的系统实施。从“九五”到“十三五”，广州的城市定位经历了由区域性中心城市、国家中心城市、全球城市三个阶段。

（一）华南中心城市

历史上广州是岭南地区的综合性中心城市，也是我国作为区域性中心城市持续时间最长的古城之一。由于气候温和，交通便利，物华天宝，很早就成为工农业产品集散地。更由于地滨南海，从汉代开始就沟通外贸，有很长一段时期是全国最大的对外贸易中心，即使近百年来被上海赶上并一度超过，广州仍不失祖国“南大门”的地位。唐代以后的广州依靠港口和商贸迅速成为东方第一大港。这段时期也是以重商性、务实性、开放性、兼容性、开拓性为特征的岭南文化形成的重要时期，广州在此期间体现出较强的国际性职能。宋元以后，随着航海大发现的到来，中国与波斯湾地区设立了六条定期航线，大部分都是从广州出发，其中最著名的一条被称为“广州通海夷道”，是当时世界上最长的国际航线，广州的国际商贸职能得到进一步提升。明清时期广州近300年的“一口通商”更造就了广州国际商贸的繁华，巩固了广州在世界城市中的地位。

近代工业总是从交通和贸易发达的城市发展起来的。早在19世纪中期，洋务派就引进西方机器，在广州设立采用机器生产的小型工业。鸦片战争后，随着帝国主义的入侵，机器、纺织、火柴、发电等现代工业都建立起来，使广州成为一个工业城市①。虽然在国民党反动统治时期，广州工业带有相当大的殖民地色彩，但广州由于对内对外交通的便利，仍是全国甚至全世界有数的大城市之一。

广州的真正发展是在改革开放以后，广州进行了大规模的经济建设。但由于国防的需要，广州的地缘优势成为了劣势。虽然一年一度的广交会也打开了广州与世界相联系的窗口，但受到国际政治经济形势的影响，新的“一口通商”并没有使广州的国际地位得到恢复②。直到改革开放以后，广州作为改革开放的前沿阵地，在港澳发展的带动下地缘优势才再度得到体现。全市工业企业4359个，在全国166种工业行业中，广州具备了绝大部分。在经济地位上，广州仅次于上海、北京、天津，列全国城市第四位、华南第一位。1984年国务院批复的广州城市总体规划确定广州城市性质为“广东省的政治、经济、文化中心，国家历史文化名城之一，国家重要的对外经济、文化交流中心之一”，这一时期仍然把广州作为一个区域性的中心城市来发展。1993年广州市《政府工作报

①徐德志. 广东对外贸易发展史［M］. 广州：广东人民出版社，1994.

②关其学，刘光璞. 论经济中心——广州［M］. 广州：广东高等教育出版社，1987.

告》重提广州“现代化国际大都市”的定位。2000年《广州城市建设总体战略概念规划纲要》提出“广州是华南地区的中心城市”，到2020年要把广州“建设成为最适宜创业和居住生活的国际性区域中心城市”。

广州作为华南中心城市，其中心性关键要靠本身的实力和本身的发展。现代化中心城市着力于繁荣广州，着力于发挥广州在区域经济中的龙头带头作用、示范带头作用、吸纳创新作用和综合服务作用。广州集中了广东60%的高校、70%左右的科研院所，既是广东省的政治中心，也是广东省的交通中心、金融中心、商贸中心、教育文化中心、科技中心、旅游中心、信息中心和医疗中心。广州的律师事务所、会计师事务所、产权交易市场、土地交易市场等中介服务机构有不少是从香港或国外过来的，比较权威，吸引了全国各地的人。广州是一个开放的城市。全国各地各个行业都非常愿意到广州来，因为广州不设防、不设门槛。广州所有工程，包括内环路、地铁、机场、会展中心建设全是全国招标，所有的工程设计都是国际招标，全国各个大城市都有基建队伍在广州。

（二）国家中心城市

2008年国务院发布的《珠江三角洲地区改革发展规划纲要（2008—2020年）》明确提出广州是“国家中心城市”的定位，提出广州应与北京、上海、天津一样，在珠江三角洲发展中起到核心组织作用，并逐步发展成为亚洲乃至世界的金融、贸易、文化、管理中心，建设成为广东宜居城乡的“首善之区”，建成面向世界、服务全国的国际大都市。

2010年2月，住房和城乡建设部发布的《全国城镇体系规划纲要（2010—2020年）》明确将北京、天津、上海、广州、重庆规划为国家中心城市，作为唯一的非直辖城市，广州的“国家中心城市”定位得到国家层面再次确认。

2016年2月，国务院批复原则同意《广州市城市总体规划（2011—2020年）》。在全新的蓝图中，广州被定位为“广东省省会、国家历史文化名城，我国重要的中心城市、国际商贸中心和综合交通枢纽”。国家中心城市的定位更进一步，增加了“重要的”作为前缀。

“国家中心城市”从字面拆解，可以理解为“国家城市”和“中心城市”，往深层内涵解释，便指向两层含义：一是它代表着国家利益，必须承担基于国家使命的战略任务，并代表国家参与全球竞争；二是作为城镇群的中心城市，它必须拥有战略性的产业和较强的国际竞争力，能够聚集高端要素，辐射和引领区域一体化发展，中心城市也应该成为世界城市体系核心集团的一员，在世界事务中发挥作用。简而言之，“国家中心城市”具备参与国际竞争的“城市实力”，并通过控制和引导，依托区域和城市群来实现所担负的“国家利益”[①]。作为国家利益层面的担当以及有竞争力的未来全球城市，我们认为国家中心城市应具备的五大核心功能包括：（1）国际化。构建面向国际的中心功能，扩大国际影响，带动区域融入全球化。（2）门户枢纽。打造国际门户和综合交通枢纽，发展成为亚太地区乃至世界的政治、经济、文化交流活动中心和交通信息服务枢纽。（3）战略产业。形成全球化进程中保持国家长远利益和核心竞争力的产业集群。（4）区域带动。突出高端引领和辐射带动能力，携领区域一体化发展。（5）政策示范。展示民族精神与现代文化，探索经济开放、体制改革、社会和谐和生态文明的科学发展道路[②]。

作为我国重要的中心城市，广州的重要性首先体现在综合经济实

---

①王国恩，王建军，周素红．基于国家中心城市定位的广州核心职能研究［J］．城市规划，2009.

②左正．广州定位国家中心城市及拓展战略腹地的构想［J］．城市观察，2009（2）．

力强大。广州作为非直辖市、非经济特区城市，能够在近30年来一直与北京、上海并称“北上广”，离不开其举足轻重的经济实力。城市地位和分量高低的根本性支撑在于经济实力的强弱，经济实力是根本、是基础，能够衍生、带动其他功能的生成与发展。在经济发展方面，广州充分体现了在全国的引领性，是我国城市经济的重要一极。其次表现为枢纽功能。作为国家中心城市，广州海陆空铁交通方式齐全，且等级上远超一般城市，广州还是国内三大国际航空枢纽、三大会展中心、三大电信枢纽、国际互联网接入枢纽等。今后，广州即将在增城建第二机场，在南沙建商务机场、通用机场，不难看出，多层次的航空枢纽布局将有力支撑广州进一步成长为全球资源配置的枢纽节点。

（三）全球城市

作为我国重要的中心城市、国际商贸中心和综合交通枢纽，广州在多领域作为城市的典范，以全新的全球城市形象出现在国际舞台。受广州城市整体实力的持续提升以及亚太地区城市迅速崛起的整体环境影响，2017年广州在多个知名全球城市排名中表现突出。2017年10月30日，在“全球城市竞争力论坛暨《全球城市竞争力报告》发布”学术会议上，全球城市经济竞争力指数百强城市以及全球可持续竞争力百强城市等内容首次在广州向世界发布。[①]广州在《2017—2018年全球城市竞争力报告》中，排名全球第15位。[②]此前，2017年6月，全球权威的世界城市研究机构GaWC（全球化与世界级城市研究小组与网络）发布的2016年世界级城市名册显示，广州首次入围“Alpha-”级，位列全球49个世

---

①柳时强. 广州将建成中国特色社会主义引领型全球城市［N］. 广东建设报，2018-02-27.

②刘冠南. 全球城市竞争力，广州排名第15［N］. 南方日报，2017-10-31.

界一线城市第40。2017年9月，由英国Z/Yen集团发布的“全球金融中心指数（GFCI）”显示，广州在此项指数中排名全球第32位，首次入选“稳定发展的40个金融中心”，进入全球金融中心分层的中阶，并被归类为“活力发展的金融中心”。在澳大利亚智库2 Think Now发布的创新城市指数中排名97位，位居创新“枢纽城市”之列。[①]2018年11月13日，GaWC发布了2018年世界城市体系排名。广州从“Alpha-”级别跃升至“Alpha”级，排名提升13位，排在707个城市中的第27名，稳居世界一线城市。

可见，广州已经发展成为全球城市网络中具有重要国际影响力的区域性枢纽城市，凭借综合均衡发展实力、显著增强的全球金融资源配置能力和创新枢纽能力及巨大的发展潜力，正逐步进入世界城市体系划分中的第一层级，迈向全球城市的发展轨道。

2018年2月，《广州市城市总体规划（2017—2035年）》（以下简称《总规》）草案编制完成后对外公示。《总规》草案提出，广州的目标愿景是“美丽宜居花城，活力全球城市”，城市性质是广东省省会，国家重要中心城市、历史文化名城，国际综合交通枢纽、商贸中心、交往中心、科技产业创新中心，逐步建设成为中国特色社会主义引领型全球城市。

进入新时代，广州亟须以更高的标准、更宽的视野，将建设综合性全球城市确立为面向2050年的发展方向和建设目标，树立“规划先行、创新引领、系统建设、国际品质”四大发展理念，实施六大战略，即打造全球引领的产业体系、提升全球辐射的配置能力、谋划全球共赢的交往格局、建设全球畅达的枢纽网络、营造全球包容的宜居环境、实施全

①戴春晨. 广州未来将成全球城市，对标“芝加哥+新加坡+东京”［N］. 21世纪经济报道，2018-01-04.

球覆盖的传播策略，从而以全球视野、世界眼光谋划建设具有重要影响力的全球城市。

在城市空间格局方面，广州一是重点加快区域协同发展，充分发挥“一带一路”建设支撑和粤港澳大湾区核心增长极作用，携手共建粤港澳大湾区世界级城市群；二是优化生态、农业、城镇三类空间，保护生态空间山清水秀，保障农业空间提质增效，促进城镇空间紧凑集约；三是优化城市空间结构，以“山、水、城、田、海”为基底，以珠江水系为发展脉络，以生态廊道相隔离，以交通骨架为支撑，聚焦航空、航运和科技创新三大战略枢纽，强化多点支撑，强化枢纽对城镇群的发展带动，逐步构建枢纽型网络空间格局。

规划布局篇

第二章
城市规划实践

一、城市规划法制化与改革创新

（一）广州城市规划法制化

城市规划管理的基本任务就是结合实际的目标及要求，对用地和空间的资源进行合理的统筹及安排，从而充分实现经济和社会的并驾齐驱及和谐发展。它是一项战略性的任务，因而对其进行加强有着重要的价值。伴随着城镇化进程的不断推进，其管理的范围日趋加宽，因而也面临着越来越多的复杂问题，所以，如果想尽快实践城市建设的管理任务，从而保证城市的进一步发展，需要在推进城市管理的时候，走法制化建设之路。城市规划法制化进程，是依法治国的迫切要求，是加快城镇化各项改革、实现城市可持续发展的必然需求，是保证城市规划顺利实施、让城市规划权威性得到合理维护的重要保障。

现代城市规划与传统城市规划的主要区别之一，是看其能否真正被纳入法律的框架。[①]中外历史实践证明，一个公正的不断自我完善的城市规划管理的法律、法规体系，是城市健康发展的保证，也是房地产市场正常运作的基础。我国执行的《中华人民共和国城乡规划法》及以其为核心的城市规划法律、法规体系，尽管在以往实施中取得了显著的成效，但随着近年来我国经济体制向市场经济转轨，城市规划体制面临着改革与挑战，以《中华人民共和国城乡规划法》为核心的规划法律、法规体系必须经过修改、完善，以形成市场经济条件下规范发展的新机制。

从广州城市规划实践看，广州在城市规划法制化道路上一直走在全国全列。早在1977年，广州就成立了广州城市规划局；1986年，广州在全国第一个制定了《广州城市规划管理办法》，1988年开始实施；1996年，广州正式颁布了《广州城市规划条例》，为全国首例，1997年开始实施，标志广州城市规划正式步入法制化轨道；1999年，针对广州作为岭南历史文化名城的城市特征，广州颁布了《广州历史文化名城保护条例》，从法制上确定了城市文化发展的重要性；2001年，针对乡村发展的热潮，广州在全国率先颁布了《广州村庄规划管理规定》，对广州郊区和外围农村地区的发展和规划作出了总体部署；2014年，广州出台了《广州城乡规划条例》，把乡村正式纳入规划的范畴；2015年，广州出台了《广州城市规划技术规范》；2016年，中共广州市委、广州市政府出台了《中共广州市委市政府关于进一步加强城市规划建设管理工作的实施意见》，系统全面明确了城乡规划的统领地位。不难看出，改革开放40年，也是广州城市发展和规划人不断探索规划体制和机制的40年，广州规划的法制化越来越完善。

---

①袁锋．市场经济下的规划法制管理刍议［J］．城市规划，1994（5）．

（二）广州城市规划改革创新

1. 率先启动“三规合一”工作

关于广州城市规划领域的创新工作，尤其值得指出的是，广州自2012年以来在全国范围内首次全面启动以精细化用地核查为核心的“三规合一”（即将国民经济和社会发展规划、城市总体规划、土地利用规划中涉及的相同内容统一起来，并落实到一个共同的空间规划平台上）。“三规合一”系统谋划解决城市空间资源配置和功能布局存在的深层次问题，这项工作有效解决了各种层次、各种类型的规划相互打架、相互割裂的结构性问题。广州已完成全市“三规合一”“五个一”（“一张图”、一个信息联动平台、一个协调机制、一套技术标准、一个管理规定）成果，开全国规划之先河，为全国层面的“三规合一”提供范本。

（1）“三规合一”工作重点。

①工作启动，制订方案。2012年5月，广州市国土资源和规划委员会（原市规划局）联合原市国土局、市发改委，在多部门配合下制定了《广州市“三规合一”工作方案》（以下简称《工作方案》），并于2012年8月25日经14届32次市政府常务会议审议通过，由市府办公厅向各区、县级市，市政府各部门、各直属机构印发实施。

②试点先行，技术储备。2012年6月，确立花都区、白云区、天河区、萝岗区、南沙区为试点，先行开展区级“三规合一”工作。各试点区分别成立了区“三规合一”领导小组，并制定了试点区工作计划。2012年7—9月，五个试点区结合自身特点，积极探索、大胆创新，初步完成了“一张图”拼合工作，并在专责小组指导下，总结出“摸清家底、用好用足政策、确保项目落地、提高行政效率”等经验，为全市“三规合一”工作全面展开打下坚实的基础。

③“三上三下”，市区联动。全市“三规合一”工作分为三个阶段，每个阶段工作都由市、区（县级市）两级政府联动完成。具体做法是由区（县级市）级政府完成某一阶段的基本工作，并将工作成果上报市“三规合一”领导小组。市“三规合一”领导小组综合各区（县级市）上报成果逐一审查，并在提出审查意见及下一阶段意见后，下达各区（县级市）政府。其基本工作思路被称为“市区联动”，具体做法被称为“三上三下”。通过“三上三下”，重点明确市、区（县级市）责任和部门分工，建立良好协调制度，保障市与区（县级市）规划、国土、发改等职能部门的充分沟通与协调，确保不越位、不缺位，相互补位，保障“三规合一”成果质量和规划效果。

④划定控制线，“三规合一”。在“三上三下”工作基础上，整合区（县级市）成果，划定建设用地规模控制线、增长边界控制线、产业区块控制线、基本生态控制线，形成全市“三规合一”“一张图”成果。2014年1月9日，全市“三规合一”成果经市“三规合一”工作领导小组会议审议原则通过，4月8日，市“三规合一”“一张图”以市府办公厅名义下发执行。

⑤动态更新，“三规”联动。广州市“三规合一”成果实施强调动态更新。通过研究制定“三规合一”成果与各法定规划的长效协调机制，实现“三规”联动。[①]对经审批通过的重大规划的编制成果、各法定规划进行调整时，进行“三规合一”的修改需求的评估，使“三规合一”成果与各法定规划保持一致，始终保持“三规合一”数据信息的动态更新。

---

①赖寿华，黄慧明，陈嘉平．从技术创新到制度创新：河源、云浮、广州“三规合一”实践与思考［J］．城市规划学刊，2013（9）．

（2）取得的主要工作成效。

一是提高了规划管控能力。实现三个规划“一张图”管理、一个平台审批，既确保了规划落地，维护了规划严肃性，又有效地提升了政府依法行政和科学行政的水平。特别是科学划定城乡基本生态、基本农田保护、建设用地、产业区块“四条控制线”，有效地实现了发展目标、人口规模、建设用地指标、城乡增长边界、功能布局和土地开发强度“六统一”，解决了规划“打架”问题，实现了各类建设项目用地需求的统筹安排，更好地发挥了“三规”管控和引领作用，体现了严守底线、调整结构的改革思路，落实了生产空间集约高效、生活空间宜居适度、生态空间山清水秀的总体要求。

二是盘活了存量土地资源。广州作为一座特大型城市，2013年常住人口已达到1292.68万人，根据广州新一轮土地利用总体规划，广州到2020年建设用地指标仅剩下77平方公里。原国土资源部下发《关于强化管控落实最严格耕地保护制度的通知》要求，除生活用地及公共基础设施用地外，原则上不再安排城市人口500万以上特大型城市中心城区新增建设用地。按照广州年均建设用地增量28.57平方公里计算，不出3年，广州将无地可用。资源环境紧约束形成的倒逼机制，促使广州必须转向盘活存量、优化结构、提升效率的发展模式。通过“三规合一”，对用地现状和城市空间功能布局进行整理和优化，强化土地的节约集约利用和对低效用地的二次开发，着力突破土地资源的制约。至2018年，广州市共调出建设用地逾128平方公里，划定产业区块95个共325平方公里，优先保障战略性发展平台建设，为广州实现转型升级和可持续发展提供了支撑和保障。

三是实现了生态优先保护。按照中央城镇化工作会议划定特大城市开发边界、把城市放在大自然中、把绿水青山保留给城市居民的生态文明理念，在“三规合一”图上，广州市划定增长边界约2440平方公里，首次在空间上明确了城市开发边界，控制了城市的无序增长。特别是将市域范围的水库、湿地、水源保护区、自然保护区、森林公园等重要生态用地，及其周边控制区域划定为保护性生态控制线，广州共划定基本生态控制线面积4426平方公里，占市域总面积的60%，切实保障了城市的生态安全。

四是强化民生基础设施项目落地。以往由于“三规”差异，医院、学校、市场、变电站等民生基础设施的邻避效应被放大了，经常处于“落地难”的困境。此次“三规合一”，对全市2016年前的2611项建设项目进行认真梳理。特别对其中的1100余项重大民生和公益性基础设施，包括新增的60余项中小学等教育设施项目、20余项综合性及专科医院等医疗卫生设施、13项儿童公园项目、30余项文化设施和300余项市政设施及道路交通项目等给予优先保障，并以规划的形式“固定”下来，从而确保了这些项目的落地建设，切实做到坚持为民，民生为重。

五是促进了规划与国土两大机构改革。借助“三规合一”，各主管部门编制专业部门规划时，涉及用地、空间布局的，可用“三规合一”“一张图”为基础进行编制，在同一张底图上作业。“三规合一”的探索与实践促进了规划与国土两大机构改革。2015年广州机构改革迈出标志性步伐，将广州市规划局、市国土房管局（部分职责）整合为广州市国土资源和规划委员会。新的机构成立后，将更加有利于统筹国土和城乡两方面的规划，形成“以规划引领土地，以土地保障规划”的新格局。

六是为实现“多规融合”奠定基础。“三规合一”后，各职能部门在编制专项规划时，可以此为基础，在同一张底图上作业，避免不协调问题的发生，确保规划落地实施。[①]广州积极探索在保障各类法定规划协同工作的基础上，加快实现环保、文化、教育、体育、卫生、绿化、交通、市政、水利、环卫等专业规划的“多规融合”途径，逐步打破部门条块分割和局限，最终实现“一张蓝图”干到底。

2. 从“三规合一”到“多规合一”的跨越

为全面深化改革，进一步加强规划引领，实现在“三规合一”基础上推进“多规合一”，从而构建规划定位清晰、功能互补、统一衔接的规划协调机制，广州市从2016年起开展全市“多规合一”工作。“多规合一”以“规划引领、平台整合、市区联动、部门协同”为总体工作思路，按照统筹兼顾、市区联动，条块结合、公众参与的工作原则，在“三规合一”基础上，实现以控制性详细规划为法定载体，环保、文化、教育、体育、卫生、林业园林、交通、市政、水务、城管等14个专业规划“多规合一”“一张图”高效管控的工作目标。

（1）“多规合一”工作重点。

①整合“多规”，深化完善“一张图”。具体工作包括：细化方案，明确架构。2015年11月，广州市印发“多规合一”工作方案，明确“多规合一”的工作目标、组织架构、工作内容、工作计划与责任分工等内容。加强部门协作，各成员单位之间深入对接，形成合力。[②]调研学习，明确技术路线。在“三规合一”工作基础上，针对广州市规划现状问题和特点，分赴银川、北京、上海、厦门等城市开展交流。经过调研分析，明确了坐标统一、标准统一、机制统一、成果统一“四统一”的工作思路。研究制定了专项规划编制工作指引、城乡规划“一张图”

---

①郑佳欣. 广州“三规合一”避免规划打架［N］. 南方日报，2014-02-13.

②李晓晖，邓木林，朱寿佳. 从空间“底线合一”到用地审批管理一张图——基于广州“三规合一”到“多规合一”［C］//2017中国城市规划年会论文集，2017.

编制规程以及“多规合一”“一张图”成果编制与数据入库标准等。同时制定“一图一表一则”控规工作底版，建立专项规划“多规合一”工作规则。[①]建立机制，有序推进工作。建立“一对一”专项负责人联系制度、工作例会制度、工作周报制度等工作机制，及时了解专项规划部门需求，实时汇总管理信息和分析组织各部门规划实施情况。2016年3月组织召开首批“多规合一”专项规划工作会议，交流试点工作要求。在试点工作基础上，2016年8月分四批与其余成员单位就“多规合一”“一张图”工作思路、内容和要求等进行交流。梳理体系，开展“多规”差异分析。围绕着建设用地“一张图”管控目标，先行开展对土地利用总规、城乡总规、控规、村规、专项规划之间关系的梳理，对专项规划的编制依据、主体、成果要求、审批流程、核心图纸要素等进行研究。形成全市“一规合一”建设用地图和“两规合一”建设用地图，深入开展“两规”“不合一”研究工作，探索结合土规中期调整工作，利用新增的建设用地指标逐步化解“两规”“不合一”区域矛盾。开展试点，全面铺开“多规合一”。深入开展教育、环保、电力三项试点专项“合一”工作，通过梳理“十三五”期间的重点项目并进行规划比对，形成“一图一表一报告”的“多规合一”工作成果。在总结三个试点专项工作经验的基础上，推进其余11个专项规划“合一”工作，先行完成11个专项规划梳理以及现状评估工作。[②]收集梳理司法、教育、养老等专项主管部门提交的1534个近期建设重点项目或管控底线图表，形成“专项规划近期项目建设用地图”和“多规合一”底线图，为保障项目实施落地奠定良好数据基础。通过技术审查，分期分批将各专项近期建设重点项目数据纳入“多规合一”信息联动平台，形成“多规合一”“一

---

①李倩. 广州“三规合一”规划管理体制研究［J］. 城乡建设，2017（2）.

②肖文舸. 广州年底实现“多规合一”［N］. 广东建设报，2016（4）.

张图”。

②完善信息平台，服务多部门空间管理。一是建设信息平台。广州市明确平台建设任务和要求，建立多部门参与协同工作机制，组织推进项目实施。2016年2月开始，历经多轮需求调研、专家论证会等，确定了建设方案，通过了立项。项目启动后，开展调研对接，收集整理各部门需求和相关样例数据，确定平台标准规范和数据资源建设的基本内容，确定了与相关单位对接共享的技术路线。二是开展标准规范以及数据资源建设。制定“多规合一”各类成果数据标准、数据建库方案及部署策略。研究编制了《广州市多规合一信息联动平台数据资源目录》，持续开展数据更新维护工作。已建成数据包括：法定规划（总规、控规、土规等）、“多规合一”“一张图”成果（“多规合一”“一张图”、拟调整控规用地图、“多规合一”成果库以及现状用地图）、国土规划业务专题数据（修建性详细规划、建筑工程规划许可证、国有土地使用证等）和各类基础地理信息（行政界线、政务电子地图、卫星影像、脱密地形图等）。三是平台功能开发、测试及部署。完成平台主要功能模块开发和测试，优化完善系统各项功能和用户界面。完成市电子政务云平台租赁，组织监理、承建单位完成系统功能、性能测试。2017年2—3月，“多规合一”成果数据在平台试用，“多规合一”各成员单位开通使用。2017年5月“多规合一”信息联动平台正式开通，为市发改委、政务办、城管委等24个市直部门、11个区提供服务。同时按照《广州市城市建成区违法建设专项治理工作五年行动计划》的要求，向相关部门提供了广州市建成区范围数据，支撑建成区违法建设专项治理工作。

③建立协调机制，配合落实审批流程改革。2017年4月，广州市制定印发了《广州市人民政府关于建设工程项目审批制度改革的实施意见》，明确以全市“多规合一”的成果为支撑，形成项目策划机制、项

目联合审批系统、审批信息共享机制等，构建全流程覆盖、全方位监管建设工程项目审批服务体系。将“攻城拔寨、落地生根、开花结果”重大项目的推进节点计划和“多规合一”工作相结合，为推进“多规合一”项目落图、落地提供保障机制。[1]

（2）取得的主要工作成效。

一是从“底线管控”向“用地管控”转变。广州“多规合一”工作在“三规合一”基础上开展。“三规合一”建立管控线体系，形成城市发展底线清单。广州“多规合一”在“三规合一”底线空间管制的基础上，建立“总控联动”、土地利用规划与城乡规划协调、各专项规划近期重点项目在控规层面落实的，应用于日常规划管理的城乡规划“一张图”“用地管控”工作思路，探索跨部门协调、统筹的体制、机制，不断改进公共参与的效率，初步落实“多规”用地管制“合一”的要求。

二是从“一张蓝图”向“审批管理”转变。“多规合一”工作形成“一规合一”建设用地图、“两规合一”建设用地图、“多规合一”建设用地图、“多规合一”底线图等“多规合一”“一张图”工作成果并上网试用，为日常行政审批管理、规划选址、规划调整等工作提供基础，保障了各专项规划建设项目的实施落地，减少规划间的矛盾冲突，提高了工作效率，切实将“一张图”转换为生产力。

三是从“项目计划”到“项目落地”转变。“多规合一”工作明确“发改定项目、国土定指标、规划定坐标”的工作思路，将政府部门间业务职能联动协同。通过搭建“多规合一”信息联动平台，初步实现共享信息资源，快速明确各专项近期建设项目用地红线，并初步建立近期重点项目库和项目台账，便于掌握和管理近期项目实施建设的进度。改

---

①杜娟. 多部门规划，全市“一张图”［N］. 广州日报，2015-11-17.

变过去建设项目与规划冲突大、从计划到落地难等问题。

二、改革开放40年广州城市规划实践

（一）城市战略规划

战略规划（Strategic Planning）或概念规划（Concept Planning）在国外比较常见，它不是规划层次系列中的某一层次，而是在任何一个层次均可进行战略规划。20世纪60年代以来，战略规划已被广泛采用。如新加坡在总体规划的实施和修订过程中，注意到由于缺乏宏观长远的发展战略造成的种种矛盾，于1968年开始进行城市战略规划的研究。1968年的英国城市规划法建立了以结构规划和地区详细规划两个层次为核心的新的城市规划体系。结构规划在编制内容上类似于战略规划，以制定区域发展范围内的发展框架和土地开发政策，改善区域自然环境和交通管理体系为主要内容。我国内地城市的战略规划则肇始于2000年的广州城市战略规划。

1. 广州编制城市战略规划的时代背景

一是国际国内环境的变化。随着世界经济区域集团化和全球经济一体化趋势的逐步加强，全球经济开放度逐渐提高，经济发展的风险性和波动性加大。珠江三角洲城市群和沿海开放城市迅速发展，使广州原有的区位和政策优势相对减弱，在发展中受到来自周边城市强有力的挑战。随着我国加入WTO，广州的城市发展既面临新的机遇，又面临严峻挑战。如何强化华南地区中心城市的地位，实现建设现代化中心城市的宏伟目标是亟待研究的问题。

二是空间拓展带来的机遇。广州市的空间发展多年来一直受到行政边界的制约，广州市政府倡导的东南部地区发展战略由于受到行政界限

的限制一直未能得到很好的贯彻。随着花都、番禺撤市设区，广州城市发展的空间结构发生新的变化。空间的拓展将促进城市功能结构的调整和土地资源配置方式的变更，广州如何更好地实现社会、经济、环境的可持续增长的空间形态发展模式，成为当务之急。

三是新一轮总体规划的编制即将开始。广州多年来的城市发展是在《广州市城市总体规划》的指导下进行的，它对促进广州市改革开放以来经济社会与城市建设的持续高速发展起到十分重要的作用。但由于自然地理条件及行政区划等多方面的限制，该总体规划存在一系列缺陷，如强化旧城中心区位的倾向将加剧旧城发展的矛盾，北翼大组团的开发会对流溪河水源保护造成巨大的压力等。

2. 广州城市战略规划的核心内容与主要特色

广州城市战略规划的核心内容：充分发挥中心城市的政治、文化、商贸、信息中心和交通枢纽等功能，巩固并提高广州作为华南地区中心城市及全国的经济、文化与对外交往中心城市的地位与作用，将21世纪的广州建设成为“适宜创业发展又适宜居住生活的国际性区域中心城市、山水型生态城市”。重点提出“以区域协同发展与生态优先为前提，利用广州经济高速增长和中国快速城镇化的机遇，采取跨越式发展，通过‘南拓、北优、东进、西联’调整城市空间结构，促使城市结构由单中心向多中心转变，保护历史文化名城，加强城市基础设施建设，完善城市功能，促进产业化水平的提高和经济健康增长，维护地区生态环境的平衡，并保持社会稳定”的城市规划战略目标。此外，在城市空间布局、城市生态环境、城市综合交通三个专题也分别提出相应的广州城市发展策略。①

---

①王蒙徽，段险峰，田莉，等. 广州城市总体发展概念规划的探索与实践［J］. 城市规划，2001（3）.

广州城市战略规划的主要特色：一是强调区域观念。城市的发展不能就城市论城市，随着经济全球化进程的加速，城市不再是孤立的封闭单元，而是处于区域的循环甚至国际交流圈中。二是强调与社会、政治、经济的紧密结合。城市发展的内在动力是社会、经济的发展。城市规划必须进行城市社会、经济发展的研究，才能保证其科学性。三是强调生态优先的发展策略。四是重视对实施策略的研究。广州城市战略规划十分重视对规划实施策略的研究。五是强化时间观念和对发展机遇的把握。广州城市战略规划没有时间限制，但这并不等于对时间观念的漠视。六是强调理论与实践的结合。规划咨询方案涉及大量国内外新的理论和思考。

（二）城市总体规划

城市总体规划（以下简称“总规”）作为一项全局性、综合性、战略性的工作，涉及政治、经济、文化和社会生活等各个领域。改革开放以来，总规大概可划分为以下几个阶段：

1. 改革开放至1990年代初：总规引领作用的探索

（1）由被动落实“计划”到主动引领发展。1978年12月，党的十一届三中全会提出将党和国家工作重心转移到经济建设上来。在这一背景下，广州城市功能开始由生产转向生活，由工业城市转变为综合性城市。1980年全国城市规划工作会议强调“城市各项建设应根据城市规划统一安排，充分发挥城市规划的综合指导作用”。1984年《城市规划条例》颁布实施，明确了“城市规划是对一定时期内城市的经济和社会发展、土地利用、空间布局以及各项建设的综合部署、具体安排和实施管理”，促使社会对总体规划的角色与地位认识发生转变。

（2）探索带状组团式的城市空间结构，从“云山”走向“珠水”。

1978年开始编制的总规第14方案提出的广州总体发展策略为“控制旧市区人口，积极发展远近郊卫星城镇”。在此指导下，城市结构从“以旧城为基础的单中心扩展”转变为“带状组团格局”。[①]采取沿珠江北岸向东发展，形成“旧城组团、天河组团、黄埔组团”的城市空间结构。这种带状组团结构拉开了广州的城市框架，契合了当时广州城市发展的需要，引导广州的城市格局逐步脱离“云山”，沿“珠水”往东发展。

（3）引导重点地区建设，促成广州新城市中心的建成。在第14方案“带状组团”结构的指导下，1987年全国第六届运动会主场馆选址在天河组团，建设了天河体育中心，促成了21世纪广州新城市中心的建成。同时，在发展黄埔组团的指导下，带动了黄埔港与广州开发区的建设，促进了广州先进制造业在城市东部地区的集聚和发展。总体来看，这一时期的总规在城市各项建设工作中具有“龙头”地位，引领作用得到充分发挥。

2. 20世纪90年代初至2010年：总规的困境与地方应对

（1）困境：快速城镇化背景下总规市场不适应性日益凸显。进入20世纪90年代，城市作为经济体的个性越来越强，普遍进入一种超常规的高速发展阶段，城市发展引领与管理制度的完善均成为亟待跟进的事情。[②]总规的特殊地位，使国家与地方都开始将其作为实现诉求的主要载体。地方政府迫切希望总规能成为引领城市发展的重要抓手，“谋划新空间，形成快速、弹性和多样的空间拓展策略”成为这一时期总规编制的核心目标。而国家层面，则迫切需要摸索合宜的刚性法制制度、规范程序与范式，以约束地方粗放发展带来的负面效应。从广州来看，到

①戴逢，段险峰. 城市总体发展战略规划的前前后后——关于广州战略规划的提出与思考［J］. 城市规划，2003（6）.

②陈秉钊. 他山之石，攻我陈规——谈城市规划的改革［J］. 国外城市规划，2000（3）.

1989年，广州几乎把规划到2000年的城市用地规模实施完成。因此在随后启动的新一轮总规修编方案中，城市扩展诉求极为明显。1993—2000年，广州曾数次将方案上报审批，但因城市拓展空间有限以及水源保护区、机场等限制因素的争议，方案来回协调，2000年再次将方案上报审批，广州城市空间面临行政区划调整，总规成果再次被暂缓审批。在此背景下，广州总规修编已经过去12年，第14版总规面临失效，加上全球化区域竞争的新挑战等问题，放大和凸显了广州在总规编制中的种种困惑。

（2）应对：特殊情景下广州创新战略规划引领总规编制新模式。2000年，广州首开国内城市之先河，邀请5家国内著名城市规划设计单位开展广州总体发展概念规划咨询活动和编制《广州城市建设总体战略规划纲要》，开创了先战略再总规的编制新模式。与从前总规面面俱到并突出用地规模和布局的工程蓝图不同，广州第15版总规在战略规划指导下，创新编制理念与方式，极大突出了规划的战略性、综合性与务实性。规划从更大区域视角出发，确立广州“国际性区域中心城市”和“适宜创业发展、居住生活的山水型生态城市”的长远总规战略目标，采取空间拓展为核心，明确有机疏散、开辟新区、拉开建设的措施，实施“南拓、北优、东进、西联”的空间发展战略，阐述了城市从单中心走向多中心的跨越式发展方向。同时，紧扣生态与交通两个内容，形成城市结构—生态格局—交通体系的综合的相互支撑的发展体系，将广州“云山珠水”的传统生态基底转向“山城田海”的战略结构选择，建立“三纵四横”的区域生态廊道，构筑以机场、港口、铁路为龙头和骨干的都市运输系统。

3. 2010年至今：精细化管控下总规的新探索

（1）新形势：转型发展与国家强化管控下的城市精细化发展道路。

2010年之后，城市粗放发展迫使国家、地方和社会进入集体反思，“提升内涵、转型发展”成为城市可持续发展的社会共识和必然选择。同时，3S技术（遥感技术、地理信息系统和全球定位系统的统称）的成熟运用，为国家监控提供可视化基础。

（2）新探索：提升内涵与面向精细化的总规探索。2009年广州在原有“八字方针”（南拓、北优、东进、西联）上增加了“中调”，形成“从外延扩展走向优化提升”的发展思路，广州第16次总体规划坚持先战略后总规的模式，采取“战略坚定、战术灵活”的指导思想，以“十字方针”为基础，首次以全域规划为理念，深化城市空间优化和发展内涵。围绕地理空间、人口集聚、产业分工等基本要素，规划以功能错位互补和功能疏解为导向的发展策略，进一步促进“多中心、组团式、网络型空间结构”的形成。此外，第16版总规首次以“框定底线、分层管控”的理念为指导，构建全市域和中心城区两个层次，形成有限要素管控、分层差异管控的思路，规划基于划定限制和控制类要素，反向倒逼出城市发展底线。

（三）土地利用规划

土地利用规划亦称土地规划，是指在土地利用的过程中，为达到一定的目标，对各类用地的结构和布局进行调整或配置的长期计划。具体而言，土地利用规划是在一定区域内，根据国家社会经济可持续发展的要求和当地自然、经济、社会条件，对土地开发、利用、治理、保护，在空间上、时间上所作的总体的战略性布局和统筹安排。它是从全局和长远利益出发，以区域内全部土地为对象，合理调整土地利用结构和布局；以利用为中心，对土地开发、利用、整治、保护等方面做统筹安排和长远规划。目的在于加强土地利用的宏观控制和计划管理，合理利用土地资源，促进国民经济协调发展。其主要任务是对土地利用的构想和设计，根据国民经济和社会发展计划和因地制宜的原则，运用组织土地利用的专业知识，合理地规划、利用全部的土地资源，以促进生产的发展。具体包括：查清土地资源、监督土地利用；确定土地利用的方向和任务；合理协调各部门用地，调整用地结构，消除不合理土地利用；落实各项土地利用任务，包括用地指标的落实，土地开发、整理、复垦指标的落实；保护土地资源，协调经济效益、社会效益和生态效益之间的关系，协调城乡用地之间的关系，协调耕地保护和促进经济发展的关系。

截至2018年，广州先后开展了两次系统全面的土地利用规划。

1. 广州土地利用总体规划（2006—2020年）

2005年，针对土地利用特点，广州市根据建立现代产业体系和建设宜居城乡的“首善之区”的城市发展目标，在“山、水、城、田、海”生态城市框架和“南拓、北优、东进、西联、中调”城市空间发展战略指导下，立足于统筹区域土地利用，解决城乡用地结构与布局不合理及生态保护刚性不足等问题，确定“优化、协调”土地利用战略，旨在通过城区提升改造，新区理性引导，优化城乡用地布局与结构，实现旧城功能提升，新城紧凑发展，促进土地节约集约利用。通过边界控制、土地复合利用，在严格保护基本农田基础上，提高各类用地的综合效益，协调土地利用与生态建设，创建环境友好型土地利用模式，促进社会和谐发展。

（1）广州土地利用状况结构。

2005年广州市土地总面积为7286.55平方公里（未含海域面积），其中农用地为5330.75平方公里（799.61万亩），占全市土地总面积的73.16%，农用地中耕地面积为1358.80平方公里（203.82万亩，含可调整用地），本地实际划定基本农田面积为1388.82平方公里（208.32万亩）。建设用地面积为1494.53平方公里（224.18万亩），占土地总面积的20.51%，其中，城乡建设用地面积为1214.82平方公里（182.22万亩），交通水利用地面积为237.13平方公里（35.57万亩），其他建设用地面积为42.58平方公里（6.39万亩）。未利用地面积为461.27平方公里（69.19万亩），占土地总面积的6.33%。

（2）土地利用战略。

根据建立现代产业体系和建设宜居城乡“首善之区”的城市发展目标，在“山、水、城、田、海”生态城市框架指导下，针对广州土地利用现状的特点和问题，立足于统筹区域和城乡土地利用，提出了优化战略和协调战略。

优化战略是通过城区提升改造，新区理性引导，优化城乡用地布局与结构，实现旧城功能提升，新城紧凑发展，促进土地节约集约利用。其中，城区提升改造是指在“中调”和“西联”战略指导下，通过建设用地二次利用，改造旧城区、旧厂房、城中村，逐步引导城区产业升级和用地结构调整，改善人居环境，完善现代服务业配套设施，实现城区土地效益的优化。新区理性引导是指在“南拓、北优、东进”战略指导下，有序引导新区紧凑发展，优化用地结构，提高民生用地比例，促进形成新区现代产业体系，实现空间布局的优化。

协调战略是通过边界控制和土地复合利用，在严格保护耕地和基本农田基础上，提高各类用地的综合效益，协调土地利用与生态建设，创建“山、水、城、田、海”的环境友好型土地利用模式，促进社会和谐发展。其中，边界控制是指通过科学确定建设用地扩展边界，基本农田、生态用地保护边界，协调土地利用与生态建设，促进社会、经济、生态效益的统一，促进社会和谐发展，实现土地利用的城乡协调。土地复合利用是指依托土地生产功能复合、生产与旅游功能复合、生产与生态功能复合等，协调土地利用各种功能关系，变单一功能的土地使用形态为多功能的土地复合利用形态，提高土地特别是农用地的综合利用效率，实现土地利用的功能协调。

（3）土地利用总体布局。

从区域统筹角度，协调广州与珠江三角洲各城市的土地利用关系，构建广州市土地利用格局。积极落实珠江三角洲“一环、一带、三核、网状廊道”的区域绿地框架，合理安排广州市生态用地，强化广州在珠江三角洲“一脊、三带、五轴”的城镇网络状轴带体系的引领作用，加强对珠江三角洲1小时城市圈“辐射服务、带动引领”的核心城市作用。落实广州“东进、西联、南拓、北优、中调”的城市发展战略，强化与珠三角轴带区域发展方向一致的“南拓轴”和“东进轴”，加强与佛山联系，协调两市土地利用，完善“西联轴”，促进广佛同城化。优化广州土地利用空间结构，形成“三纵、五横、多公园”的生态结构体系、“一主、六副、多组团”的建设用地空间结构和“两带、一片、三大生态林”的农用地空间结构。

在“山、水、城、田、海”自然生态框架基础上，构建以郊野公园为核心、公园为节点、绿廊为组带的多层次、开放型城乡一体化的生态网络体系，构筑“三纵、五横、多公园”的绿地生态格局，强化自然山水休闲功能。“三纵”，即三条南北向生态主廊道。自西向东依次为：洪奇沥水道—大夫山—芳村花卉保护区—流溪河生态廊道、蕉门水道—南沙港快速路—万亩果树保护区生态廊道、狮子洋—东江—增江生态廊道。“五横”，即五条东西向生态主廊道。自北向南依次为：江高—北二环—新塘生态廊道、珠江前、后航道生态廊道、金山大道—莲花山生态廊道、沙湾水道—海鸥岛生态廊道、横沥水道—凫洲水道生态廊道。

多公园，是指构建“郊野公园—城市公园—社区公园”三级服务层级和网络体系。围绕“山、水、田”三大主题，重点建设郊野公园、湿地公园、农田观光园等，形成“宜居城市、田园风光”的独特城市景观风貌。城市公园与社区公园则是为了满足市民日常休闲、游憩需求，整合各类大型公园、专类公园、街头小游园、带状公园等，实现居民出行500米见绿的目标。

（4）城乡建设用地空间布局。

根据广州市城市空间发展趋势，以“山、水、城、田、海”生态格局为基础，规划构建“主城区—副城区—中心镇——般镇—村庄”的市域城镇村体系，形成层级分明、职能明确的“一主、六副、多组团”城镇空间结构，建立“城带镇”“镇带村”的有机互动关系，提高城乡空间利用效率。

其中，城市用地由主城区（含越秀区、海珠区、荔湾区、天河区全部及白云区部分）和6个副城区（番禺副中心、黄埔—萝岗副中心、空港新城、南沙滨海新城、增城片区中心、从化片区中心）构成，规划2020年城市用地面积约736平方公里。城镇用地空间结构由分散的点状结构优化为“中心镇+一般镇”的多组团结构。规划2020年建制镇用地约363平方公里，其中中心镇17个，用地面积约290平方公里；一般镇18个，用地面积约73平方公里。优化农村居民点用地空间结构，引导其由分散的点状结构转变为“行政村+自然村”的网络型结构。通过城镇化、农村居民点改造、城乡建设用地增减挂钩等措施，实现农村居民点用地节约集约利用，规划2020年农村居民点用地面积约213平方公里。

（5）建设用地集约利用。

危旧房改造。按照城市有机更新、点面结合、因地制宜、保护与重建并举原则，探索成片改造与零散改造相结合的模式，对危旧房分布相对集中、土地功能布局明显不合理或公共服务设施不完善的区域，应通过成片重建改造，逐步改善人居环境、完善公共服务配套、优化城市功能布局；对零散分布的危旧房和环境设施标准较低的旧住房，应结合街区综合整治，消除安全隐患、完善生活设施、改善生活条件。对体现岭南文化特色的历史文化街区和优秀历史文化建筑，应按照“修旧如旧、建新如故”的原则进行保护性整治更新，合理动迁、疏解历史文化保护建筑的居住人口。部分没有保留价值或房屋破损严重、非拆不可的危旧房屋，应统一拆迁、统一安置，拆平地块建为绿地或作为政府土地储备。

城中村改造。本着“改善民生、利导民意；城乡统筹，优化功能；依法依规，先行先试；一村一策，全面推进；政府主导，市场运作；科学规划，突出特色”的原则积极开展城中村改造。运用经济手段和政策创新，合理引入市场机制推进城中村改造，在改进城市形象的同时，提高土地价值，建立循环改造渠道，改善城中村社区环境。完善城中村基础设施和公共设施，促进城市内部的“城乡”融合。

土地功能置换。利用政府介入、市场激活、制度创新等手段、措施，落实“退二进三”要求，采用商业办公置换及工业升级改造方式，通过公开出让、收益返还、企业自行改造、政府收购后改造等土地运作模式，对海珠区、黄埔区、荔湾区等老区污染重、占地大、效益低的工业用地予以置换。同时，根据《广州市危险化学品生产、储存企业设立区域专项控制规划》，引导危险品企业搬迁，促进城市功能提升、产业结构优化和城区环境质量改善。

闲置地盘活。采取限期开发、调整项目、建绿复垦、土地回收、重新供应等多种途径优先盘活闲置土地。依法、依程序处置闲置土地，实施听证制度，符合收回条件的，依法收回并纳入政府储备用地；通过

“危改”和“蓝天、绿地”工程，针对城中“小而碎”的闲置用地，采取抽疏建设、还绿于民的做法，推进闲置地利用；通过完善政策法规，提升土地闲置成本，促使闲置土地的利用。

2. 广州土地利用第十三个五年规划（2016—2020年）

（1）土地利用总体情况。

“十二五”期间，广州市按照“南拓、北优、东进、西联、中调”的空间发展战略，遵循“山、水、城、田、海”的生态格局，继续引领城市发展全面转型升级，全市土地利用结构和布局不断调整优化，多中心网络型城市结构初步形成，重点地区建设不断完善。根据2015年土地利用现状变更数据表（见表2-1），广州市土地总面积为7248.86平方公里，其中，农用地5073.54平方公里，占全市土地总面积的69.99%；建设用地1787.14平方公里，占土地总面积的24.65%；未利用地388.18平方公里，占土地总面积的5.36%。2010—2015年，全市建设用地增加137.94平方公里，年均增加27.59平方公里；农用地减少113.85平方公里，年均减少22.77平方公里；未利用地减少21.83平方公里，年均减少4.37平方公里。

表2-1　2015年广州市土地利用现状变更数据表

地　类		面积 / 平方公里	占总用地比例 / %
农用地	耕地	823.21	11.36
	园地	1061.41	14.64
	林地	2534.82	34.97
	牧草地	0	0.00
	其他农用地	654.09	9.02
	合计	5073.54	69.99

（2）建设用地节约集约利用。

2015年，广州市建设用地总面积为1787.14平方公里，其中城乡建设用地1433.25平方公里，交通水利用地322.82平方公里，其他建设用地31.07平方公里。建设用地距2020年规划目标剩余161.86平方公里。

“十二五”期间，广州修订《广州市产业用地指南》，引导产业用地集约利用，提高产业用地管理水平。出台《广州市人民政府办公厅关于土地节约集约利用的实施意见》，就进一步提升广州市土地节约集约利用水平制订了工作计划。编制《广州市土地整治规划（2011—2015年）》和《广州市“三旧”改造规划（2010—2020年）》，加强综合整治，积极盘活存量建设用地。在全国特大城市中率先开展“三规合一”工作，通过核对处理城规和土规近30万个差异图斑，盘活了近129平方公里的存量土地资源。2013年成功争取为全国城乡统筹土地管理制度创新试点城市。国家和省赋予的19项先行先试政策极大提高了广州节约集约用地和建设生态城市的能力。完成全市1039个行政村4752.5平方公里集体土地的定界确权，登记发证，占全市土地总面积的65.6%，为集体土地流转创造了有利条件。

“十二五”期间，广州市建设用地节约集约利用水平显著提高。全市单位建设用地生产总值稳步提升，由2010年的每平方公里6.48亿元增长到2015年的每平方公里10.13亿元，高于上海、北京、天津、重庆等城市。全市“三旧”改造稳步推进，旧村、旧城、旧厂改造完成规模（包括增城和从化）分别为20.08平方公里、1.31平方公里和15.53平方公里，“三旧”改造完成总量为36.92平方公里。

（3）总体战略。

一是坚持保护资源，切实履职尽责。落实最严格的耕地保护制度，确保耕地数量基本稳定、质量有所提升；树立资源整体观，在做好耕地和基本农田数量与质量管控的同时，加强生态管护，建立生态环境与经济建设协调发展的新格局；加强优势矿产资源和矿山地质环境保护，促进矿业可持续发展。

二是坚持节约集约，促进科学发展。落实最严格的节约集约用地制度，贯彻“框定总量、限定容量、盘活存量、做优增量、提高质量”要求，转变土地利用方式，调整土地利用结构，优化国土资源空间布局，全面提升资源节约集约利用水平，努力以更少的资源消耗支撑全市更高层次、更优质量的经济增长。

三是坚持深化改革，提高保障水平。坚持社会主义市场经济改革方向，按照“规划控制—计划引导—市场运作”的思路，通过土地规划、年度计划、土地供应等一系列政策，优化平衡各类用地的供应结构，实施差别化用地调控，加强土地供应制度创新，对新产业、新业态用地和基础设施及教育、医疗等公共服务设施用地予以重点保障。

四是坚持制度创新，破解管理难题。着力创新国土资源制度，创新耕地保护制度，深化农村土地制度改革，健全自然资源管理制度，大力推进国土资源管理科技创新，深入推进简政放权、放管结合、优化服务。根据广州市机构改革职能整合工作要求，在“三规合一”的基础上，结合“多规合一”工作，加强土地规划与相关规划的协调衔接，消除规划体制壁垒，破解管理难题，充分发挥土地规划的基础性和约束性作用。

3. 广州土地发展和利用的主要经验

众所周知，大城市尤其是超大城市都面临土地短缺的结构性与共同性问题，广州在土地挖潜方面做了大量实践探索。广州在土地利用尤其是土地挖潜方面的主要做法与经验，主要体现在以下五个方面：

第一，向科学规划要空间，使土地规划紧跟城市发展战略，避免资源粗放无序利用。广州一直将宝贵的新增用地规模集中配置给重大基础设施项目、重大发展平台、重大战略性产业和重大民生工程，把好钢用在刀刃上，解决了过去“撒胡椒面”样的土地利用方式，也解决了多种规划相互“打架”的问题。近年来，广州将75%的新增建设用地计划指标优先保障“三个重大突破”（即重大战略性基础设施、重大战略性主导产业、重大战略性发展平台）项目。

第二，向盘活存量土地要空间、促转型。土地不仅是要素资源，还是城市转型的杠杆。土地投放给哪里，就会引导和服务城市功能、产业结构往哪里转型，而且还会产生倍数效应与乘数效应。广州600平方公里的低效土地，既是广州土地工作的短板，又是宝贵资源和巨大潜力所在。广州一直提在存量中找增量，就是要通过土地利用从增量扩张为主向增量、存量并重转变，服务和促进城市发展方式转变，服务和促进产业结构转型升级。广州通过积极推进“三旧”改造、农村建设用地使用权流转等措施，挖掘潜量，如果把广州600平方公里的“三旧”用地产出率提高一倍，就相当于全市土地产出率提高15%，相当于在存量土地中节约超过200平方公里的用地空间。

第三，向用好增量土地要空间，就是要以更少的土地消耗承载更大规模的增长。广州编制了产业用地指南，各行各业用地都有量化标准，不再是用地单位要多少地就给多少地，而是用国内最先进的标准来量化，按照节约集约用地的标准来量化，比如单位土地产出率、单位土地投资强度、单位土地科技率、容积率、绿地率等，计算出应该给多少地。同时，出台支持现代产业发展的差别化供地政策，发挥土地杠杆作用，推动供地结构向节地、高效的现代产业倾斜。

第四，向加强农村土地管理要空间。在土地管理上破解城乡二元结构，是土地制度创新的重点和难点。广州将以农村土地综合整治为抓手，打造土地节约、富裕生态的美丽乡村。在农村土地综合整治上，广州实行“三减三增”，减少农村建设用地规模、减少财政投入、减少政策障碍，增加农村土地价值、增加农村农民收入、增加公共服务设施。广州让集体土地享有跟国有土地同等的权益，集体建设用地可通过出让、出租、转让、转租、抵押等方式流转。投资者拿着集体建设用地使用权证，可去银行进行抵押贷款，原来不能流通的“死资产”，现在变为可以盘活流通的“活资产”。[①]集体建设用地入市流转后，好项目落地集体建设用地的最大障碍将消除，政府不用投资，靠市场力量来提高农村农民的收入。假设产出率提高到城市一半水平，将为全市农村、农民每年带来近3000亿元的增收。

第五，向生态用地差别化管理要空间。广州按照打造花城、绿城、水城的目标，如何实现城市发展与生态保护的“双赢”？广州探索实施生态用地差别化管理的办法。比如，给予广州海珠区万亩果园以“只征不转”的特殊政策[②]，即政府征收过来，但不占用建设用地指标。这个政策带来的好处是明显的：一是“绿了城市”，通过生态景观整治，大幅提升、改善了万亩果园的湿地景观。二是“富了农民”，通过土地征收，万亩果园保护区的农民得到了46亿元的补偿款，用这笔资金去发展农村经济可以带来可观的收益；在征地款之外，还在保护区附近留了10%的经济发展用地，让村民进行商业开发。三是“赢了民心”，万亩果园已成为广州市民乃至珠三角群众游乐休闲胜地，让群众在城市中心仍能亲近自然、享受自然、体验健康幸福生活。四是“守住了资源保护底线”，土地执法的压力没了、难度没了，从根本上解决了永久保护的难题。

①温朝霞. 可持续发展思想与城市规划理念的转变［J］. 广东农工商业技术学院学报，2004（2）.

②蔡云楠，李晓辉，吴丽娟. 广州生态城市规划建设的困境与创新［J］. 规划师，2015（8）.

（四）城市交通规划

改革开放40年来，国民经济持续高速增长激发了交通运输需求快速增长。广州市不断探索利用新理念、新技术、新方法解决城市交通问题。回顾改革开放以来广州交通发展历程，大致分为三个阶段：

1. 20世纪80年代：交通工程理论与实践探索起步阶段

20世纪80年代初期，广州市经济进入高速发展阶段，城市交通供需不平衡尤为突出。这一时期，城市交通工程理论处于起步和探索阶段，尚未系统研究城市交通问题，主要表现为自行车迅猛发展，常规公交不断萎缩；交通供需失衡，交通拥堵蔓延；交通方式复杂，交通秩序混乱。这一时期广州开展的交通工程理论探索包括：开展城市居民出行调查，摸清交通出行分布规律。1984年6月，广州市开展了第一次居民出行大调查，为城市交通管理决策提供科学依据。1985年，广州市召开全国“缓解大城市交通紧张局面”研讨会，指出城市交通紧张已席卷全国各大城市，并深刻分析了原因和普遍性特点，探讨相应对策和措施，城市交通规划正面临一场革命。[①]成立专门研究机构。1986年5月，在广州市人民政府居民出行调查小组的基础上正式组建广州市交通规划研究所，这是全国大城市中最早成立的专门的交通规划研究机构，通过建立长期跟踪研究机制，为城市交通规划、建设和管理提供决策依据。在交通实践方面，广州开展了立交建设。1983年，广州市建成国内第一座四层双环式立交——区庄立交，高13.5米，占地面积3200平方米。其后开展了中心区高架道路建设。1987年，广州市建成全国第一条高架道路——全长5.2公里的人民路六二三路高架路，随后又建成3.1公里的东濠涌双层高架路，为国内建设高架快速路系统提供了积极借鉴。在主干路改造方面，

---

①广州市交通规划研究所．广州市交通发展战略规划［R］．广州：广州市交通规划研究所，2008.

1986年对环市路进行改造，建成小北和大北高架路，交通量增长了1.6倍。对全长8.3公里的东风路进行改造，建设8座立交、10座天桥，建成后交通量翻了一番。在强化交通管理方面，广州提出“挖潜改造、强化管理，提高道路通行能力”理念，采取单行交通、设置机非分流、主干路绿波设置优化信号、压缩出口车道增加进口车道、实行货车白天通行许可制度等措施，使道路通行能力提高了30%—40%。

2. 20世纪90年代：整体研究与系统建设阶段

20世纪90年代，广州市经济持续高速增长，居民出行方式向机动化快速转变。与此同时，广州市在城市交通的研究和建设方面也开始系统考虑、全面统筹。这一时期，针对摩托车较多、城市对外交通设施和内部交通设施不足、停车供给能力有限等问题，广州首先系统开展了整体的交通规划研究。1993年广州市政府和世界银行合作，开展“广州市交通规划研究（GUTS1）”项目，开创了全国城市交通战略规划的先河，为广州市交通提供了发展方向和行动框架。这一规划提出了“按照明确的道路交通功能分级体系，有效地规划、建设和使用道路交通设施；限制自行车过量发展，合理控制摩托车和私人小汽车发展规模，改善步行环境”的交通发展战略指导思想，首创全国大城市交通规划战略研究，为广州城市交通指明了发展方向和构筑了行动框架。搭建“内环+放射线”中心区路网骨架，构建机动车、公交、自行车和行人四大网络系统，改善了中心区交通出行环境，奠定了广州市未来道路系统发展的骨架。

1995年，广州启动编制了《广州市中心区交通改善实施方案（GUTS2）》，提出了契合广州实际、具有可操作性的中心区交通改善实施方案，在整体上处于国内领先水平。接下来是进行专项交通规划研究。广州提出了道路系统规划的新思路。市域高等级路网按照城乡一体化的思路，将公路与城市道路统一规划，以中心城区为核心形成“四环十八射”环形放射状路网。1997年完成的《广州市快速轨道交通线网规划》提出了线网规划的系统方法和内容体系，成为国内轨道交通线网规划的示范版本。其中，轨道交通的建成，使广州多年的梦想成真。1999年建成地铁1号线，全长18.5公里，共16座车站，城市轨道交通实现零的突破。

3. 21世纪以来：交通引导城市发展阶段

进入21世纪，广州市面临着城镇化进程的加快和交通机动化的挑战，交通出行方式多样化和交通需求迅猛增长使交通拥堵日益严重，但同时也面临着国家高速铁路、珠三角城际铁路、城市轨道交通大力发展，以及摩托车退出历史舞台、机动车总量短期增长不大等难得的发展机遇。[①]广州市要成为全省的“首善之区”和珠三角“同城”发展的龙头，必须抓住交通转型期契机，以轨道交通为龙头，带动公共交通整体提升，促进交通出行方式结构转型和优化，促进城市空间结构调整和地区公共中心形成。2006年，广州市组织编制了新一轮的《广州市交通发展战略规划》，全面总结十年交通发展经验，系统整合既有交通规划与研究成果，全面审视未来发展前景，提出了广州交通发展战略与政策，并安排了近期行动计划，构建多模式和一体化的“和谐交通体系”，促进广州并带动整个泛珠三角地区经济、社会与环境的可持续发展。制定了区域一体化交通战略，构建了以广州为中心的珠三角一体交通网络，强化区域辐射和带动，指导了《广佛同城化区域交通一体化规划》《穗莞战略合作下的城乡规划协调研究》等项目的编制。

同时，广州以交通政策为调控，以交通管理为手段，平衡交通供

---

①广州市交通规划研究所. 广州市综合交通规划［R］. 广州：广州市交通规划研究所，2009.

给与交通需求，使交通服务水平维持在可接受的范围之内。针对2001年番禺和花都"撤市设区"，城市空间由"云山珠水"跃升到"山、水、城、田、海"，城市交通发展面临重大发展机遇。①2002年完成的广州市城市发展战略明确提出"南拓、北优、东进、西联"八字方针，对城市交通规划和建设提出了新的要求。2004年广州市成功取得2010年亚运会的举办权，对城市交通设施供应和交通管理提出了更高的要求。②

2011年，广州市组织编制了《广州市综合交通规划》。规划明确提出广州要以世界级的空港、海港为龙头，以内外衔接的高速铁路、高速公路为支撑，打造服务全国、面向世界的枢纽城市，构建以广州为中心的珠三角1小时交通圈，发挥对粤东西北地区"辐射服务、带动引领"的核心作用。以高快速路网和快速轨道网为支撑，强化中心城区与外围各组团之间的交通联系，打造国际水准公交都市。构建地铁（轻轨）为骨架，常规公交为主题，出租车和水上客运为重要补充，并对小汽车构成竞争的多模式一体化公交交通系统，实现市域范围60分钟内可到达市中心的目标。

回顾21世纪以来广州交通规划发展历程，积累的主要经验包括：一是交通规划与建设计划有机结合。广州市积极探索城市交通规划对城市建设的指导作用，开展了一系列近期和年度交通建设规划编制工作。如编制完成《广州市道路交通近期建设规划（2006—2010）》，系统考虑道路、轨道交通、公交、停车、行人设施等的建设安排和资金来源，有力促进了城市规划意图的顺利实施。③二是交通规划技术手段全面更新。

---

①广州市交通规划研究所. 广州市交通发展战略规划［R］. 广州：广州市交通规划研究所，2008.

②广州市交通规划研究所. 2010年广州亚运交通战略规划［R］. 广州：广州市交通规划研究所，2007.

③贺崇明，徐士伟. 广州市城市交通发展30年回顾与展望［J］. 城市交通，2010，8（1）.

建立交通动态跟踪机制，每年编制交通发展年报和更新交通模型，不断提高模型精度，有力地支持了交通规划决策。依托2005年居民出行调查，全面实现交通规划模型与地理信息直接对接，交通模型的直观性、科学性有了全面提高。三是区域交通枢纽跨越式发展。空港：全国三大枢纽机场之一、亚太枢纽航空港。白云机场规划建设2个航站楼、5条跑道，远期年旅客吞吐量1亿人次，已建成2条跑道和美国联邦快递公司亚太快件转运中心。海港：亚太地区现代化综合枢纽港。形成以南沙港区为龙头，以新沙、黄埔港、内港为辅助的广州港区新格局，规划2020年广州港港口年货物吞吐量达5.9亿吨。铁路客站：华南地区铁路主枢纽。形成三主一辅的客运枢纽布局，2020年货运量6050万吨，客运量8080万人次。其中，广州南站于2010年建成，作为中国四大铁路客运枢纽之一，集结武广、贵广、南广、广深港4条高速铁路，广佛、广莞惠、广珠3条城际铁路。[①]四是构建“双快”交通体系。一方面，积极拓展轨道交通网络，其中贯彻南拓战略的地铁3号线是全国最早实施的市域快线，轨道交通正由单纯疏导城市交通向兼顾引导城市发展转变；另一方面，建设骨架道路系统，规划形成“四环十八射”快速网络。五是支持城市CBD（中央商务区）崛起。为配合珠江新城CBD的建设，广州市开展了系统的CBD综合交通规划，充分利用珠江新城地下空间，建设地下快速公交系统，实施停车共享和人车分离系统等，全力打造多层次、高水平的CBD综合交通系统。

（五）生态环境规划

生态城市，作为后工业化时代的城市理想形态，被认为是能够实现

①潘安，周鹤龙，贺崇明，等. 城市交通之路：广州交通规划与实践［M］. 北京：中国建筑工业出版社，2006.

城市可持续发展的未来范式，诸多专家与学者针对生态城市规划建设提出可行的原则和策略。广州经济社会发展与城市建设均走在国内城市前列，也较早以生态城市为目标开展规划与建设实践。改革开放以来，广州结合城市建设和城市规划的发展，开展了涉及战略规划与总体规划、专项规划、特定地区规划及行动规划等多个层面的生态城市规划实践，经历了从规划理念到规划方法、规划实施逐步深入的过程。[①]总体而言，广州生态城市规划建设大致分为三个阶段：

1. 生态城市理念引入阶段（改革开放后至20世纪90年代）

改革开放初期，为了适应经济发展与城市建设的需要，广州城市总体规划方案提出了带形组团式的城市结构，体现了广州建设现代生态城市的早期思想与规划举措。[②]20世纪90年代，广州针对珠江、白云山和海珠区果树保护区等重点生态地区开展了生态保护与规划控制，并针对科学城等重点开发地区探索了“生态优先”式的规划方法，落实生态城市理念。

2. 生态城市结构确立阶段（2000—2005年）

2000年，广州开国内先河，开展了以制定城市长远发展战略为目标的概念规划，首次明确“建设山水型生态城市”的目标，并提出以“山、水、城、田、海”的自然特征为基础构筑生态廊道，建设多层次、多功能、立体化、复合型和网络式的生态结构体系，这也成为广州后续生态城市建设的主要指导思想。[③]此后，广州尝试开展生态区划与生态廊道控制性规划，进一步完善生态城市总体框架。环保、林业与园

---

①黄光宇，陈勇．生态城市概念及其规划设计方法研究［J］．城市规划，1997（6）．

②蔡云楠，李晓辉，吴丽娟．广州生态城市规划建设的困境与创新［J］．规划师，2015（8）．

③张泉，叶兴平．城市生态规划研究动态与展望［J］．城市规划，2009（7）．

林、水务和规划部门也编制了生态城市、绿地系统与河涌水系等专项规划，将生态城市规划战略落实到部门规划与行动中。[①]

3. 生态城市用地管制阶段（2006年至今）

2006—2011年，结合面向2020年的城市总体规划的编制，广州又陆续开展了总体发展战略规划、四区划定研究与规划及绿地系统规划修编等规划工作，进一步深化了广州生态城市结构，初步确定了生态控制线的范围与边界，并通过生态用地专项控制性规划，探索生态用地的管控方式。此外，结合珠三角绿道网建设行动的开展，广州制定并实施了绿道网建设规划，在推进生态网络建设的同时，充分发挥生态资源的综合服务功能，落实保护与利用相结合的积极生态建设策略。

总体上，广州长期以来的生态城市规划与建设实践颇有成效。一方面，保护生态环境、建设生态宜居城市的目标与观念已深入人心，“生态优先”的规划理念与方法已被城市管理者和公众普遍接受及认可；另一方面，以举办2010年亚运会为契机，大量的生态建设与整治行动被推进、实施。在2012年中国生态城市竞争力排名中，广州位列第十名，是唯一进入前十名的国内特大城市。广州在生态环境保护和规划等一系列方面做出积极探索，在全国处于领先地位。总结起来，主要有以下经验及做法：

一是开展基于生态本底调查的生态功能量化评估。2012年，广州在分析区域生态本底的基础上，针对城市生态系统的主要特征与问题，重点开展了“地、水、气、物、能、生”等主要生态要素的摸查工作，并深入分析耕地、基本农田、自然保护区、重要林园地、湿地、水体、水源保护区、矿产资源分布区及地质灾害分布区等的自然生态特征，初步

---

①叶玉瑶，张虹鸥，周春山，等．“生态导向”的城市空间结构研究综述［J］．城市规划，2008（5）．

建立了广州生态基础数据库。综合多种生态要素分析，系统评价了广州的城市生态敏感性与生态承载力，并定量评估了城市生态功能，为广州制定经济、社会、生态发展目标与策略奠定基础。

二是以实施为导向，优化生态规划编制与管控途径。结合城市气候环境特征及城市发展实际，探索性地应用生态廊道、固体废弃物处理、绿色交通、建筑节能与生态修复等具体生态技术已成为生态城市规划建设的基本做法。在城市总体规划层面，广州秉承“生态隔离、组团发展”的理念，通过生态廊道和组团隔离带限定了城市及组团的增长边界，防止城市无序蔓延，从而构建了“多中心、组团式”的空间格局。为解决城市生态系统问题，2012年广州在市域层面制定了《广州市生态专项规划》，并综合划定了生态管理分区，包括生态功能保育区、生态协调发展区和生态调控改善区。生态管理分区结合城市规划管理单元，将城市总体层面的生态规划要求传递到下层次规划特别是控制性规划上，从而实现生态规划与城市规划的融合。

三是以重点地区为先导，建构生态城市建设实施机制。生态城市建设需要以具有辐射带动作用的战略性空间地区为载体，先行建设生态城市样板区。广州正以重大战略性平台建设为契机，对重点地区实行严格的生态建设标准。首先，重点地区在规划编制时必须落实生态管理分区与生态廊道的控制要求，增加低碳生态专项规划，并将生态指标作为规划审查的重要衡量因素。其次，要求重点地区所有新建房屋建筑项目按照绿色建筑标准进行立项、土地出让、规划、建设和管理。通过重点地区先行示范生态理念与技术，以点带面，促进生态城市建设的全面突破。此外，多部门合作的联席机构、完善的生态补偿与政策机制、资金保障体系及公众参与机制是生态城市建设的重要支撑。

四是完善与创新生态城市规划的策略框架。生态保护的实效性是城市发展的重要前提。结合广州生态城市规划建设的问题反思与实践探索，广州一直致力于遵循战略目标与生态基础相结合、技术方法与制度机制并重的思路，有针对性地摸查生态本底资源，采用更具实操性的生态技术，通过完善的实施保障机制与绩效评估方法，确保生态城市规划建设获得实效，创新性地构建出“基础分析—技术应用—实施保障—绩效评估”四个方面的创新生态城市规划。

三、广州城市规划的主要经验

在城市发展不同阶段，广州始终坚持规划先行的发展理念，对标中国香港、新加坡、东京、纽约等国际一流城市，对事关城市发展的重点问题进行深入研究和战略部署，在规划理念和方法上不断创新，创新性开展城市战略规划，率先推行“三规合一”规划管理模式等，通过理论与实践探索，构建国际化大都市空间格局，为城市健康发展提供了科学指引。

（一）全国首开城市战略规划先河

2000年，广州在全国率先开展了城市总体发展战略规划的编制工作，形成《广州城市建设总体战略概念规划纲要》，确立了“南拓、北优、东进、西联”的城市发展战略，着重对空间结构、生态环境和综合交通三个方面进行战略性部署，成功带动广州实现跨越式发展目标。2007年提出“中调”战略，推动城市发展由外延拓展向内涵提升转变，实现城市集约和可持续发展，体现了城市“精明增长”“紧凑城市”的先进发展理念。广州已摸索出一种具有科学性、独创性的规划编制工作模式，即通过战略规划的编制，对城市战略问题进行前瞻性研究，并将其作为总体规划基础与技术支撑，从而有效地指导广州城市建设和发展，受到规划界的普遍认可。广州战略规划项目于2010年荣获“国际杰出范例奖”，其编制与实施模式为世界其他城市广泛借鉴。

（二）推行“三规合一”规划管理模式创新

在1994年广州市总体规划修编方案的基础上，广州学习借鉴美国的“区划”和香港的“法定图则”展分区规划，以城市土地利用和道路交通规制为核心，分解了总体规划的人口规模、用地布局、公共设施、配套设施，并达到控制性详细规划的深度。2001年起广州整合了分区规划和近20项重点地区控制性详细规划和各类专项规划、规划管理动态信息，完成中心八区（中心组团）的分区规划与控制性规划导则和规划管理“一张图”平台，统一了规划管理依据，在全国率先实现规划管理办公自动化；实现了公共媒体的“一张图”成果公示，形成了公众参与的平台。2015年广州创新开展“三规合一”，探索完善空间规划体系，编制《广州市“多规合一”工作方案》。实现多个部门的专业规划纳入全市“一张图”平台，完成“多规合一”“一张图”“一个信息平台”“一个协调机制”的工作内容，实现“国土空间”“规划空间”“经济空间”在“一张图”上的协调统一。

（三）举办重大节事活动，助推城市建设发展

回顾改革开放以来广州城市发展历程可以发现，六运会、九运会、亚运会、《财富》全球论坛等重大节事活动是广州城市发展及竞争力提升的助推器，不仅增强广州的中心城市功能、扩大国际知名度和影响力，还推动城市建设管理实现跨越式发展。一是六运会的举办推动了广州市的第一次“东进”，形成了天河地区以六运会主会场——天河体育

中心为核心，集商业、商务、体育、文化、居住等功能于一体的城市新区，突破了围绕旧城过度集聚发展的空间结构，推动了城市空间发展的快速东进。二是九运会的举办推动了广州主城区的第二次“东进”，向天河东部拓展，且对城市的功能提升与环境品质改善起到显著促进作用。先后建成了170多项重大市政工程项目，城市环境品质显著提升。三是亚运会的举办对正处于产业扩张、空间拓展跨越发展期的广州城市发展起到了推动和刺激作用。将亚运筹备与城市整体和长远发展相结合，出台《面向2010年亚运会的城市规划建设纲要》等行动计划，推动了一批城市建设重点工程建设，多项城市重点建设工程在亚运会前完工。亚运会还带动了重点地区发展，布局形成了“两心一走廊”的亚运会重点发展地区空间格局，完善了多中心国际大都市的空间结构。四是《财富》全球论坛的成功举办，促进了广州与国际全面接轨和互联互通，提升了广州国际大都市城市形象，扩大了广州的国际影响力。

第三章
城市空间结构演变

一、广州城市空间结构的渐进演变

（一）中国城市空间结构的演变及特征

城市空间结构是指城市主要物质构成要素在空间分布上表现的特征及其组合规律，是人类各种经济、社会、文化活动在地域空间的具体体现。它是一种复杂的政治、经济、社会与文化活动在城市历史发展过程中交织作用的物化，是城市的技术能力与功能要求在空间上的具体表现。在城市不同发展阶段，其空间结构表现出不同特征，这种特征在宏观层次上表现为由于相邻城市的交互作用而形成的城市群体形态之间的等级结构关系；在微观层次表现在城市内部结构方面，它是社会经济活动在城市地域空间上的投影，常以空间形态、空间密度等要素对其进行评价，是城市各功能用地布局的结果，整体反映城市的性质。

我国城市空间结构的演变历程大致分为四个阶段：古代、近代、计划经济时期、转型期。总体来说，古代的城市发展具有较大的稳定性；近代由于资本主义的侵入，城市结构变化差异很大；现代城市在经济发展的带动下，城市空间经历向心增长、向心与离心增长并存等扩展方式。在全球化、信息化的背景下，城市空间出现了内部重组、城市郊区化等现象。

1. 计划经济时期的中国城市空间结构

（1）演变历程。

计划经济时期的城市发展大致经过了三个阶段：国民经济恢复及“一五”计划时期（1949—1957年）、“大跃进”及国民经济调整时期（1958—1964年）、“三线”建设和“文化大革命”时期（1965—1977年）。第一阶段，城市的发展较为稳定有序，建设主要集中在一些重点工业城市，相配套的生活居住、公共服务等设施也随之得到发展，它们主要是在旧城边缘发展，形成一批边缘工业区和工人新村。第二阶段是城市发展的大起大落时期，受“左”倾思想影响，“大跃进”时期城市发展十分迅猛，城市用地不断向外围急剧扩张，市内建设不断。但到了1960年，这种大规模的开发建设因远远超过国家的经济承受能力而被调整和缩减。进入第三阶段，国家大规模的“三线”建设促进了西南、西北等内陆城市的工业发展，形成了一批新兴工业城市，工业布局主要采取“分散、靠山、隐蔽”的原则。但后来的“文化大革命”给城市建设带来许多问题，如住房拥挤、工业配套设施不足、项目布局“见缝插针”、功能布局混乱等。

（2）城市空间结构特征。

单一的计划经济体制、国家有计划地投资城市建设，使这一时期的城市发展和空间结构呈现以下特征：

一是以产业空间布局为主导。计划经济时期，以大规模的工业建设为主，形成了大片的工业区，带动居住、仓储、交通等用地的发展，对城市扩张的速度和内部空间结构的变化都起着关键性的主导作用。

二是功能混合与“单位制独立大院”的形成。计划经济时期，城市各类用地实行计划配置，城市建设努力改变近代城市“多区拼贴”的组合模式，实现居住、工业等用地的合理分区，力图形成一种功能完善、自成体系的生活综合单元。但从整体的城市发展来看，各城市功能混乱的局面并未得到彻底解决，城市各区之间仍缺乏合理、有序的整体控制。此外，这一时期形成了中国城市特有的一种城市组织形式——单位制独立大院，它是指由某一公有制单位独立使用的、半封闭的、生产生活设施较为齐全的独立大院。这种单位制独立地块在计划经济时期成为中国城市空间的主要构成元素。

三是层级式公共中心的形成。近代城市形成的商业中心被改造成各类机关、学校用地，行政办公、工业等用地占据城市区位优越的地块，城市中心新建了大批国营商店和文化娱乐设施。此外，自上而下的计划经济模式使城市商业网点的布局呈现出分级、树枝状的等级结构。

四是城市圈层地域结构的形成。随着工业生产的快速发展，团块状布局的城市不断向外扩张蔓延，最典型的是沿交通路线轴向、低密度、粗放型地扩展，形成旧城—新区—边缘区的圈层地域结构。

2. 改革开放以来的中国城市空间结构

从1978年改革开放以来，中国的经济体制逐步由计划经济向社会主义市场经济转变，经济的快速发展、生产力的不断提高、城市发展动力的多元化，促进了城市的加速发展和城镇化水平的不断提高，城市的空间结构也不断发生改变。

（1）演变历程。

转型期我国的城市发展主要经历三个阶段。1978—1990年是经济转型初期，市场机制的运行使得政府、企业、市民都参与到城市的发展建设和管理当中，这一时期国家的发展方针是“控制大城市、发展中小城市”，出现了苏南模式、温州模式、外资驱动型的乡镇企业发展模式。1990—2000年，随着改革开放的深化，城市经历了一个快速成长过程，城市数量增多，用地规模扩大，并且出现了工业开发区、高新技术园区、中心商务区等新型城市空间要素。2000年以后，市场经济体制不断完善，城市第三产业得到迅速发展，并聚集于城市核心区域。

（2）城市空间结构特征。

转型期是迄今中国城市发展最快的一个时期，在全球化、信息化等新的时代背景下，城市空间增长的方式、城市内外部空间结构都有新的改变，新型城市空间要素出现。这一时期城市功能日益完善，城市结构日益多元化，主要存在三类对城市结构影响较大的用地：居住用地、产业用地和商业用地。受经济发展和国家住房政策的影响，出现了商业楼盘、别墅、高级住宅区、城中村等新型的居住空间。开发区、高新区、保税区等新的产业空间的建设在不断推进，大型购物中心、超市、物流区、会展中心等新的商业业态成为城市商业贸易发展的载体。此外，还有大学园区、新生态保护空间、中央商务区、快速交通网等新的城市结构要素出现。这些城市空间的形成，不仅在扩展城市外部空间结构，也在力图优化重组城市的内部空间结构。

城市扩展方式的多样化。城市发展不再仅仅追求城市向外的蔓延扩展，城市经济水平的提高促进了城市人口、产业等要素在更大范围内往更多方向流动。城市空间的扩展呈现出同心圆扩展、轴向扩展、多核扩展相结合的扩展模式，城市空间日益开放，结构不断优化，形成了一种多中心的城市空间结构，城市空间结构模式多样化。城市的经济发展水平不同、所拥有的客观自然条件的差异使中国转型期的城市发展呈现出多种不同的空间结构，如圈层结构、带状结构、放射结构、多核网络结构、主城—卫星城结构等。

（二）广州城市空间结构的演进模式

回顾广州城市发展历程，从时间和城市空间结构特征两方面入手，把广州城市空间结构的历史演变与功能演化大体分为五个主要阶段。

1. 1949年前的圈层缓慢型扩展模式

广州建城至今已有2200多年的历史。早期的城址位于番山半岛，随着海湾泥沙淤积，陆地逐渐向南、向西延伸，江面不断收窄，内港的位置随之向南、向西转移，城市用地也相应连片呈同心圆层式扩展。在此，有必要对广州城市发展历史进行简要回顾。

秦汉时期：最早的广州城。公元前214年（秦王政三十三年），始皇帝在岭南设南海郡，广州（番禺）为南海郡治，任嚣任郡尉，建城郭番禺城。番禺就是最古老的广州城，从任嚣建城至今已有2200多年的历史。秦至二世而亡，赵佗继任嚣自立南越国而称王，把任嚣城扩大到周长为10公里的大城，俗称“越城”或“赵佗城”，南越都城的建设是广州历史上第一次大规模有规划的建设。

隋唐南汉：广州城的盛世。隋初经济一度发展，因而大兴土木，开运河，建造宫殿，沟通南北交通。唐朝是我国封建社会发展的一个高潮，出现了贞观、开元盛世，社会安定、经济发展、人口增加和城市发展达到了一个新的水平。在盛唐时，由于对外贸易的发展，海上丝绸之路拓开，西亚各国特别是阿拉伯人大量来中国经商，很多人迁居广州。广州成为全国三大商业城市之一，广州城自晋至唐未见扩展，但城市日益兴盛，人口众多，城市的范围早已突破城墙的限制。唐代的广州城墙范围很小，城市已形成了坐北朝南的布局形态，形成了一条南北向的中轴线，从而为南汉都城兴王府的建设打下基础。南汉兴王府仿唐都长安（西安）建造，兴建大批宫殿王府，城市区域分工明确，分内城与郭城，内城又包括宫城与皇城两大部分，具有都城建设特点，在广州城的建设史上具有重要的地位。

宋代时期：三城并立的广州城。宋代对于广州来说是一个承上启下的阶段，继南汉仍以北部中间地区为政治中心；西部及沿江的商业区得到巩固，城市风貌大为改观，呈现开放性、平民化特征，从而促进了广州城市特有文化的形成。南汉灭亡时广州城墙遭受破坏，残垣断壁，北宋时对其进行修扩，形成三重城墙围绕的空间形态格局。[①]三城即子城、东城和西城。子城又称中城，是在南汉兴王府基础上修筑而成，其范围未扩大，周长2.5公里；东城是在古越城的基础上修建起来的，与中城并列，周长共2公里，这里主要是官员的居住区和风景区；西城规模最大，方圆6.5公里，与中城隔一西湖，这里是主要商业区。从此，城市开始向西扩展。至此，三城并立的广州城市空间形态开始形成。

明清时期：三城合一的广州城。明代广州城有过多次改造和扩建，城市发展更多结合了周围独特的自然环境。明洪武三年（1370），拆除了原“三城并立”中间的城墙，填埋了部分濠池，使“三城合一”，解决了交通不便和城市协调发展问题。洪武十三年（1380），地方官朱亮祖认为三城合一，城区仍狭，因“辟东北山麓以广之”，并“拓北城八百余丈建立五楼，为会城壮观”。嘉靖四十三年（1564）又加筑外城，后称明代新城。此时，广州城的范围已扩展至北抵越秀山，南抵珠江边，东至大东门，西达西濠，已形成广州城今天旧城中心区的轮廓，周长约10.5公里，设八门。城市规模的扩展，使越秀山的一部分进入城市

①曾昭璇. 广州历史地理［M］. 广州：广东人民出版社，1991.

范围，再加上六条溪水环城而流，形成六脉通海、青山入城的格局。

1928年广州城市规划设计专门机构开始建立，12月广州市城市建设委员会成立，掌握全市规划设计事务。1932年8月公布了《广州市城市设计概要草案》，这是广州市城市规划历史上的第一部正式规划设计文件，其主要内容是：总体布局将全市划分为工业、住宅、商业、混合四个功能区，公布了广州市道路系统图，规划黄埔港为广州外港，白鹅潭一带为内港。在这部规划的指导下，城市市政建设在向城市外围拓展工业区的同时，城市内部空间形态也逐步改变，呈现出地域性、多样化的发展倾向，多元发展代表了广州近代城市总体空间形态的基本特征。广州近代城市空间结构，大致由演变中的旧城区、城市行政中心区、新式商业空间及其他物质空间形态拼贴而成。

总体上，1949年以前，广州整个城市发展范围集中在旧城区的商业和行政中心区，西南一带为新兴的商业活动场所，西关一带为商业区和豪商富户的住宅区。

2. 1949—1978年的单核向心型扩展模式

中华人民共和国成立后，进入社会主义过渡时期，计划经济的实行导致了城市政治和人们日常文化生活的改变。加之当时国际环境恶劣，广州濒临港澳，地处资本主义包围封锁的前沿，在这一切因素的影响下，广州现代城市建设进入一个特殊时期。

1950年末，“一五”计划建设时期，广州兴建了一批工厂及工人新村，工业以食品与轻纺工业为主。城市中心仍然是旧城区，海珠广场、流花湖地区为重点开发地区。除了在珠江下游建设可泊5000吨船的黄埔港外，在城区沿着珠江水系，先后在西村、沙园、南石头、赤岗和白鹤沙等地建设起造船、造纸、钢铁和机械制造等一大批大中型工厂企业，形成了新的工业区，并相应配套建设了工人生活区。这一时期，整个城市布局形态虽然变化不大，但已具有明显的几个“触角”向外伸展的特点。①

20世纪五六十年代，广州城市发展迅猛，大批工业区向城市周边蔓延，形成了一定规模的工厂区和工人住宅区。城市建设了许多生产性项目。一方面，由于城市土地除一部分为山地难以作为城市建设用地外，大多数是经营多年的高产菜地，遵照少占菜地、保护环境的原则，把城市的高产农田划为农田保护区，限制城市进一步向外扩展；另一方面，深水港口的东移，吸引了大型工业项目跳出城区布置在郊区。这两方面的共同作用逐步形成了广州分散组团的空间结构。在这一时期，原有城区变化不大，城市东部的石牌、五山一带新建了华南师范大学、暨南大学等一批科研、文教机构，与原有的华南工学院、华南农学院共同形成具有一定规模的高教文化区，并结合员村工业区组成第二组团。黄埔港和建设中的吉山、大沙地工业区组成第三组团。

进入20世纪六七十年代，广花公路、广深公路的建设，进一步促进了广州城市沿公路向北、向东轴向发展。一方面，由于广州火车站的建设带动了城市西北部边缘区的发展，流花地区陆续建成一批公园、宾馆和车站等基础设施，成为广州市对外交通和新型贸易旅游区，广花公路沿线也相继建设一批工业和仓库区；另一方面，黄埔港建设带动城市沿广深公路向东轴向发展。在这个时期，除建设黄埔新港外，还着重建设了黄埔地区的吉山（以机电工业为主）、大田山（以石油化工为主）、文冲（以修造船为主）工业区。同时，以这些港区和工业区为依托，先后建设发展了大沙地、文冲和沙冲居住区，城市沿珠江水系发展的趋向更加明显。

---

①陈子若. 广州城市空间结构的存在问题及其发展思路［J］. 广东经济，2002（8）.

3. 1978—1990年的纵横轴向型发展模式

1978年，党的十一届三中全会作出了经济体制改革和对外开放的重大决策，国际形势极有利于广州，广州进入了健康快速的发展时期。这一时期广州城市的发展情况：一是在城市边缘大规模开辟和扩展新区，城市呈圈层式质密状平面扩大；二是在旧城区从局部修补，转向结合城市房地产开发的全面旧城改造；三是新的高层和超高层建筑大量出现，形成新的城市中心区，向垂直方向扩张；四是城市市政公用设施现代化步伐加快；五是城市总体生态环境下降，污染加重。

从中华人民共和国成立后到改革开放前，广州城市形态发展走的是以规划控制引导为主的建设道路，先后制定过13轮城市总体规划，并结合具体的小区建设、地区开发等制定了若干详细规划。这些规划成果对城市空间结构起了重要的控制和引导作用。1979—1983年制定了第14轮广州市城市总体规划，强调了广州市在全国及广东省的地位，强调政治、经济、文化中心及历史名城的作用。在城市空间结构上，确定城市主要沿珠江北岸向东往黄埔方向发展，采用带状组团式结构，即沿珠江分三个组团：旧城区为第一组团，是城市中心区；第二组团为天河区，以设置文教、体育和科研单位为主；第三组团为黄埔地区，将结合广州经济技术开发区的建设，大力发展工业、港口、仓库等设施，各组团之间以农田和菜地分隔，避免连成一片，确定番禺的市桥镇、花都的新华镇为卫星城。

总体上，随着对内搞活经济、对外开放政策的落实，广州城市建设进入新的阶段。由于天河体育中心、天河生活居住区的建设，东部由于广州经济技术开发区、广深公路沿线工业和居住区的建设，城市三大组团已经蔓延扩大连接成片，已经形成广州纵横轴向发展的城市结构。

4. 1990—2012年的多极多核型发展模式

1992年以后，随着出口道路交通条件的不断改善，城市沿各个方向重新形成触角，呈等速发展势头向外蔓延。除东部开发区一带集中工业区开发外，其他方向均以商业住宅用地为主，东部地区1994年连片建成区已达73.6平方公里，总人口达40万人，已形成功能综合、相互依赖的产业集中区。

广州作为华南地区的政治、经济、文化中心，城市发展历久不衰，一直在原址不断发展扩大。20世纪80年代以后，广州城市空间进入了前所未有的快速扩张期。1980年，广州城市建成区面积为136平方公里，1990年达到182.3平方公里，1999年已达到285平方公里。2000年番禺、花都撤市设区后，广州城市建成区面积更达到431平方公里，市区人口增加到718.8万人，市域人口接近1000万人，远远超出规划指标。城市经济的快速增长及人口的大量增加，对城市空间的需求增加。

长期以来，广州西部紧邻佛山，向西扩展受到抑制；因番禺曾长期处于市区范围之外，在用地上也难以统筹安排，向南拓展也受到一定程度的限制。受行政区划和自然地理条件的制约，城市空间一直向北、向东发展，形成了沿白云山和珠江发展的“L”形空间结构。城市中心区人口高度聚集，生产力空间布局不够合理和舒展，制约了广州经济社会的进一步发展。

20世纪80年代，广州城市空间发展方向主要是向东呈带状延伸。这种单向轴带式扩展存在难以克服的缺点（尤其是在没有大容量轨道交通连接的情况下），即随着距市中心区距离的不断加大，居民外迁的愿望逐渐下降，因而对中心城区的疏散作用有限。进入20世纪90年代以后，随着宏观经济过热，特别是房地产开发热的兴起，1991年制定的《广州市城市总体规划（1991—2010）》又提出向东、向北两个方向同时发展的方案。实际上，这是在行政区划制约下迫不得已的选择。20世纪90年代后期，确定了城市空间向东南方向发展的思路。

2000年，花都、番禺撤市设区。行政区划调整解决了城市空间发展的政策门槛，为建设生态安全的国际性区域中心城市提供了历史性机遇。在新的城市发展战略规划引导下，广州城市空间拓展的步伐才得以加快。撤市设区为广州城市的发展提供了新的空间，内外部环境发生了变化。因此，《广州市城市建设总体战略概念规划纲要》确定城市空间格局由原来的“云山珠水”改为“山、水、城、田、海”，城市发展形态为“南拓、北优、东进、西联”，引导广州城市空间形态向更深、更广的方向拓展。

（1）南向拓展。南部地区具有广阔的发展空间，未来将是广州主要的城市空间拓展方向。基于知识经济和信息社会发展的新兴产业、会议展览中心、生物岛、大学园区、广州新城等都布置在都会区南部地区，使之成为完善城市功能结构，强化区域中心城市地位的重要区域。

（2）北向拓展。北部是广州主要的水源涵养地，应优化地区功能布局与空间结构。2004年，随着建在花都的新白云国际机场的正式启用，广州北部地区发展成为临港的“机场带动区”，机场板块呼之欲出，带动花都产业发展，成为整个广州市乃至华南地区客流中心与物流中心。经济发展刺激城市建设用地的扩张，因而北部地区也成为广州城市拓展的又一亮点。

（3）东向拓展。广州以21世纪中央商务区的建设拉动城市发展重心向东拓展，将旧城区的传统产业向黄埔—新塘一线集中迁移，重整了东翼产业组团，利用港口条件，在东翼大组团形成了密集的产业发展带。东部地区是广州20世纪90年代以来以产业带动城市空间扩展的地区。

（4）西向整合。广州西部直接毗邻广州市直接吸引区——佛山等城市，应加强广州同这些城市的联系与协调发展，加强广佛都市圈的建设，同时对西部旧城区进行内部结构的优化调整，保护名城，促进人口和产业的疏解。没有城市内部的结构优化调整，就没有外部的城市空间拓展。内部调整是外部拓展的内在推动力。因此，没有向西旧城区的内部结构调整就没有广州市南向、北向与东向的城市空间拓展。

总体上，广州已形成以山、水、城、田、海的自然格局为基础，沿珠江水系发展的多中心组团式网络型城市结构。主要内容包括：以珠江多条支流为基础建设城市景观带；建设传统产业的“东移轴”和IT（信息技术）产业、信息产业的“南拓轴”；建设以广州新白云国际机场为依托的华南航空枢纽港，龙穴的“深水港”，以琶洲国际会展中心、广州国际生物岛、广州大学园区为依托的“信息港”等。将原来“白云山和珠江水”狭小的生态空间格局提升到“山、水、城、田、海”“山水中的城市、城市中的山水”的生态格局。

5. 2012年至今的城市空间功能优化型发展模式

2012年11月，《广州市城市总体规划（2011—2020年）》正式对外公示，根据该规划，广州的城市性质被确立为国家中心城市之一，国家历史文化名城，广东省省会，我国重要的国际商贸中心、对外交往中心和综合交通枢纽，南方国际航运中心。城市发展目标是：坚持低碳经济、智慧城市、幸福生活的城市发展理念。大力推进战略性基础设施、战略性主导产业、战略性发展平台实现重大突破。提升城市生态文明水平、核心竞争力、文化软实力和国际影响力。率先转型升级、建设幸福广州，将广州建成广东省宜居城乡的“首善之区”和服务全国、面向世界的现代化国际大都市，全面实现国家中心城市的定位。与此前的城市发展战略相比，这次规划的突出亮点可以概括为六大转变：

一是从城市到区域，强化区域中心。在全国层面，代表国家参与国际分工合作与竞争，建设国家中心城市。在泛珠江三角洲层面，加强区域合作，拓展腹地，成为广东服务泛珠江三角洲的集聚辐射中心。在珠江三角洲层面，深化粤港澳合作，携领珠三角一体化发展。在广佛肇经济圈层面，加快广佛肇经济圈建设，重点推进广佛同城化发展。

二是从制造到创造，发展现代产业。增强产业核心竞争力。推进产业高端化、集群化、融合化发展。形成以服务经济为主体、现代服务业为主导，现代服务业、战略性新兴产业与先进制造业有机融合、互动发展的现代产业体系。

三是从实力到魅力，建设文化名城。保护历史传统文脉。重点保护与修复反映海上丝绸之路发源地、岭南文化中心地、中国近代革命策源地、改革开放前沿地的“四地”特色的空间载体。凸显现代特色风貌。以珠江文化生态带、传统中轴线、新城市中轴线为重点，打造传统与现代呼应的城市名片。统筹利用各类文化资源，发展文化产业，打造具有多元、包容、创新精神的文化创意之都。

四是从安居到宜居，构筑宜居城乡。加强城乡生态环境保护。大力推进公交优先，倡导绿色、低碳生活方式。优化公共中心体系。全面提升“花城”“绿城”“水城”魅力，打造宜居宜业“生态城市”。

五是从二元到一体，实现城乡统筹。高标准、高起点推进镇村规划编制，实现城乡规划全域覆盖。逐步完善城乡一体化基础设施，健全城乡一体化基本公共服务体系。

六是从粗放到集约，强化组团发展。加强土地节约集约利用，优化各组团空间结构与功能布局，促进土地利用与城市交通的协调互动，完善城市功能组团的综合服务功能，实现职住相对平衡，强化紧凑集约发展，构建舒展的紧凑型多中心网络型空间结构。重点疏解中心城区人口，分流外来人口，提升人口素质。优化用地开发强度，引导居住、就业、基本公共服务设施配置等的相对平衡，保障城市的良性循环和可持续发展。

二、广州城市战略空间的拓展和演变

（一）从“八字方针”到“十字方针”

2000年，《广州市城市总体规划（2001—2010年）》中正式提出广州的城市发展战略方针：南拓、北优、东进、西联。此后，广州一直按照这“八字方针”拓展城市空间结构，并取得了显著成效，为广州城市发展拉开了骨架：“南拓”拓出了南沙重化工业新区，“北优”优出了现代汽车生态工业城，“东进”进出了新兴的工业开发区，“西联”联出了市场广阔的广佛都市圈。广州的“八字方针”通过引导各项基础设施建设，有效支撑了广州市产业空间的外拓发展；在城市环境综合整治、绿化、公共设施等方面加大投入，明显改善了城市人居环境，由此促进了城市经济的快速健康增长，使城市可持续发展能力明显增强、竞争力明显提升。

城市发展战略实施成效主要表现在以下三个方面：一是城市基础设施建设的战略性布局基本完成；二是城市公共服务设施得到补充完善，中心城区的内聚力不断增强；三是重大项目和“发展板块”加速了城市建设空间的外拓，多中心都市区初步形成。但这一城市发展战略在实施过程中也存在着不少问题。广州实施多中心发展的空间战略主要是通过重大项目和发展板块推进的。在空间规划以及交通基础设施的导向下，中心城区外围的城市空间增长主要是产业空间的大量涌现，尽管也有若干大型居住楼盘生成，但缺乏城市公共服务职能，综合性的城市中心还未能很好地形成，发展战略既定的多中心城市空间结构未能得以均衡发展。同时，城市人口急剧增长，城市规模迅速膨胀，人口与建设用地空间配置不均衡，土地利用的整体绩效有待提高。人口的持续增长，给中心城区基础设施建设、整体上的用地可持续发展都带来巨大压力。

不过，广州的规划方针缺乏“中”，城市发展不能“喜新厌旧”，要慎防出现城市空心化。[①]事实上，在广州“退二进三”和旧城区改造升级的同时，广州旧城区面临种种问题：“空挂户”大量涌现，治安卫生消防堪虞，旧城区商业气氛变淡，交通设施建设和更新缓慢等。2006年，中共广州市委、市政府提出在“八字方针”基础上增加“中调”。其主旨在于，“八字”主要解决城市功能疏解和空间扩展的问题，此后也应该考虑旧城发展问题，因为旧城的历史欠债一直没有得到解决。“中调”的“调”，核心要义是调整提升，通过“退二进三”、转型升级整体提升旧城区的发展水平与质量。

“中调”战略重点突出优化与提升。从“八字方针”向“十字方针”的演变表明城市空间发展指导思想的转变，在2000年以来外延拓展取得成绩的基础上，更加注重外延拓展与内涵优化、提升并重。中共广州市委、市政府将“中调”战略的内涵进一步解释为“调优、调高、调强、调活”。在城市规划与建设方面重点是调优和调高。调优，即调整优化产业结构、人居环境和公共服务。推进“退二进三”产业调整战略，加快发展第三产业；合理调控旧城区建筑密度和人口密度，营造良好的绿色人居环境；充分发挥旧城区长期积累下来的公共服务资源比较集中、基础较好的优势，进一步完善城区公共服务功能。调高，即提高发展质量和效益。要在有限的空间里实行以质取胜，靠高质量、高效率的服务功能，集聚高级化的生产力要素，打造精品城区。城市发展的历

①谭炳才．“中调”：广州发展的战略拐点［N］．南方日报，2006-12-27.

史证明，要发展城市就必须提升城市的功能。在当前资源紧缺、生态环境平衡压力日益增大的背景下，转变经济发展方式刻不容缓。要加快提升城市功能，就要大力发展金融、信息、研发等现代服务业，实现可持续发展，促使经济和社会全面转型，使区域高端职能要素向中心城市集聚，合理配置优势资源，发挥最大效率。

“中调”地区集聚和完善区域高端服务职能，强化城市核心服务功能。培育高端服务业增长空间，提升城市服务职能是带动区域经济协调发展的需要。核心城市的功能和地位往往决定着该区域的作用和地位，对区域内其他城市的影响也变得越来越重要。广州作为南方经济中心和区域核心城市，其城市区域服务功能增强，不仅对自身的长远发展和城市竞争力提升十分重要，而且对整个区域的发展也是十分重要。新时期广州重点发展战略之一是加强中心城区职能的优化、集聚与提升。优化城市产业和生活空间布局、基础设施配置和生态环境，提升城市空间的品质和使用效率，从而带动城市地位、影响力、文化软实力和综合竞争力的提升。从区域、市域向中心城区的重点功能区集聚高端服务职能，建设区域服务中心、金融中心、决策管理中心、消费中心和文化创新中心。随着广州加快建设国家中心城市战略的实施，城市核心地区必须进一步突出高端服务职能在空间发展方面的集聚。通过提升“中调”地区的区域服务能力，进一步拓展广州的产业服务腹地，强化广州的区域中心地位。

（二）从“云山珠水”到“山、水、城、田、海”

2000年以前，广州的城市空间结构一直受广州自然地理和经济社会发展传统的影响。广州地处白云山麓、珠江岸边，向西与佛山毗邻，受行政界线约束；向南被珠江阻隔，发展缓慢；向北绕过白云山是流溪河下游广花平原，地势低洼；向东地势平坦，交通方便。广州城基本上是在开埠初址上缓慢扩建的，2000年来城市中心的位置、城市格局基本没有变化。

广州原有的自然地理地貌与地形，较大程度阻碍了广州经济快速发展，也很大程度上决定了广州一直以来单中心的和摊大饼式的空间发展格局，具体表现为：（1）由于白云山和珠江的限制，东、北两翼的人流、物流、车流必然要通过交通业已十分困难的旧城，加剧全市的交通矛盾。（2）强化了旧城的中心区位，非但未能起到疏解旧城的目的，反而提升了旧城土地的经济价值预期，加剧了旧城房地产开发强度，而由于旧城保护规划滞后，见缝插针的旧城改造破坏了名城保护的物质基础，降低了历史文化名城的整体价值。（3）北翼组团方案侵入了广州市自己宝贵的水源保护区——流溪河、广花平原地下水涵养区，进入了可能会发生地质灾害的不宜建设的广花平原岩溶地质地带。（4）北翼组团与花都区发展，大有重新包围新机场，使之重蹈白云机场覆辙之势。[①]

由于缺乏疏解旧城的整体战略，城市中心区局限在旧城“云山珠水”的狭小地域，人口和活动过密，导致旧城交通堵塞、环境恶化，且难以根治。自从广州提出“南拓、北优、东进、西联”的空间发展战略后，尤其是通过行政区划调整，将南沙区从番禺区分离出来，并于2011年申请国务院批复通过建设南沙为国家级新区，以及一系列大型产业、基础设施和人居环境的改善，南沙成为广州发展的重要引擎。同时，在从化、增城、花都设区后，广州背部的生态屏障功能得以巩固和延续，加之原有的珠江和城市建成区，广州借此从一个滨江城市有望升格为一个滨海城市，使广州有可能从传统的“云山珠水”的小山小水式的自然

---

①广州市城市规划勘测设计研究院项目组．从“云山珠水”走向“山城田海”［J］．城市规划，2001（3）．

格局跃升为具有“山、水、城、田、海”特色的大山大海自然格局，为建设生态安全的国际性城市提供了历史性的机遇，标志着广州城市建设空间格局将有大的改变。其结果是，广州将面临一个更高层次、更大尺度上的发展。城市将可以在更大的空间尺度中构建良好的城市空间结构和稳定的生态结构。[①]

（三）从“单核发散式”到“多中心组团式”

2000年编制完成的《广州城市总体发展战略规划纲要》正式确定了广州城市空间布局的基本取向为“南拓、北优、东进、西联”，确定了两条城市功能拓展轴——东移轴和南拓轴。其结果是，广州市的城市空间结构，极大改变了传统的“云山珠水”的自然格局、单一中心的空间格局，城市空间结构跃升为以“山、水、城、田、海”的自然格局为基础，沿珠江水系发展的结构。按照该规划纲要，广州将建设成为具有“一江多岸，两轴三带，两个转移带，三个大港，四大物流中心”的城市空间发展格局以及多中心、多组团、网络式的城市空间结构，城市功能分布将重新进行调整。

在广州市域范围内，多中心组团式城市空间的扩展应沿着以下的五条轴线进行，分别是市中心—市桥—潭洲—大岗、市中心—石楼（广州新城）—南沙、市中心—开发区（黄埔）—增城、市中心—太平—从化、市中心—花都，类似于五个手指。其中前三条轴线为主要发展轴，类似于拇指、食指、中指，后两条为次要发展轴，类似于无名指和小指，而掌心为中心城区，形成指状发展模式。同时在各个发展轴线上建设规模不同、职能各异的节点城镇，促进城市功能的疏散和区域的合理

①赵春荣. 关于广州城市空间结构的若干问题［J］. 探求，2001（5）.

分工。其中，市桥、石楼、黄埔作为副中心来建设，承担中心城市的部分功能。市桥的主要职能是居住、商务办公和行政管理，石楼以商业贸易、科研教育、新兴产业等职能为主，开发区则以先进制造业以及高新技术产业的研发和生产为主。[①]在重要发展区中，潭洲—大岗以吸纳中心城区转移出来的传统工业为主，南沙是重要的港口工业、资讯科技产业基地和物流中心，增城以外向型工业和区域性的综合服务业为主，花都则重点发展交通物流产业和空港工业。

（四）构建“一江两岸三带”

广州是一座有着超过2200年历史的城市，古代广州跟很多城市一样，秉承山水格局，是因珠江而产生的一座城市，所以我们说先有珠江后有这座城市。广州的城市核心城区始终是在一个相对稳定的位置，一步步拓展。直到近代，都是以江为轴，带状聚集。

广州市国规委2015年9月发布的《珠江两岸三带工作方案总纲》，提出了“巩固和提升国际航运中心、国家中心城市的地位，建设幸福美丽家园，构筑独具特色、国际一流的珠江经济带、创新带、景观带”的总体目标。重点建设“3个10公里”特色区段，确立区段设计主题，对建筑风貌、色彩、广告、标志等进行整体整治，作为珠江规划设计的试验段。打造3段10公里精品岸线，以西部门户、中部客厅、东部门户3个重要城市景观节点为核心，针对不同节点现状特点，制定相应规划策略，以点连线，以线带面地实现珠江沿岸景观提升。优化提升“一江两岸三带”，对广州完善城市功能布局、推动中心城区调整结构、实现转型升级具有重大意义。

---

①谢守红. 广州城市空间结构特征及优化模式研究［J］. 现代城市研究，2004（10）.

从白鹅潭开始，一直到二沙岛东段的30公里珠江，是近代广州的浓缩。就像所有世界知名的城市一样，广州也是因这座城市的水系形成的。然而世界著名城市多是以沿着水系所产生的创新产业聚集，从而带来面向这个国家、面向国际城市的全球竞争力。比如巴黎塞纳河、新加坡滨海湾、芝加哥运河等。伦敦的精华就在泰晤士河两岸，自然那里就集聚了经济、创新、竞争力等因素，最终反映了城市的景观，反映了城市宜居宜业的总体风貌。伦敦金融城从20世纪90年代到现在，这20多年的发展充分体现了其沿着水系发展，有清晰的空间布局思路。[①]广州要努力学习国际城市先进经验，要以珠江为纽带，将珠江两岸作为整体规划，将沿岸的优势资源、创新要素串起来，让珠江两岸呈现出这座城市的人文历史脉络，将这座城市的品质和未来可持续发展的要素呈现出来。

三、广州城市空间结构优化发展的成效与经验

（一）广州城市空间结构优化发展的主要成效

1. 城市空间格局持续优化

广州行政区划经过几次大的变动与调整，实现了小区合并，大区分解，大胆探索开发区行政区划体制建设，降低行政管理成本，提高了行政管理效率，促进行政区划空间与城市发展战略规划的有效衔接，优化城市空间结构，释放城市经济社会发展空间，为大都市空间格局的形成奠定了基础。2000年6月，番禺、花都撤市设区，广州市辖10个区和2个县级市，市辖区面积从1443.6平方公里扩大到3843.43平方公里。2005年4

①雷阳，黄道沸．广州“一江两岸三带”城市新格局探究［J］．中国市场，2017（14）．

月，撤销东山区，并入越秀区，撤销芳村区，并入荔湾区，设立广州市南沙区、萝岗区。2014年2月，萝岗区和黄埔区合并为新黄埔区，从化市、增城市撤市改区，广州从“10区2县级市”变为“11个城区”的格局。市辖区面积从3843.43平方公里跃升至7434.4平方公里，“大广州”格局最终形成。改革开放以来，广州大都市空间格局不断优化，逐步由单一中心、圈层式城市空间格局向多中心、网络型、组团式城市空间格局转变。2000年，广州确定了“南拓、北优、东进、西联”的城市发展战略，为城市空间发展提供了长远、稳定的战略指引。2007年增加“中调”战略，城市空间发展从“外延拓展”转向“优化提升”。2014年以来广州提出推进枢纽型网络城市建设，建设三大战略枢纽，优化提升一江两岸三带，形成多点支撑的城市空间格局。随着广州城市空间格局的拓展，建成区面积不断扩大，城市空间产出效率显著提升。建成区面积由1980年的170平方公里扩大到2016年1249.11平方公里（含增城区、从化区），扩大了6.35倍。单位面积地区生产总值也由1988年的322.67万元/平方公里提高到2016年的2.63亿元/平方公里，增长了80.5倍。

2. 城市重点功能区建设成效显著

广州在不同时期有所侧重地推进城市重点功能区建设，重点功能区建设取得了显著成效。20世纪90年代，在广州推进现代化国际大都市建设的背景下，以天河体育中心为核心，在天河区逐步形成了多功能、复合化的商业和商务中心。进入21世纪，广州提出围绕珠江新城和天河体育中心周边商务办公区建设城市中央商务区，并强化作为新城市中轴线的发展。至此，珠江新城CBD已全面建成，国际大都市的城市面貌已呈现。陆续建设琶洲地区、白云新城、白鹅潭地区、广州南站、广州（黄埔）临港商务区等重点功能区，建设中新广州知识城，拉开南沙新区新一轮开发建设序幕。尤其是十八大以来，广州重点推进南沙自贸试验区、“一江两岸三带”、空港经济区、金融城、国际创新城、琶洲互联网创新集聚区琶洲会展功能区等重点地区规划建设，推动形成多点支撑、联动发展的空间格局。琶洲互联网创新集聚区先后引入阿里巴巴、腾讯、华多网络、环球公司、唯品会等十几家互联网龙头企业进驻。南沙自贸区的明珠湾起步区、蕉门河中心区和金洲总部经济集聚区基本成型，南沙自贸区“城市客厅”形态基本形成。白云新城、黄埔临港经济区、白鹅潭经济圈、南站商务区等功能区也逐步成型。

（二）广州城市空间结构发展的典型经验

一是坚持以经济建设为中心，大力推进城镇化进程，迅速扩大城市规模，较好地发挥广州作为华南地区中心城市的集聚与扩散作用。根据城市空间结构增长原理，城市空间结构增长是一个过程，这个过程是城市社会经济发展过程的重要组成部分，因而城市空间结构的演化及其所表现出来的空间效果，亦受制于城市经济、政治和社会方面的力量与方式。当城市经济、政治等这些人类自组织力与城市空间自组织力同步时，城市空间的发展加速、城市的集聚与扩散功能强化，二者相辅相成，相互促进。要增强中心城市的辐射功能，首先要增强自己的经济实力。没有雄厚的经济实力，就没有建设中心城市的物质条件。所以，一直以来，广州市始终都把经济建设放在第一位，始终坚持以经济建设为中心，把发展作为主题。广州市的综合实力在全国十大城市中仅次于上海、北京，位居第三。有了比较雄厚的经济实力后，广州市不断加大对城市基础建设的投入，加快城镇化进程，极大地改善了广州市的城市基础设施和城市环境面貌，吸引了国内外的各方人才来广州投资就业和生活居住，广州市的人口规模和城市面积也随之迅速扩大，广州中心城市的集聚与扩散功能得以增强。

二是力求避免和突破城市空间发展的“门槛”，积极探索广州城市空间发展方向和空间发展策略。早在1998年5月，广东省第八次党代会就明确了广州市中心城市的发展定位，要求广州市加强城市规划、建设和管理，发挥中心城市带动全省城乡发展的龙头作用。为此，中共广州市委、市政府将广州的发展目标定为“环境优美，秩序优良，文明富庶，经济繁荣，有较强辐射力、吸引力和带动力的现代化中心城市”。这一目标确定了广州未来城市规划的总体方向，但在进行具体的城市规划时，不能不考虑广州城市发展的实际情况：一是大自然赋予广州的山水格局，二是广州悠久的历史文化遗产，三是行政区域的长期限制。按照城市空间结构增长的“门槛”理论，这些实际情况也就是广州城市发展的“门槛”。因此，广州市要打破传统的“L”形条状城市发展布局，解除一山一水的城市发展空间的地理束缚，摆脱文物古迹和行政区域造成的人为限制。广州市的做法是，首先是坚持以经济建设为中心，大力发展经济，通过发展经济解决城市基本建设资金问题；同时，坚持城建也是生产力的观点，用大规模的资金投入城市建设，通过城市基础设施建设引导城市空间向开敞的方向和成本较小的地方发展，使城市空间结构达到最优化；其次是争取国务院同意把番禺、花都纳入广州的城区范围，从而极大地缓解旧城区的空间压力，突破长期困扰广州城市发展的行政区域限制，为广州市的城市空间结构向东、向南调整和发展扫除体制这一最大障碍。

三是注重“节点”“通道”等城市空间结构要素，大力加强城市基础设施建设和城市形象建设。一般来说，城市空间结构包括五大构成要素，即节点、梯度、通道、网络、环与面，但最主要的是两大要素：使人类行为实现的“场所”；人类行为保持持续的“路径”。这些年来，广州比较注意和重视地域、节点、道路等城市空间结构要素的建设和城市设计，通过城市设计，优化城市空间形态布局，突出岭南历史文化名城和现代化中心城市的特色，塑造良好的城市形象，取得较大的成绩。一是建设城市主骨架路网，改善城市交通结构，逐步形成地上、地面和地下相结合的城市立体交通体系，提高城市运行效率。建成地铁线、华南快速干线、内环路、环城高速公路、广园东快速路等一批重要道路基础设施，一个现代化的立体交通体系正在形成。二是建设大批大型公共建筑，塑造城市标志形象。建成广州奥林匹克体育中心、广州新体育馆、广州艺术博物院、广州星海音乐厅等一批大型公共建筑，改建和新建35个城市广场，作为广州城市空间体系中的开敞空间发挥着重要的作用。通过建设这些城市标志性的建筑物，提高广州城市的文化内涵。三是加强城市中轴线的建设，形成传统与现代两条轴线控制的城市历史与人文景观。强化广州城市布局中以中山纪念堂为核心，北起白云山，经中山纪念碑、人民公园，南至海珠广场的传统中轴线的基础。四是改善城市出入口的环境景观，促进出入口土地的合理利用，塑造独具特色的城市边界。五是加强文物古迹保护，恢复城市历史风貌，根据市民生活需要，建设传统商业中心，规划保护南越国宫署、骑楼、沙面等历史文化古迹。

城市建设篇

第四章

城市基础设施建设

一座城市的繁荣与发展离不开城市基础设施的发展和建设。结合广州城市基础设施发展的一般性和特点，本章重点论述以航空、航运、轨道交通和公共交通为主导的交通枢纽建设的发展情况及相关建设经验，然后从微观层面聚焦对城市空间拓展起重要拖曳和引导作用的大型场馆建设，以及在土地供给紧张的情况下对未来城市开发产生重要影响的地下空间开发。最后，本章将落脚于两个综合性且具有广州特色的大型项目——广州大学城、琶洲国际会展中心的建设层面上。

一、国际航空航运枢纽建设

（一）航空枢纽建设

广州机场的发展历史可追溯到1932年冬，国民革命军第一集团军空军在广州的远郊棠下、棠溪、岗贝、萧岗乡征地，筹建白云机场。当时所谓的机场，就是一块大致圆形的场地加上一条360米长的土质跑道，全部面积只有105万平方米。1933年11月，白云机场竣工，广东航空学校随即从天河机场迁入，白云机场成为学员飞行训练的基地。1938年10月广州失陷前，日军不断从台湾出动轰炸机轰炸白云机场，广东航空学校被迫远迁昆明。广州失陷后，日军对机场进行了扩建，将跑道向北延长至1200米，加宽为100米，加厚为0.1米，并增建一条与跑道长、宽、厚相同的副跑道，机场总面积扩大到134万平方米。抗战胜利后，国民政府着手大力发展民航事业，并同空军协商，将白云机场转为民用。1947年3月，国民政府交通部民用航空局接管广州白云机场。不久，中国航空公司（简称“中航”）拟引进“空中霸王”（DC-4）客机、中央航空公司（简称“央航”）拟引进“空中行宫”（CONVAIR240）客机，白云机场原有的跑道不适合这两种机型的起降。于是，从1948年12月开始，国民政府交通部民航局投入巨资对白云机场进行扩建，于1949年5月2日竣工，7月1日投入使用，工程投资总额为金圆券6800万元。扩建后，停机坪面积增至4000平方米，航站楼面积增至2000平方米，机场新增面积13.5万平方米。不久，央航总部从上海南迁至广州，以白云机场为运营基地。解放军进入广州城后，中南军区司令部航空处接管了广州白云机场，并于1950年3月将机场移交给新成立的中国民航广州办事处。到了20世纪50年代末，民航引进了伊尔18客机，由于天河机场跑道短、距市区近、净空条件不好，不适合此机型的起降，民航广州办事处便决定放弃使用了9年的天河机场，回迁白云机场。从1959年12月22日开始，民航与空军合用白云机场。1963年2月，空军搬离白云机场。直至20世纪60年代初，我国民航还没有远航的大型飞机，开通不了国际航班。1963年8月29日，中国和巴基斯坦签订通航协定，由巴基斯坦国际航空公司（简称“巴航”）于1964年4月29日开通达卡—上海—广州—达卡国际航线。与此同时，民航局决定对上海虹桥机场和广州白云机场按当时的国际机场标准扩建。翌年4月，扩建后的白云机场第一次迎来了巴航的班机。此后，广州白云机场的名称变为“广州白云国际机场”，多了“国际”两字。第二阶段扩建工程在1967年4月结束，新增面积72.53万平方米。自此，白云机场的整体面积再也没有增加，一直维持到停止使用。广州白云机场位于白云山西边，1932年起，为军用机场，后来改建成民用机场。白云机场有1条跑道、1座候机楼，离港旅客需搭乘转运车到班机附近登机，进港旅客也需要下机后乘转运车到候机楼离港。

改革开放后，广州迅速发展，白云机场也发展迅猛，旅客吞吐量和飞机起降架次曾连续8年位居全国第一，并成为中国三大机场之一。随着广州市建成区面积不断扩大，使白云机场渐渐被纳入市区之中；白云机场的迅速发展，也为机场周边市民带来飞机噪音等困扰；机场原本的运载能力也已无法满足要求，虽然经历数次扩建，但由于位于市区，扩建有限，仍然远远无法满足要求。在众多问题的包围下，白云机场被迫搬迁。新的白云国际机场始建于2000年8月，2004年8月5日正式启用，地处广州市白云区人和镇和花都区新华街道、花东镇交界处，距广州市海珠广场的直线距离约28公里。该机场现为中国南方航空、海南航空、深圳航空、联邦快递的枢纽机场，以及中国国际航空的重点机场。2011年，广州白云国际机场全年旅客吞吐量已经达到4500万人次。于是，总投资为188.54亿元人民币的广州白云国际机场扩建工程于2012年8月3日举行启动仪式。工程设计年旅客吞吐量8000万人次、年货邮吞吐量250万吨。此次扩建内容包括机场工程、空管工程和供油工程三部分，总投资为188.54亿元。其中机场工程投资179.81亿元。而机场工程建设内容主要包括新建第三跑道和滑行道系统，新建二号航站楼主楼及相关附属设施等。广州白云国际机场第三跑道、二号航站楼分别于2014年、2016年建成并投入使用。

图4-1　广州白云国际机场

广州白云国际机场（以下简称“白云机场”）是中国华南地区最大的国际航空枢纽，始建于20世纪30年代。2003年白云机场股票在上海证券交易所成功上市；2004年8月，新白云机场投入使用；2010年以“零事故、零差错、零投诉”优异成绩圆满完成了广州亚运会、亚残运会的服务保障任务；2014年旅客吞吐量突破5000万人次大关，位居国内第2位、全球排名第15位；2015年2月第三跑道投入使用，“三跑道运营时代”的到来，为把白云机场建设成为国际枢纽机场奠定坚实基础。白云机场已经成为国内设施最先进、功能最齐全、业务最繁忙的国际机场之一。（见图4-1）

按照国家发展改革委、民航局关于支持广州临空经济示范区建设的批复，未来三年，广州临空经济示范区将优化提升规划体系，全面推进开发建设。广州加快道路交通和市政基础设施建设工作，推进机场周边“产城一体化”，规划建设高端航空生活区，完善生活服务配套设施，建立空港国际新形象，合理安排临空经济示范区新增建设用地规模，保障项目落地及开发建设需要。“十三五”期间，白云机场客货运输实现快速增长，全球地位不断上升，2017年完成旅客吞吐量

6583万人次，全国排名第3位，全球排名第13位；货邮吞吐量178万吨，全国排名第3位，全球排名第19位。国际业务持续攀升，国际及地区直达航线数量156条，国际业务三大指标实现两位数的增长，2017年完成国际及地区旅客吞吐量1589.4万人次，占总旅客比例达到24%。白云机场枢纽辐射能力和吸引力进一步增强，珠三角巴士接驳点和城市候机楼服务功能进一步完善，南航、深航、海航、东航拓展珠三角空地联运力度进一步加大，白云机场144小时过境免签证政策已获批，南航在白云机场已全面实现通程联运。2018年4月26日，白云机场T2航站楼正式启用，2018年1—6月，白云机场飞机起降架次完成23.46万架次，同比增长3.45%；旅客吞吐量累计完成3420.84万人次，同比增长7.19%；货邮吞吐量89.47万吨，同比增长6.42%。回顾白云机场的发展历程，有如下经验与做法：

1. 积极开展国际化战略转型，积极响应国家“一带一路”建设的号召

广州作为南航主基地，枢纽地位日益凸显。2012年，南航首次提出了“广州之路”新理念，引起了全球的广泛关注，“广州之路”品牌逐步深入到欧、美、澳社会各个层级，全盘激活了国际化转型的核心战略。以广州为联结点，加快打造“一点连三洲”的格局，由此全盘激活了其国际化战略布局。据悉，南航从广州出发的国际航线共53条，已初步形成了以欧洲、大洋洲两个扇形为核心，以东南亚、南亚、东北亚及国内为腹地，全面辐射北美、中东、非洲的国际航线网络布局。截至2016年12月，南航国际及地区周班次量达到996班。2016年全年南航国际航线运输旅客达到1379.6万人次，比2015年增长了17.6%。南航在广州地区的国际航线运力投入已超过国内航线。“十三五”时期，白云机场将重点围绕“一带一路”布局航空市场，将新增运力重点投放在这些国家和地区，并不断加密航线航班频率。要力争把广州航空枢纽建设成为“21世纪海上丝绸之路”的核心枢纽，预计到“十三五”末，广州枢纽航线将达到200条，其中国际航线将突破70条。

2. 构建立体交通网络，实现无缝对接

白云机场实现建设大型枢纽机场目标的关键在于构建多层次的交通枢纽，进而全面提高其航运效率。无缝对接的关键在于优化整体的交通布局，确保关键部位全面对接。白云机场利用国际空港的全新发展趋势，全面规划配合各项战略的实施。航站楼在国际性机场中发挥着重要的交通辅助作用，二者联系紧密。所以，白云机场明确定位机场周边的各个航站楼，发挥广州北站的交通辅助作用，着手建设广州北站直达白云机场的快速通道，建立连接机场北部与南部的快速路网，方便乘客换乘。同时，利用连接珠江三角洲城市群的穗莞深城际轨道，借助广州北站、机场航站楼在广州临空经济示范区内相接的广佛肇城际轻轨、广清高速、花莞高速、肇花高速、大广高速、京珠高速、武广高铁，以及地铁3号线北延线、9号线、14号线，建立轨道交通、高速公路交织的快速交通网络，在优化整体的前提下，实现并凸显白云机场更强的辐射效应。

3. 不断完善相关服务功能

在国际航空枢纽构建过程中，密切关注服务业水平的提高，致力于构建“互联网+航空”的现代化航空服务模式。对于航空服务着力打造产业群，推行更稳妥的新型航空服务，在空港物流的辅助下，构建相互呼应的集、疏、运体系，进而完善航空港的各项服务功能，塑造优良的服务软环境。[①]一直以来，白云机场不断创设更好的通关环境，因地制

---

①王波. 广州构建国际航空枢纽的战略思考［J］. 城市观察，2012（3）.

宜地进行机制创新，并推行各项入境与出境手续的简化制度，保证通程联运的全面发展。

4. 积极推进港城融合

积极推进空港经济区、白云机场与广州主城区和花都城区，以及珠三角其他城市的融合是广州国际航空枢纽构建的基础和保障。[①]近年来，各地在建设航空枢纽，实现港城交通无缝对接的同时，将互联网运用于航空枢纽建设，积极探索“互联网+航空”的枢纽建设模式，努力提升实时信息交互水准，促进港城融合。[②]白云机场作为国际性的转运中心，强化建设空港物流，因地制宜地构建物流产业基地。健全物流设施，构建物流园区，进而推动高新产业、现代物流业、临空产业及制造业全方位发展。打造物流基地，以白云机场为发展龙头，将周边区域建设为核心区，同时覆盖广州开发区、白云区及花都区等地带，积极应用互联网和信息技术，通过网络化手段，构建多元的空港物流体系，确保提供实效性更强的新型物流服务。[③]

5. 紧紧围绕建设“安全、高效、优质运营的世界级航空枢纽”这一目标，积极推进“大枢纽”“大整合”和“大升级”三大战略

“大枢纽”战略是指推动客货、信息及文化三方面互通互联的战略。一方面，要将白云机场打造为通达、智达、礼达“三达”的世界级航空枢纽，成为助推“一带一路”倡议实施的首行首善之港。[④]不仅重视客、货

①李非，王晓勇，江峰. 临空经济区形成机理与区域产业结构升级——以广州新白云国际机场为例［J］. 学术研究，2012（1）.

②陈仲维. 加快建设国际航空枢纽，构建全面开放的战略支点［J］. 先锋，2014（6）.

③李楠. 香港机场货运发展对广州白云机场发展的启示［J］. 港口经济，2014（7）.

④王姣娥，王涵，焦敬娟. “一带一路”与中国对外航空运输联系［J］. 地理科学进展，2015（5）.

的连通，还要打造信息枢纽。另一方面，国家在推进“一带一路”倡议，与其他国家互动和合作中，首先强调的是文化的交流和理念的交互。白云机场作为国家的重要门户，不仅承担文化展示、传播与交流的责任，同时通过文化产业的开发创造社会效益、提升经济效益，成为体验经济下新的增长点。“大整合”战略是指内部资源的调整优化和价值开发。根据现有资源分布和行业发展规律，白云机场重新对各大板块进行划分、重组，构建了一套体现高效协同效应的运营系统。针对传统安检、消防等保障业务，做好“专业化”运营，以提高业务人员的技能，提升地面及空防安全的保障能力。针对商业、餐饮、广告等经营类的业务，强调更加“市场化”，推动优质业务做大、做强、做优。针对电商、“互联网+”等相关的新兴潜在业务，突出要“平台化”，重点对生态业务、后勤业务、地产业务及电商业务四项潜在业务进行孵化，努力使白云机场成为专业规范、市场导向、创新引领的国际机场运营标杆。[①]“大升级”战略是指管理能力的升级，体现在安全升级、服务升级和管理升级三大方面，即通过全面转型升级，打造基础优、品牌优、品质优“三优”的良性企业环境。[②]

（二）航运枢纽建设

广州港位于珠三角中心地带，地跨广州、东莞、深圳、珠海、中山五市，岛屿众多，水道密布，是我国沿海主要港口和国家综合运输体系的重要枢纽，也是珠三角油品、煤炭、粮食等重要物资的集散地。

1. 基本概况

广州港历史悠久，早在2000多年前的秦汉时期，广州古港就是中国

---

①刘万红．关于广州构建国际航空枢纽的战略思考［J］．开封教育学院学报，2017（12）．

②李颜，李祖文，罗志娟．白云机场攻坚克难转型优化，打造世界级航空枢纽［N］．广州日报，2015-9-22（04）．

对外贸易的重要港口，是中国古代“海上丝绸之路”的起点之一；在唐宋时期，“广州通海夷道”是世界上最长的远洋航线；至清朝，广州成为中国唯一的对外通商口岸和对外贸易的最大港口；改革开放以来，社会经济的飞速发展使广州港发展成为国家综合运输体系的重要枢纽和华南地区对外贸易的重要口岸。[①]步入21世纪，在腹地经济持续快速增长的支撑下，广州港快速发展。[②]2017年，广州港货物吞吐量完成5.9亿吨，居国内沿海港口第3位，全球港口第5位；集装箱完成2037万标箱，居国内沿海港口第4位，全球港口第7位，是我国华南地区唯一进入全球港口货物吞吐量前十名的港口。截至2017年8月底，广州港已开通集装箱航线195条，其中外贸班轮航线89条，内贸航线106条。马士基、达飞、地中海等全球排名前二十位的班轮公司均在广州港开展业务，广州港已成为非洲、地中海航线核心枢纽港。同时，广州港也是中国最大的内贸主枢纽港，我国主要内贸船公司均在广州港开辟了内贸集装箱航线，内贸集装箱吞吐量居全国港口首位。

随着中共广州市委、广州市政府实施“南拓”战略和南沙大开发的重大机遇，广州港大力推进南沙深水港区建设，相继建成投产了南沙一期、二期、小虎石化、建滔石化、汽车码头、粮食码头等大型专业化码头，新增码头通过能力1.2亿吨，改变了广州港缺乏大型集装箱、油品和汽车滚装专业深水泊位的历史，实现了其由河口港向海港的跨越式发展。随着马士基、中远、中海等世界航运巨头的战略性进驻，南沙港区已开通国内外航线47条，世界排名前二十位的班轮公司全部进驻开辟业务。以南沙港区为中心、东西岸码头协调发展的业务布局日臻完善，辐射珠江三角洲和沿江内陆地区的集、疏、运功能不断提升，广州港正由过去的集装箱支线港、

①陈进. 关于广州港近期发展若干问题的再思考［J］. 港口工程，1990（6）.
②童洁. 成立十年：发展在路上［J］. 中国港口，2014（3）.

喂给港向干线港、枢纽港目标快速发展。（见图4-2）

图4-2　广州港

图4-3　广州港码头

在过去的10多年间，广州港着力从港口生产布局调整、功能提升、技术升级和产业转型等方面做了一些努力，也取得了重要成效：一是优化港口布局。全力加快推进以南沙港区为重点的码头建设，打造深水海港。累计投入150多亿元，建成南沙港区集装箱一期、二期以及小虎石化、南沙汽车、南沙粮食等万吨级深水泊位25个，新增港口通过能力1.2亿吨，相当于再造一个更强的广州港。（见图4-3）二是拓展港口物流。与昆明、衡阳共同建设无水港，开展海铁联运业务；同时依托南沙集装箱干线港优势，积极开展江海联运业务，开通以南沙港区为中心连接珠三角各中小码头的驳船支线网络，“穿梭巴士”已实现对珠三角主要码头的业务全覆盖。三是大力开发大型临港产业集群业务。形成以汽车、机械装备制造、石油化工、粮油加工为主的临港产业集群，为广州港的发展提供了持续的货源保障。四是加强港城互动。针对老港区改造制定整体规划及实施方案，发展港口商业地产、港口航运金融，打造广州港的“水上商圈”。原黄沙码头通过改造，已发展成为服务市民的知名水产品批发市场；集聚文化创意、展贸、观光旅游、休闲娱乐等功能于一体的太古仓码头转型项目成为广州市乃至广东省“三旧”改造的示范工程。在建的华南国际港航服务中心，将集聚广州港航服务要素，发展港口地产、航运金融等产业。五是打造绿色港口。为提升企业可持续发展能力，促进港城协调发展，积极推进各项技术创新，如轮胎式集装箱龙门起重机“油改电”改造工程的实施、船舶岸基供电等技术的研发应用；推进以物联网、RFID（射频识别）等现代化信息技术为主的智能港口建设；加强绿色环保港区建设，加强散货码头作业环境保护，推进抑风挡尘墙、港机喷淋等环保项目实施。

2. 重点与特色

广州港自成立以来的工作重点与特色，主要表现在以下几方面：

（1）在人力资源方面，广州港积极推进引航站内部机构设置合理、功能完善、人员配置齐全，能为引航工作提供全方位的保障。引航员队伍在人员规模、业务水平、年龄结构上设置合理，机关和后勤保障人员精简高效，适应港口引航业务需求。

（2）在基础设施建设方面，以广州港引航站和港口总体发展目标为指导，以优质服务和可持续发展为原则，以精心规划和科学论证为依托，建设一个基础设施完善、技术装备先进、管理高效的引航支持保障系统，把广州港引航基础设施建设成为服务高效、功能完善、技术先进、信息发达的立体化引航服务功能平台。在原交通部和原铁道部的支持下，广州港加快推动“泛珠三角”区域铁路的建设进程，尤其是南沙港区疏港铁路、港内铁路和站场的规划和建设；加快旧线路的改造更新升级，提升黄埔老港、新港作业区和新沙作业区铁路线路标准，提高集、疏、运能力。加快建设南沙“五纵五横”的高快速路网，加强南沙与珠江三角洲高快速路网的连接。构筑南沙外围环路、内部主干环路和南沙环岛路。

（3）在技术装备改进方面，广州港引航装备技术性能总体达到国际先进水平。交通车辆的舒适性明显提高，交通艇的总体抗风浪能力、快速性显著改善。交通工具的接送能力满足规划期内引航员出勤需要，并留有一定富余量。①通信、导航设备技术性能进一步提升。在继续完善黄埔引航总部功能的同时，重点新建南沙、桂山和东莞引航分站引航基地与引航艇码头。整合引航总部、引航基地、引航艇码头的功能。

（4）在信息系统更新方面，广州港引航信息化建设实现现代化，充分提高引航效率、质量和安全水平，减少引航员的劳动强度和失误率，提高广州港引航的国际形象和地位。②通过不断完善引航信息系统的功能，加大投入和开发研究，升级改造引航信息系统网络，扩展引航信息系统覆盖范围和功能，实现与国际标准接轨，使其逐步达到并保持国际先进水平。

---

①丁志明．广州港未来发展的重点与方向［J］．广东造船，2007（1）．

②汪德贵．完善综合性主枢纽港功能，加快广州港集团发展的若干思考［J］．中国港口，2012（2）．

（5）在管理水平与文化建设方面，广州港引航管理水平和引航文化建设能满足引航业务发展的要求。按照“精简、统一、效能”的原则，坚持改革、发展、创新，合理设置引航管理部门；借鉴国际一流港口的引航管理经验，积极探索既符合国际惯例又适应中国国情的管理模式。

3. 南沙港

除了广州港之外，广州的南沙港的发展也十分迅猛，在广州航运枢纽建设体系中占据重要地位。

南沙港区坐落在广州市南沙区西岸龙穴岛，南向南海，东望深圳，西靠南（海）、番（禺）、顺（德），位于珠江三角洲的地理几何中心，是广佛经济圈和珠三角西翼城市通向海洋的必由之路；方圆100公里内覆盖整个珠三角城市群，是连接珠三角两岸城市群的枢纽性节点。南沙港区是广州南沙新区的七大板块之一，占地15平方公里，它位于珠江出海口，地处珠江三角洲中心，距广州市区70公里，距深圳、东莞、香港、澳门等周边城市不超过50公里，是华南直通世界的门户大港。

截至2017年3月底，南沙港区已开通83条国际航线，增加了班轮密度，79条“穿梭巴士”集装箱驳船支线已基本覆盖珠三角港口群，24个无水港已将集货敛货体系辐射到泛珠三角区域，并积极推行国际AEO（经认证的经营者）互认制度，建立了粤港跨境货栈（超级中国干线）。这些措施的实施，实现了口岸信息共享和查验结果互认，增强了对国内、国际两个市场航运资源的吸附力和配置能力。

从国家战略新区到自贸试验片区，再到广州城市副中心的这十多年里，南沙港由河口港变为海港，目前南沙港区一、二、三期主岸线长5718米，共有16个深水泊位。2017年，南沙港有2000万个标准箱，国内排名第四，世界排名第七，集装箱吞吐量每年以15%的经济增速前进。到2020年，南沙港口的集装箱泊位将达到20个，规模化、集约化、智能化水平将得到进一步提高。据了解，截至2017年底，南沙港已经开通了83条国际航线，途经的“一带一路”沿线国家港口，将通铁路，实现水陆、海空等多式联运。2017年，全球航运界“巨无霸”——中远海运散货总部落户南沙。马士基、地中海、达飞等全球排名前21位的集装箱班轮公司均在南沙开辟了国际航线。截至2017年9月，累计落户航运物流企业3949家。与此同时，2017年南沙邮轮旅客吞吐量达到32.6万人次，位列全国第三。2018年1—7月，南沙邮轮共完成75艘次，旅客吞吐量23.2万人，同比增加12.54%。

纵观南沙港近年的发展历程，主要有两大改革创新举措：

（1）机械“油改电”

广州港南沙港区三期工程的规划建设过程中同步考虑了船用岸电技术配套和深化港口机械“油改电”。目前，已建成了四个泊位岸电并投入使用，其中工作船泊位岸电系统三套，海轮泊位岸电系统一套，后续的船舶岸电试点工程也正着手实施。另外，广州港南沙港区三期工程60台堆场龙门吊全部采用直流供电技术，均是供电电网能量自回馈、动力装置调速节能控制等先进技术。这些新技术、新设备的应用可以有效促进节能减排，防治大气、噪音和海洋污染。

（2）运输体系

广州港南沙港区四期工程的集装箱的水平运输拟创新采用无人驾驶的智能行驶车新技术（即IGV），进行码头与堆场之间的水平运输。突破全自动化集装箱码头堆场须垂直于码头前沿线布置的桎梏，全球首创了在新建码头堆场采用水平布置全自动化码头堆场布置形式，IGV可以将集装箱运输至每一个堆场箱区内。

4. 主要经验

广州港发展的经验与做法，主要包括：

（1）紧扣城市发展中心工作，顺利推进广州港各项工作。广州港从实际出发，转变发展方式，紧紧围绕建设国际航运中心的目标，借助“一带一路”、南沙自贸片区、粤港澳大湾区建设的东风，精准聚焦广州建设国际航运中心三年行动计划，大力发展港口现代物流业和现代航运服务业，推动航运交易、航运信息、总部经济、游艇产业、航运金融等现代航运服务业发展，取得了明显成效。广州港“十二五”时期以建设国际航运中心作为工作的主线，进一步优化港口结构，在积极发展集装箱干线运输和大宗散货运输的同时，大力发展游船、游艇等港口休闲产业，促进港口健康快速发展。广州港重点开发南沙港区和出海航道，优化港口结构，积极推进港口经济转型升级，加快发展现代航运服务业和港口现代物流业，向全面建设国际航运中心的目标迈进。

（2）不断推动改革调整和管理创新。广州港通过深化改革和管理创新，激发企业发展活力。以加快企业上市为工作主线，深化内部改革调整，进一步完善企业运作机制，加强董事会规范建设，建立健全符合现代企业制度的法人治理结构和运作模式。顺应形势发展变化，充分运用先进的管理思想、理论和发达的科学技术手段，大力实施精细管理，加快由过去粗放式管理向精细化方向迈进，有效消除传统管理过程中不和谐因素，推动企业现代管理再上新台阶。

（3）坚定实施港口发展多元化战略。广州港牢固抓住广州“三旧”改造、港区转型开发的政策契机，进一步增强工作的主动性和前瞻性，积极主动融入广州国家中心城市建设规划，积极主动与区域经济规划调整衔接，按照成熟一个实施一个的总体原则，加速港区转型开发，盘活资源，实现“腾笼换鸟”。[①]立足于广东产业双转移承接地，充分发挥集

①葛春风．广州港老港区转型发展研究［J］．当代经济，2013（16）．

团作为国有企业的品牌和诚信优势，大力实施“走出去”发展战略，不断拓展港口业务范围，积极培育新的增长极，实现跨越式发展。

（4）积极推动港口综合能力建设。广州港针对集团港口能力建设项目集中和重点项目前期工作推进难度大等实际状况，大力开展能力建设活动，营造良好的抓落实氛围；客观评估各个项目的实施现状，进一步细化和明确各个项目进度要求，瞄准重点环节和目标任务，将责任和指标落实到部门和个人，加强监督检查和目标考核激励，以良好的管理监督机制促使项目参建单位与个人超常规推进项目建设。

（5）积极推动对外合作与交流。首先，在港口的建设、经营方面向投资主体多元化方向发展。广州港经营建设投资主体多元化的步伐一直走在全国前列，广州港根据港区后方临港工业发展需要，在港口投资、建设和经营等方面将继续走多元化的路子，与国内外港口企业、船舶公司、物流公司和大型工矿企业共同合作经营建设。其次，加强与各大船公司合作，开辟更多的航线，把广州港发展成华南地区的集装箱主干线港。再次，大力开展友好港的国际交流工作。据悉，广州港已与全球40个港口建立了友好港合作关系。2018年5月7日至12日，广州港务局工作团队前往印度尼西亚参加了国际港口协会2017年（第30届）世界港口大会，成功争取到国际港口协会2019年（第31届）世界港口大会举办权，广州成为继上海之后中国第二个举办这一港口盛会的中国城市。

二、轨道交通网络枢纽建设

（一）城市地铁网络建设

1988年12月，广州市和法国里昂市合作完成了《广州市地下铁道可行性研究——示例报告》，最后确定了旨在满足至2010年发展的“十”

字形基础路网。规划的地铁路网由两条线路组成，总长为35公里，设31个车站（包括公园前换乘站）。1996年5月16日开展“广州市城市快速轨道交通线网规划”工作，提出广州将建成由7条轨道交通线组成的远景轨道线网构架，线网长度规模206公里。2000年5月，国务院正式批复同意撤销番禺市和花都市，改设为广州市番禺区和花都区，广州按长远战略规划，实施规划调整工作，除已建成的地铁1号线和在建的地铁2号线外，提出在2010年前还将建设轨道交通3号线、机场快线、市郊列车等线路，线网总长为123公里。2003年新的轨道交通线网规划成型，提出了一个由15条城市轨道交通线路、1条郊区铁路和3条城际线组成的总长为717公里的远景轨道线网。

1. 广州地铁网络发展阶段

早在20世纪60年代，广州市就筹划建设轨道交通，由于经济、技术和政策原因，地铁工程的启动经历了漫长的等待。1984年后广州市开始了城市快速轨道线网规划，自此以后，广州轨道交通规划理念大致经历了从20世纪70年代的“战备型”、20世纪80年代的“客流疏导型”到21世纪的“规划引导型”与“内优外拓型”的演变，[①]这一演变也正是城市发展的写照。广州轨道交通线网规划与调整、深化大致经历了以下五个阶段：

第一阶段（1984—1989年）：1987年，广州市政府准备引进法国资金和设备建设地铁，与法国S·M·S集团合作，研究提出了4个线网方案，后经中法专家共同研究并征求广州市民意见，最后形成广州地铁“十”字形线网规划方案。该阶段线网规划呈“十”字形布局，线网规划基于当时城市建成区面积182.2平方公里、人口规模298.58万人等条

①周晓军. 城市地下铁路与轻轨交通［M］. 西安：西南交通大学出版社，2008.

件，以交通工程等理论为基础，以广州市第一次居民出行调查数据作为线网规划的基本依据，第一次提出了地铁线路应沿城市主要交通走廊布置的概念。其线网规划方案为：地铁1号线，从西塱（原称“广钢”）至广州火车东站，线路全长18.48公里，共设车站16座；地铁2号线，从赤岗到新市，线路全长17.81公里，共设车站16座。该线网主要覆盖中心城区，以解决客流输送问题为主要目的。

第二阶段（1990—1996年）：在城市发展中心的转移和实施城市东南部发展战略等重大举措的指导下，对原“十”字形线网进行了深化。线网构架由原2条线组成的“十”字形线网调整为5条线路组成的放射状布置形态，线路总长由36.29公里增至105公里。其线网规划方案为：地铁1号线，线路全长18.48公里；地铁2号线，向北延至石马，线路全长26.5公里；地铁3号线，先南北后东西走向，北起天河，东至新洲，线路全长13公里；轻轨1号线，西起天河，东至南岗工业区和黄埔经济技术开发区，线路全长29公里；轻轨2号线，南起石马并与地铁2号线石马站接驳换乘，北至广州白云国际机场，线路全长18公里。该规划以解决客流输送问题为主、规划引导城市空间发展和土地利用开发为辅为规划理念。

第三阶段（1997—1999年）：该阶段的轨道交通线网规划是对上两次线网规划的进一步补充、修改和完善。规划体现了轨道交通线网规划与城市总体规划的一致性，结合广州市“L”形城市形态结构，强调旧城市中心区与新城市中心区之间的联系，线网基于城市规划建设用地面积446平方公里、控制范围555平方公里、人口发展规模558万人等条件，由7条线构成，总长206.5公里。其线网构架为：1号线（西塱—广州东站），18.48公里；2号线（新机场—洛溪桥北），46.5公里；3号线（沙贝—南岗），44.5公里；4号线（黄金围—江燕路），20.5公里；5号线

（西塱—世界大观），28.5公里；6号线（槎头—石榴岗），23公里；7号线（三眼桥—高塘石），25公里。该规划仍然以解决客流输送问题为主、规划引导城市空间发展和土地利用开发为辅为规划理念。

第四阶段（2000—2003年）：2000年，广州市番禺、花都撤市建区后，城市形态由“L”形演变为长条形，市区规模由1434.7平方公里扩展到3718.5平方公里，城市空间在“南拓、北优、东进、西联”发展战略指导下，形成“一江多岸、两个发展轴、两个转移带、三条用地带、三个大港、四个物流中心”的都会区结构。随着珠江三角洲区域整体经济实力的快速提升，广州市作为华南地区和珠江三角洲的中心城市，急需巩固和强化城市地位，增强中心城市的辐射功能，以适应并支持城市发展战略。同时适应城市行政区划的调整，轨道交通线网的规划与建设不应仅仅停留在解决城市客流运送的层面上，而应沿规划的城市发展轴布设轨道交通线，以实现既促进城市发展，又兼顾客流运送的双重目标。该阶段线网规划覆盖了广州市10个区3718.5平方公里，并兼顾了向周边城市延伸，共同构筑珠三角快速轨道交通网络的条件。网络架构以主城区为依托，沿城市主要发展轴扩展轨道线网。规划的线路由14条城市轨道交通线、3条城际轨道线、1条市郊列车线、314座车站构成，其中城市轨道交通线610公里，城际轨道线（广州段）40公里，市郊列车线67公里，线路总长717公里。线网基本构架由“交通疏导型”和“规划引导型”两类线路构成，体现了促进城市发展为主、兼顾客流运送的双重目标。

第五阶段（2004年至今）：随着珠江三角洲区域经济一体化进程加快，及服务于珠三角地区的广州铁路新客运站在广州落户，为拓展广州对外交通的辐射力，实现既服务城市内部交通又凸显区域性的轨道交通网络服务功能，增强广州与珠江三角洲城市之间的运输能力和运输效率，充分发挥铁路新客运站的功能，促进城市内部客流、区域性客流、城际性客流的有效出行与合理换乘，广州轨道交通线网进行了优化并形成了“内优外拓型”线网。①其中结合广州铁路新客运站选址、珠三角城际轨道线网，以及广佛都市圈的发展需求等要素，调整与优化了轨道交通2、7、12号线路，并将广深港客运专线广深段、广珠城际轨道交通、佛山轨道交通3号线与铁路新客运站相接驳，形成了“内优外拓”的线网新格局。

2. 广州地铁网络建设的主要特点

（1）以土地出让金支持地铁建设。城市建设资金以城市土地出让金为主要来源之一，是香港地铁成功经验。广州支持地铁建设，同样以地铁建设对城市土地投资产生的巨大经济效益作为主要资金来源。在陆续开发的过程中，地铁2、3、5号线及珠江新城与天河体育中心之间的APM（自动旅客运输系统）的开通，让珠江新城土地价值增值近10倍，而且促成了广州中央商务区建成，新的商贸中心建设让天河体育中心板块成为全市地铁换乘的中心枢纽之一。天河城地下有1号线与3号线交会，珠江新城有3号线与5号线交会。广州城市中心东移确立了体现国际化都市风采的核心区域，地铁交通功不可没。由于地铁经济迅速增长，广州城市土地价值得以持续大幅度提升。地铁轨道交通支撑广州城市区域大调整和快速成长，经济总量排在全国大城市的第三位，将广州地位提高到国家中心城市之一的高度。

（2）疏导密集区域人流，解决市中心区交通客流量大的问题。1号线建设最先的出发点是解决城市堵车难题，经过人流测算，线路从芳村经过珠江隧道到黄沙，进长寿路、人民路，可疏导到荔湾上下九路、人民路商业街的人流。1号线从先解决市中心交通难题着手，既能方便市民

①欧阳长城，徐一平，丁建隆. 经过演变的广州城市轨道交通网络规划［J］. 现代城市轨道交通，2004（5）.

观光购物又能营造城市名片，既经过旧商业路，又连接新中心和火车东站，为以后地铁开发提供借鉴。

（3）地铁有效地推进旧城改造，同时注意保留历史性建筑。地铁开发，对旧城地面建筑有改造和扩大空间的必要。[①]1号线开发时，将中山一路到中山五路原来的两车道扩阔为四车道，将两侧原来只有一两层的商铺拆除，腾出空间扩阔道路，为高层商住楼宇贡献出土地，政府从土地出让中获得建设资金，也改造了城市面貌，解决了窄马路带来的经常性的交通堵塞问题。多年来实践证明这是一个好的经验。广州旧城区原来只有30多平方公里，地铁在旧城区街区“开肠破肚”为商住建筑提供了区域良好的用地，直接为城市建设地铁创造了财政收入。同时，广州对旧城改造也十分谨慎，十分珍惜那些经过二三十年大拆大建剩下的为数不多的宝贵的城市遗产，尤其是有重要历史纪念意义和历史代表性的古旧建筑、历史构筑物与历史街景。

（4）地铁为实现城市概念规划提供必要的交通条件。《广州市城市建设总体发展战略纲要》提出了“山、水、城、田、海”的城市发展新格局，确定了“南拓、北优、东进、西联”的战略方向。在2009年更提出了“中调”——城市中心区空间与产业调整，实施“十字方针”为地铁发展提供方向。从地铁发展顺序分析，可以看出地铁建设与城市改造发展紧密联系。地铁进一步巩固了广州作为中心城市的地位。广州的地铁线网规划范围为广州市市域，并向周边城市延伸，共同构筑珠江三角洲快速轨道交通网络。广州市市区范围内13个重点地区、21个交通枢纽点、58个客流集散点，均在本线网30分钟时空圈内，南沙、佛山城区、顺德、南海、东莞均在1小时的时空圈内，有效地发挥了广州区域中心城

①张庆贺，朱合华，庄荣．地铁与轻轨［M］．北京：人民交通出版社，2009.

市的辐射功能。

3. 广州地铁网络建设的主要经验

（1）高度重视技术研究，推进主动式创新。城市的轨道交通和城市区域规划能不能完全融合在一起、互联互通，这些都是需要不断研究、思考的课题。2015年，由广州地铁牵头完成的国家“863”计划主题项目“城市轨道交通列车在途监测与安全预警关键技术”通过了科技部组织的专家验收。该项目的成功实施在国内形成了一套符合国情、先进适用并经过工程化验证的城轨列车网络化在途故障监测与预警技术及装备体系。研究成果实现了车辆维护由定修、故障维修向状态维修的技术转型，有效解决了运维成本与列车可靠性的矛盾，实现了城轨列车安全保障由被动响应型向主动预防型的转变，提高了列车运行安全保障的主动性，显著提升了运营服务质量和水平。这一研究成果在广州地铁建立了覆盖“车（15列车）、线（2号线、8号线）、站（宝岗大道、昌岗路、晓港路、江南西路、江泰路）、中心（赤沙控制中心）”的城轨交通系统网络，实现了列车运行、调度指挥、维护保障的一体化的示范工程。经过一年的应用，真正在运营中推动了列车维护由轮修和故障维修向状态维修的转型，全面提升了城轨列车运行的安全保障能力和城轨交通系统能力保持水平，安全效益、经济效益和社会效益十分显著。为实现用科技创新保障地铁运营安全，2016年7月31日，“城市轨道交通系统安全与运维保障国家工程实验室”在广州地铁集团正式启动，广州地铁由此成为全国轨道交通行业中首个牵头建设国家工程实验室的业主企业，标志着广州地铁科技创新工作进入新阶段。尤其是加强线网规划前期研究。从实施经验来看，做好线网规划前期研究，对未来的建设、运营和管理具有非常重要的作用。在线网规划前期研究阶段，高度重视在“三规合一”（经济社会发展规划、城市总体规划、土地利用总体规划）的基础上，研究规划的合理性和可行性，实现城市轨道交通规划与“三规”的有机衔接，确保轨道交通规划与城市发展战略相衔接，强化了轨道交通对城市发展的促进作用，最大程度发挥轨道交通的效能。[①]同时，广州地铁在具体线路工程可行性研究开展之前，增加了线网资源共享规划的环节，从整体线网上进行系统研究，对线网的资源共享、信息互通、高效节能等问题统筹考虑，不仅保证了线网系统功能的统一匹配，还从规划上实现了线网的资源共享，避免了系统的重复设置、改造与返工，节约了建设投入与运营成本。

（2）以信息化助推地铁一体化进程。通过深入研究城市轨道交通工程安全风险预防与控制理论、方法和信息化技术，广州地铁形成了安全风险分类分级标准，发掘了工程施工与地质风险、环境风险相互影响机理，建立了安全风险隐患挖掘模型，构造了盾构施工安全状态预判预警方法，研发了隧道内恶劣电磁环境下监测数据抗干扰传输技术，创建了智能化的安全风险预防与控制信息平台，基本解决了我国在城市轨道交通超常规、大规模、事故频发的复杂建设环境下，多部门协同管理、风险量化分级与实时监控、事故有效规避等安全生产技术难题。在广州地铁建设过程中形成了“4+1”工程监管体系。“1”为广州地铁集团内部管理，“4”就是由政府主管部门、纪检监察部门、社会各界、新闻媒体组成的监管组织和集团一起对地铁进行全方位监督管理，以便将新一轮地铁线网建成“平安、优质、勤俭、廉洁、和谐、高效”的地铁。作为国内信息化成熟的城轨企业代表，广州地铁集团在国内城轨行业内首个实现资产全生命周期管理的信息化应用，实现了以“精细化管理”理念为核心的工程建设、运营设备维修管理及企业内部管理的支撑体系，沉

①倪海龙．科技创新助力广州地铁“加速度”［J］．中国科技奖励，2017（12）．

淀了丰富的企业管理和业务经验。2017年初，广州地铁集团牵头发起倡议，联合北京、上海、重庆等共12家地铁公司，以及中车、中国铁道科学研究院共2家行业单位，组建信息化专业委员会。专业委员会成立后，搭建起一个全国性的协同交流平台，对引导与规范我国城轨行业信息化科学发展，实现行业创新与整体价值提升具有重大作用。

（3）提前做好土地利用规划研究。广州市政府于2009年专门出台了《广州市推进轨道交通沿线土地和物业开发工作方案》，明确实行“地铁+物业”开发模式，对轨道交通沿线土地进行统一规划、统筹储备。努力通过沿线土地利用和物业开发带动城市发展，并使土地增值收益较好地回馈到地铁建设中。

（4）加强工程造价控制。城市轨道交通属于政府投资的重大基础设施项目，投资规模巨大，资金筹措和投资控制任务都很艰巨。在20世纪90年代初，广州市就专门设立了负责组织地铁建设资金筹集和资金运作情况监督的机构——广州市地铁工程资金协调办公室，在筹集建设资金的前提下，严格控制工程造价，提高投资效益。同时，积极争取金融机构的支持，综合利用贷款、中票、短融、融资租赁等融资工具，努力降低资金使用成本。此外，广州还对地铁建设资金实行第三方监督，全过程监管。通过各方面努力，广州已建成运营线路的平均造价约每公里4.2亿元，在国内处于较低水平。

（5）努力做好交通衔接。城市轨道交通线网必须与城市其他公共交通方式实现良好的衔接，才能发挥其城市公共交通骨干的作用，真正体现其效率和价值。一是做好地铁线路间的便利换乘，尽量减少换乘次数。二是做好与常规交通的衔接。在地铁站附近建设公交港湾停靠站和自行车租赁点，尽可能减少换乘距离和换乘时间。三是协调处理好地铁与机场、港口、国铁、城际线的关系，构建涵盖多种方式一体的综合交通体系。

（6）高度重视人才培养工作。一个国家、一个行业的竞争，归根结底还是人才的竞争。20多年的摸爬滚打，广州地铁集团发展壮大的同时，也打造了一支极富创新力和创造热情的人才团队。在这支平均年龄不到30岁的队伍中，拥有本科及以上学历的员工接近40%，管理、专业类员工拥有中高级职称的接近45%，拥有高级职称的接近800人，队伍的专业素质和技术能力过硬。同时，经过多年的培养与锻炼，队伍中还涌现出一批行业的领先性人才，公司先后有13人享受国务院津贴，2个全国劳动模范，5人获得全国五一劳动奖章……而这些才是广州地铁集团最为宝贵的财富。这些年来，输送到全国各大城市轨道交通领域的广州地铁人不在少数，因此广州地铁集团也赢得了业内“黄埔军校”的称号。在此之外，广州地铁集团也以其成熟高效的建设、运营和管理经验，为全国地铁企业提供各类管理培训服务，全方位输出广州的“地铁经验”[①]。比如，广州地铁集团曾为福州地铁提供运营管理模式与组织架构、运营岗位体系与编制规划等管理咨询服务，为重庆地铁提供运营物资库定额指标和消耗定额指标体系咨询服务，为南昌地铁提供薪酬体系优化、员工绩效辅导等咨询服务，为宁波地铁提供资产一体化系统规划、信息化建设战略规划、档案管理等系列咨询服务……在带去技术和经验的同时，广州地铁集团也收获了知识输出的美名。

（二）全国高铁网络枢纽建设

高铁是广州联系其他城市的重要渠道，是广州轨道交通的重要组成部分。广州南站（Guangzhounan Railway Station），位于中国广东省广州

①倪海龙. 科技创新助力广州地铁“加速度”［J］. 中国科技奖励，2017（12）.

市番禺区，为特等站，隶属于中国铁路广州局集团有限公司，于2004年12月动工建设，2010年1月投入使用。广州南站是一个大型现代化铁路客运站，是华南地区最大、最繁忙的高铁站，是粤港澳大湾区、泛珠江三角洲地区的铁路核心车站，是连接京广高速铁路、广深港高速铁路、贵广高速铁路、南广铁路、广珠城轨和粤西沿海铁路以及北京、上海、武汉、深圳和香港的世界级综合交通枢纽，与广州站、广州东站和广州北站组成全国四大铁路客运枢纽（京、沪、穗、汉）之一——广州铁路客运枢纽。截至2010年1月，广州南站总建筑面积61.5万平方米，站房面积48.6万平方米，设15站台、28站台面、28股道，自下至上分为B1层（地铁站、停车场）、1F层（进出站层、购票层）、2F层（高架站台层、东落客平台）和3F层（高架候车层、西落客平台）共四层。车站开通站内便捷换乘，已购联程火车票的旅客到站后不必向下出站，可通过指引、经由便捷换乘通道向上返回三楼候车室并换乘接续列车。广州南站经停车次数量位列全国第一，超越上海虹桥站及北京南站等特大型车站。2018年暑运期间，广州南站日均到发旅客53.2万人次，单日最高到发量为60.97万人次。2018年春运期间，广州南站到发旅客1713.7万人次，日均到发42.8万人次，最高峰值55.72万人次，单日最高发送量为27.85万人次，单日最高到达量为33.13万人次。

值得一提的是，2018年两条重要的城际高铁相继开通：9月23日，广深港高铁香港段正式运营。据悉，广深港高铁香港段开通运营后，可通达北京、上海、石家庄、郑州、武汉、长沙、杭州、南昌、福州、厦门、汕头、贵阳、桂林、昆明等城市，到达内地40多个车站，大大拉近香港与内地城市间的时空距离。其中，从香港西九龙站出发，至深圳福田站的列车最短运行时间14分钟，至广州南站的列车最短运行时间47分钟，至上海虹桥站的列车运行时间为8小时17分钟，至北京西站的列车运行时间为8小时56分钟。7月1日，随着深圳至茂名铁路江门至茂名段的开通运营，江门至湛江铁路全线开通，从湛江可乘高铁直达广州，结束了粤西三市不通高铁的历史。广湛高铁已于2018年8月开建，预计工期为2年。该线一旦建成，省会广州到湛江只需要2小时，到茂名只需1.5小时，粤西四市将全面跨入高铁时代，这对发展相对落后的沿线地区而言是一大福音。广湛高铁项目，加上深中通道必将使珠三角和粤西、粤东地区的联系更加紧密，助推粤西、粤东地区加快发展，改变粤西、粤东和粤北地区长期以来与珠三角存在较大经济发展落差的现状。促使粤西地区更快捷、更高速地融入粤港澳大湾区，推动产业链跨区域布局，吸引重大优质项目在粤西落户并构筑以广州为核心的珠三角“两小时生活圈”。

以下是广州高铁几个重要的时间节点：

2009年12月26日，京广高铁武广段投入运营，线上运行的CRH2C和CRH3型“和谐号”动车组列车最高时速可达394.2公里。

2010年1月30日（春运首日），广州南站建成投用，武广高铁动车组全部改由广州南站始发终到。武广高铁每天开行33对“和谐号”高速动车组，广州南站先期投入使用7条股道，日均运能约3.3万人。

2012年9月28日，京广高铁郑武段开通运营，广州南站开行发往西安北的G字头列车。12月26日，京广高铁全线开通运营，广州南站开行发往北京西的G字头列车。

2013年12月28日，广州南站开行经南广铁路、贵广高铁往返南宁东、贵阳北方向的列车，广州与南宁、桂林、贵阳之间的铁路运行时间最短分别缩至3小时19分、2小时40分、4小时9分，较此前分别缩短12小时、8小时、16小时以上。

2014年12月11日，广州南站开行发往上海虹桥的G字头列车。

2015年1月1日，广州南站开行发往北京西、上海虹桥的夕发朝至D字头动卧列车。

2018年1月25日，广州南站开行经渝贵铁路往返重庆西、成都东方向的列车，其中广州至重庆动车组最快运行时间将由原来12小时左右缩短至7小时10分，珠三角地区的春运压力得到显著缓解，川渝地区南下务工和广深地区北上返乡客流的春运旅途更加方便、快捷。

2018年7月1日，广州南站开行经广深港高铁、杭深线往返福州的G字头列车，结束闽粤省会无直达旅客列车的历史；同日，江湛铁路开通运营，广州南站开行发往湛江西站的动车组列车，从而结束粤西三市（湛江、茂名、阳江）不通高铁的历史。

三、立体交通与城市公交网络建设

（一）城市高架桥建设

立体交通对今天的人来说是再正常不过的事，但仅仅在30多年前，“把桥架在陆地上”，还是可以让人稀奇一阵子的。而广州在这方面，恰恰有不少第一。

按照“广州之最”的说法，耸立于广州环市路与先烈路交叉点的区庄立交桥，建于1983年，是国内第一座4层式双环多功能立体交叉桥，1985年获得国家城建部科学技术进步一等奖；位于广州环市路与解放北路交叉口上的大北立体交叉桥，1984年建成，是我国早期的城市道路立体交叉桥之一。蜿蜒于广州市人民路、西堤二马路、六二三路上的高架路，建成时是全国最长的一条城市高架路；1987年，广州还出现了全国首座广告天桥。以现在的眼光看，这批立体交通设施建设之时，广州的城市交通距离“拥堵”似乎还差得很远。但如果考虑到当时广州的城市空间格局，大概就能理解发展立体交通的必要性。以大小北立交桥为例，它们位于广州市交通最繁忙的内环线主干道上，在外环线高速公路建成之前，这里是广州陆路进出口、货物集散的中转站。公共汽车站、长途汽车站、火车站、民航售票处都集中在两桥之侧，这里也是去机场的必经通道。大量过境车辆也要经过这里，可谓车水马龙。

广州的区庄立交的设计在当时是很超前的。它采用双层环交分流型互通式立交设计，具有占地面积小且机动车、自行车、行人分流的优点。立交桥总高13.5米，占地面积3.2公顷。桥分4层：底层是下穿式车道，供东西向环市路直行机动车行驶；第二层是非机动车道及人行道，呈环形交叉；第三层是机动车左右转弯环形盘旋车道；第四层是南北向先烈路直行机动车道。高峰期每小时可以通行机动车1000辆，非机动车70000辆，且各行其道，互不干扰，改变了广州市这一区域交通繁乱、拥挤的现象。

“夹道彩旗高架桥，半天人海汇成潮”，这是1987年9月23日人民高架建成通车前，市民上“桥”观路盛况的真实写照。几十万人竞登高架路，为的是一睹这座全国最长城市高架路的雄姿。这座全长7800余米的高架路，北起人民北路流花湖畔，南抵珠江边，东联沿江西路，西经六二三路与黄沙大道相通。整个高架路系统由正线、匝道及栈道组成。路况良好时，经此从广州火车站到黄沙仅需10分钟。建设时路面铺设的是具有良好性能且较少噪音的树脂沥青混凝土，路两旁防撞护栏均安装了高强反光标志牌，还在沿线护栏上建有上千个花槽，遍植悬垂植物。为了缓解城市绿化用地与建设用地的矛盾，几十年前发达国家率先提出了“城市立体绿化”的概念，极大地丰富了城市绿化景观，促进了城市生态环境的平衡。而桥体绿化是立体绿化的形式之一，是将垂直面或挑悬的空间加以利用绿化的一种方式，在高密度的城区里，意义特别重要。

广州是国内最早进行桥梁绿化的城市之一，从2003年开始研究以来，逐步建立起一套较完备的桥梁绿化技术管理体系，成为国内桥梁绿化最多和景观效果最好的城市之一。10多年来，广州天桥景观逐步实现质的飞跃，由最初的“三季常绿、两季有花”到“三季有花、四季常绿”，再到如今的“四季有花、四季常绿”，三级转变备受全国瞩目。据了解，目前广州市共完成330多座接近255公里长的桥梁绿化整饰，形成了极具特色的城市空中绿廊、花廊。它们已成为广州重要的城市名片之一。

（二）“公交都市”建设

作为特大型城市的广州，积极发展“公交都市”是义不容辞的责任。广州的公共交通建设和发展近年来取得了令人瞩目的成绩，门户型综合交通大格局已初具规模，城市交通设施建设取得重大突破，交通信息化管理覆盖范围稳步扩展。积极发展“公交都市”，积极推进包括巴士、水巴、地铁、BRT（快速公交系统）等为主导的公共交通建设，是有效化解广州城市空间迅速扩张、各类人财物资源和资本高速流动、机动车保有量增长迅速等现实问题的重要途径，对于加快建设国家中心城市、落实“低碳经济、智慧城市、幸福生活”发展理念，都具有重要意义。围绕建设国家中心城市的总目标，广州一直坚持以“公共交通引领城市发展”为战略导向，大力发展立体城市交通体系，坚持公交优先，建设适应现代大都市的交通基础设施，全面打造多模式、多层次、换乘便捷的与国家中心城市地位相适应的城市公共交通系统。

广州发展公共交通方面的做法，具有以下特点与成绩：

1. 确立“公交优先”的城市交通发展战略

广州先后编制完成《广州市“十二五”时期综合交通体系建设规划》

《广州市城市公共交通专项规划》《广州市公共交通一体化发展策略研究》《广州市轨道交通线网规划（2011—2040）》《广州市公交站场布局规划修编》《广州市水上巴士发展规划》等规划，发布《广州2013—2016年公共交通发展行动方案》。加强组织领导，健全交通工作管理体制，组建以市长为组长的市交通工作领导小组，基本建立起交通规划、建设、管理“三位一体”协调机制。2013年底广州成功入选国家“公交都市”创建城市。2018年12月获评“国家公交都市建设示范城市”。

2. 加大公共交通建设资金投入力度

数据统计显示，2014—2018年，在公共汽（电）车和水上巴士领域，广州计划供给投入166.7亿元，其中市财政计划投入132.6亿元；在轨道交通领域，广州计划投入1721.6亿元，其中市财政投入410亿元。对公共交通行业实施财政补贴机制，出台了《广州市市本级城市公交行业财政补贴资金管理暂行办法》和《广州市中小客车总量调控增量指标竞价收入资金管理办法》等规范管理制度。

3. 全方位立体公共交通体系基本建成

广州已基本构建以轨道交通为骨干，公共汽（电）车为主体，新型有轨电车、水上巴士等为组成部分的城市公共交通体系。其中，公共汽（电）车持续发挥公共交通出行的主体作用，轨道交通服务骨干作用日益显现，出租车行业稳步发展，水上巴士成为市民出行的特色补充，大客车（包括楼巴、单位班车等）发挥必要作用。

4. 公共交通基础设施建设成效显著

广州路网建设取得突破。比如，广州BRT日均客流量已达80万人次，最高达96万人次，单向截面客流量每小时高达2.69万人次，位居亚洲首位；通道内平均运营速度每小时约24公里，比开通前提高了84%，BRT系统呈现“车速快、票价低、覆盖广”的良好发展趋势。广州轨道交通建设发展迅猛。至2012年已建成开通2号线、3号线、3号线北延线、4号线、8号线、广佛线首期段等8条线路，运营总里程达236公里。广州站场及站点建设迅速。市区公交站场总面积约114万平方米（其中市中心城区已建成公交首末站共505个，公交站场总面积79.9万平方米，营运公交站面积57.8万平方米）；中心城区设置公交站点5216个，新建和改造新型候车亭4600座。

5. 公共交通的信息化程度和科技化水平明显提升

广州以信息化管理改造传统交通。广州坚持“以信息化改造传统交通”的战略，先后建设和推广应用了一大批公共交通信息化项目，实现了对全市约1万台公交车信息化管理和服务的全覆盖。广州出租车100%安装了智能调度终端系统，建成公交客流分析系统、公交行业监管系统，全面掌握、分析和调控全市公交车客流和发班情况，基本实现了低成本、高效率管理。推广清洁能源和新能源应用。广州公共交通行业较好地完成全面推广应用LPG（液化石油气）清洁能源和节能与新能源公交车示范应用任务。

6. 推进城乡公交服务均等化

近年来，广州共开通250条城乡公交线，填补城乡接合部138条城中村的公交空白，每天惠及超过120万人次市民群众出行。2011—2017年，广州已集中开通450条城乡公交线，大大提升了城乡公交服务均等化水平。

四、场馆建设与地下空间开发

（一）大型场馆建设

回顾广州城市空间结构演化，一个独特之处在于，广州非常善于利用大型体育赛事场馆的建设推动城市空间结构的有序拓展。从1987年的六运会，到2001年的九运会，再到2010年的广州亚运会，广州通过上述大型体育赛事运动场馆的建设之机，相继推动天河体育中心、天河新城区、广东奥林匹克中心、广州亚运城等地块的迅速发展，成为广州城市发展战略中的“东进、南拓”的重要支撑。通过大型体育赛事场馆设施的建设，有序促进城市空间结构的优化与提升，这是广州这座城市发展的一个重要经验。

现代节事活动的兴起已成为一种全球性的普遍现象。作为现代节事活动的代表，体育赛事特别是大型体育赛事不仅广泛地影响着城市的经济社会生活，还对城市空间发展产生了深刻的影响。①对于处于快速发展中的我国城市而言，通过举办大型体育赛事等节事活动获得政策支持和资金来源，进而实现城市空间发展，成为城市政府的普遍诉求。②

以下以2010年广州亚运城（以下简称“亚运城”）为例，分析大型体育场馆建设对广州城市空间发展的影响。亚运城位于广州市南部、番禺区中东部、广州新城规划控制区的东北部，用地面积约2.73平方公里。亚运城赛时总建筑面积约104万平方米，运动员村可容纳14000名运动员和随队官员，媒体村可容纳10000名媒体人员，技术官员村可容纳2800名技术官员，配套中小学内可安排其他工作人员18000名进驻。赛后，亚运城结合房地产开发后投放市场。

1. 宏观影响

从宏观层面看，亚运城对广州城市空间发展的影响主要体现在以下两个方面：

---

①王春雷. 国外重大事件影响研究述评［J］. 旅游科学，2007（2）.

②彭涛. 大型体育赛事对城市空间发展的影响研究——以广州为例［D］. 中山大学博士学位论文，2008.

首先，亚运城的建设加快了城市空间的“南拓”进程。2001年出台了《广州城市建设总体战略概念规划纲要》（简称《战略规划》），提出了“南拓、北优、东进、西联”的城市空间发展战略，其中，“南拓”是实现城市发展框架拉开的主导战略之一。在《战略规划》的指导下，申办亚运会前“南拓”轴上的琶洲会展中心及周边地区、大学城、南沙地区等产业与功能空间迅速崛起，而广州新城地区却一直处于待开发状态。亚运城的选址不仅启动了广州新城的建设，而且还加快了广州南部地区基础设施的建设进度，加快了城市空间的“南拓”进程。按照《亚运城市——广州：面向2010年亚运会的城市规划建设纲要》（以下简称《亚运纲要》），2010年广州南部地区要建成3条地铁线路和8条高速公路或快速路。这些基础设施工程虽不一定是为亚运会而建，但由于亚运会举行的明确时限，其建设进度得到了加快。同时，在以城市总体规划为基础所确定的“两心一走廊”的亚运会重点发展地区空间格局中，亚运城将与奥体新城、大学城等战略节点串联组成城市发展走廊，拉开城市发展框架。

其次，亚运城的建设极大地促进了城市空间多中心结构的完善。从《战略规划》面世开始，广州一直致力于推动城市空间结构的优化，促进其由单中心向多中心转变。[①]其中，广州新城是一个重要的新中心。《战略规划》之后，广州新城的定位在相关规划中得以落实和延续。可以看出，广州新城的建设，对于广州城市空间的多中心结构而言有着非常重要的战略意义。

如上所述，申办亚运会前，大学城、白云新城、南沙中心区、萝岗中心区等多个新中心已建设或已有比较明确的建设计划，多中心的城市

①毛蒋兴，闫小培．城市交通系统与城市空间格局互动影响研究——以广州为例［J］．城市规划，2005（5）．

空间结构已初具规模，广州新城则成为《战略规划》中唯一一个没有付诸实施的战略性节点。[①]因此，借亚运会契机，将亚运城选址于广州新城以启动其建设，将会明显起到促进城市空间多中心结构完善的效应。而亚运城采取综合开发的模式，目的是带动广州新城形成功能复合的综合性中心，从而避免单一功能的中心可能造成吸引力不强的问题，这样将更有利于反磁力中心的发育，使广州新城真正起到疏解旧城区人口与功能的作用，而不是单纯的空间拓展。

2. 微观影响

从微观层面看，亚运城对广州城市空间发展的影响集中体现在启动了广州新城这一重要战略空间的建设上。2000年广州进行战略规划咨询时，中国城市规划设计研究院在其报告《走向跨越式成长》中提出了在番禺南部建立珠三角新核心区的概念设想，并认为这是广州实现向南跨越式增长和推动珠三角城市群整合的重要战略举措。2001年8月，广州整合战略规划咨询成果后出台了《战略规划》，对“珠三角核心区”的概念做进一步论证后提出了广州新城的战略构想，并在后续国务院批准的《广州市城市总体规划（2001—2010年）》中得到了落实，其中，广州新城被确定为广州城市“南拓”轴上的核心节点，并被作为重点发展区纳入城市总体布局中。但在上述的过程中，前期并未明确广州新城的建设时序，只是将其作为远景的策略性增长地区和城市发展的储备用地进行预留和控制。2010年亚运会的成功申办无疑给广州城市空间发展战略的实施提供了一个难得的契机，广州新城的建设被纳入政府的考虑范畴。于是，广州市人民政府组织编制《亚运纲要》，提出将亚运城这一最大的亚运工程选址于广州新城规划控制区，新建运动员村和体育馆等

①蔡云楠，陈志敏，杨柳斌，等. 亚运城赛后利用研究［J］. 城市规划，2009（3）.

设施。从此，以亚运城建设为启动项目的广州新城的开发拉开了帷幕，并被落实到各相关规划中。为了更好地发挥对广州新城的带动作用，亚运城在规划建设上做了多方面的努力：（1）按照“场馆建设—地区发展”联动的原则，采用综合开发的模式进行建设，这与六运会天河体育中心周边地区的开发模式类似，该模式有利于场馆设施带动作用的持久发挥。（2）赛时和赛后利用充分结合，运动员村、媒体村和技术官员村赛后将被作为商品房销售，媒体中心将被改造成为主题式购物中心，工作人员居住区将被转换为中学、小学和综合医院等，体育设施、公园维持原来的功能，供市民健身、休闲和娱乐使用，同时预留了未来再开发的用地。（3）主要公共服务配套设施布局在总用地南侧，有利于为广州新城服务。（4）路网格局北部采用自由式，南部采用规则式，充分考虑未来南向拓展的路网衔接。

亚运城已从广州南部的远郊地区变成了城市开发的热点区域，基础设施和公共服务设施配套相对完善，“广州新城”这一概念对市民来说已比较熟悉，地区形象和吸引力得到了跨越式的提升。房地产市场的行情更能说明这一点。2009年12月，亚运城以255亿元的拍卖总价成为中国新总价地王，成交价比165亿元的底价高出54.54%；2010年9月，亚运城开始对外公开销售，住宅销售价格每平方米在1万元以上，这样的价格在这样的地区，之前或许没有人能想象得到。而亚运城的开发并没有结束，赛后有更大的建设量，其开发建设时间持续5—6年。因此，亚运城的微观影响效应在后亚运时期持续发挥，并带动广州南部地区的进一步开发。

总体上，城市大型体育赛事场馆设施与城市空间发展的关系密切，对城市旧区更新、新区开发以及整体空间格局都会产生较大的影响。

（二）地下空间开发

西方发达国家对于城市地下空间的开发利用已有将近150年的历史，业已形成地下交通、城市管网、地下能源、水源储备和地下商业综合体开发等一系列综合开发模式。[①]它们的现代化城市建设的实践表明，有序、合理、综合、高效地开发和利用地下空间资源，是城市现代化改造与建设中解决中心城区高密度疏解、扩充基础设施容量、达到人车立体分流、提高城市综合防灾能力、寻求人文景观与自然环境的均衡与统一、减少环境污染、节约土地资源等现代化城市更新与复苏问题最有效的途径之一。[②]广州作为我国改革开放的前沿城市，经济快速增长，城镇化进程不断加快，但同时也产生了很多问题，生态失衡、环境污染、资源枯竭、人口膨胀、交通拥挤等，这些都是人们期待解决却难以有效解决的问题，开发利用城市的地下空间则是解决这一问题的有效途径。

广州市位于我国三大经济圈之一的珠三角地区，人均地区生产总值已超5000美元，经济基础雄厚，完全有能力大规模合理开发城市地下空间，从而带动整个珠三角地区的可持续发展。广州城市地下空间开发利用分为四个层次：表层（0—5米）用于开发道路结构层、市政管线、共同沟、地下商业街、地下人行通道和立交、高层建筑地下室、厂房与泵房等工程，如大学城共同沟、天河城地下商场等；浅层（5—10米）用于重力流排水总管等大型市政管线、地铁、高层建筑地下室和车库；中层（10—30米）用于地铁、地下道路、地下物流管道等；深层（30米以下）用于地铁、地下水资源、特种工程和远期地下空间的开发。广州城市地下空间开发利用以地铁建设为标志，隧道工程、地下商场、地下步

①束昱．地下空间资源的开发利用［M］．上海：同济大学出版社，2002.
②王文卿．城市地下空间规划与设计［M］．南京：东南大学出版社，2000.

行街、地下停车场、地下多功能综合体等地下工程建设规模迅速增大。可以说，广州已经进入了浅层地下空间开发利用建设的阶段，并逐步走上了城市空间向三维拓展的道路。

1. 主要模式概述

以下重点概述广州城市地下空间开发利用的主要模式。需要特别说明，地铁建设是地下空间开发的重要模式，但本章前面已重点讲述，在此不再赘述。

（1）隧道建设。

广州城市隧道建设开始于1970年，主要包括一般隧道（非过江隧道）和过江隧道两种类型，其中一般隧道又可以分为汽车隧道和人行隧道。广州已建成的汽车隧道主要有金盘岭隧道、龙头山隧道、黄埔大道隧道、金穗路下穿隧道、中山大学下穿式隧道、北环高速白云隧道、广州大道珠江新城下沉式隧道和广州大道天河北下沉式隧道等。其中，龙头山隧道位于广州黄埔龙头山，全长1100米，双向八车道，最大开挖跨度21.4米，高度136米，洞身左右线最大净距51米，出口最小净距20.8米，是号称“中国第一跨”的大跨度隧道。

广州的过江隧道主要用于公路和地铁。[①]广州已经建成的过江隧道有珠江隧道、仑头—生物岛—大学城隧道。珠江隧道是广州第一条穿过珠江的隧道，也是我国首次采用沉管法设计施工的大型水下隧道。

（2）地下商场与地下步行街。

地下商场和地下步行街的建设是随着城市经济建设的需要发展起来的。首先是在20世纪80年代末和90年代初，广州市高层建筑开始成规模和成系统地发展，而高层建筑的结构特点，使得地下室兴建起来，将广

①刘学山. 广州市城市地下空间的规划设想［J］. 广州建筑，2003（1）.

州城市地下空间开发利用推向了一个高潮。近10年来，广州地下商场和地下步行街发展比较快，尤其是与地铁站的连通，使得广州地下商场得到空前发展。广州繁华的商业中心大都与地铁的出入口相接，形成了大规模的地下商业长街和广场。从广州火车站站前广场的“地中海”，到英雄广场地下的“流行前线”“地王广场”，再到人民公园南面地下的“动漫星城”，北京路地下商业长街、世纪大道地下的“康王路地下商业街”、天河城商业中心，再到南方大厦地下空间、天河区花城广场、体育中心地下空间，以及广州南站的地下空间，原先难以被消费者接受的地下商业在广州不断拓展版图，其规模越来越大，越来越繁荣。

（3）地下停车场。

广州市小规模的地下空间主要是地下停车场，这类停车场近些年在高层住宅楼和商业楼中分布比较广，尤其是旧城区和大的住宅小区的高层和超高层楼房中都设计有地下停车场。据初步统计，从2003年7月到2006年12月，广州已建成或正在建设的地下停车场达到600多个，面积从几千平方米到几万平方米不等，一般为地下一层到地下三层。[①]为缓解城市停车难问题，广州市已在琶洲会展中心、天河中信广场和大沙头旧货市场3处重点建设地下停车场。2016年，广州地铁集团、广州城投集团、广州港集团、广州金控集团4只停车场专项债券成功获国家发改委核准，发行规模合计175亿元，占全国已核准同类债券的39.41%，该资金具体用于“十三五”期间在广州建设约60万个停车位。

（4）地下多功能综合体。

广州地下空间的发展趋势是以大型骨干项目为纽带，带动地下空间的全面发展，形成由大型工程（尤其是地铁工程）连带起来的地上地下

①章福生，陈林．论城市可持续性发展与地下空间利用［J］．地下空间，2002（1）．

相互联系的主体网络体系，逐步建成若干满足各方面需要的地下多功能综合体。广州市通过一些地下空间的示范工程加大了对地下空间的开发力度，主要的示范性工程包括广州市新轴线地下空间示范工程、广州大学城综合管廊示范工程、花园酒店城市广场示范工程和金沙洲新型居住小区示范工程等。

2. 主要经验与做法

（1）制定与完善城市地下空间开发利用的政策法规。

法规建设和政策制定是城市地下空间开发利用过程中的重要环节，是规划实施的重要手段和保障。在规划编制的同时应完成相关法规体系建设，从管理、权属、使用和技术规范等多方面加以把握。2011年广州在全国率先出台了《广州市地下空间开发利用管理办法》，对地下空间的规划、土地取得、开发建设和产权租售等方面进行了细化规定，其中明确了独立开发利用的地下空间需进行“招拍挂”公开出让。该法规成为我国首部明确地下空间独立的权属问题的地方性法规。

（2）地下空间开发利用与市场经济相结合。

广州先后出台一些有关地下空间资源开发与建设使用方面的优惠政策和鼓励机制，拓宽城市地下空间资源开发的投资融资渠道，实现开发模式的多样化，坚持“谁投资、谁受益，谁建设、谁受益”原则，将城市地下空间的开发利用推向市场，按市场需要来选择运营主体，由市政府等管理部门进行宏观调控和管理，这样必然使广州城市地下空间资源的开发建设在满足经济效益的同时，又可获得最佳的社会综合效益。

（3）重视城市生态环境，做到发展与保护相结合。

通过地下空间的开发利用，广州提高了城市土地的利用效率，为地面和地上自然环境的保持和营造创造了条件，从而提高了城市的生态环境质量，增强了城市可持续发展的能力，为实现广州生态城市的目标提供了广阔的空间资源。[①]地下空间的开发利用既要与城市的更新、开发和拓展相结合，也要与保护历史文化名城相结合，将地下空间开发利用作为保护地面风貌的建设手段和经济手段。

（4）强化城市地下空间的统一规划管理。

广州将城市地下空间的规划建设纳入广州城市规划管理体系，赋予城市规划行政主管部门对城市地下空间资源的控制管理权限，履行对全市地下空间资源开发利用的监督和管理职能，同时加强与人防、地铁、交通、环保和市政等相关部门的协调与沟通。

五、典型案例

（一）广州大学城建设

广州大学城的酝酿、设计、开工与运营，是广州城市建设历史上最成功案例之一，这一节将聚焦广州大学城建设这一工程项目，具体分析这一工程在城市建设中的特点与经验。大学城作为城市特定的区域，其建设涉及城市空间、经济、文化等因素，是一个集大学综合园区和城市复合功能于一体的庞大系统。广州大学城的规划建设突破了传统的功能导向规划模式，在传统“功能、空间形态”导向规划的基础上导入“资源、环境效益”因素，强调资源集约共享及全方位开放性开发模式的规划理念；[②]构建多维复合式结构，以资源高效利用为核心，对自然、经济、社会等综合资源进行集约分级配置，强调城市与校区整体功能的协

①张建峰，杨木壮．广州城市地下空间开发利用模式与发展策略［J］．城市发展研究，2009（1）．

②广州市城市规划局，广州市城市规划编制研究中心，广州大学城发展规划编制工作组．对广州大学城发展规划的思考［J］．城市规划，2002（5）．

调整合，实现系统的节能环保与高效运行，强调人文生态环境的构建，实现以人为本的价值回归。

广州大学城建设的主要做法与成功经验有以下几点：

1. 集约化资源整合优化的理念——整体规划、集中建设

广州大学城选址于广州市番禺区新造镇小谷围岛，规划建设总用地面积近18平方公里，总计落户中山大学、华南理工大学等10所高校80多个院系。我国同类大学城规划中，在占地规模、入驻高校水平、容纳学生人数、建设周期等各个方面，广州大学城都是名列前茅的。其中，10所大学共规划建设500多栋单体建筑，总用地面积为900多万平方米，总建筑面积为530多万平方米，一次性规划与配套建设城市基础设施。与常规分散式建设再独立配套相比，实行一次性配套建设既节约了土地，又节省了经费。据核算，相较于10所大学分散建设、独立配套，广州大学城节约了4/5的城市基础设施建设用地和公共服务设施用地。①

2. 开放式资源共享的理念——优化配置、资源共享

广州大学城规划的最大特点之一，就是构建了一体化的资源集约优化共享平台，最大限度地避免了各高校因分散建设、低水平重复建设和重复配套而造成的浪费，同时节省了大量土地和投资，成功实施了全新的资源效益导向型规划。广州大学城的建设打破了传统大学城建设条块分割格局，以资源的分级共享和网络化为原则，建立了“城—组团—校区”三层次体系，对应设施分别为城市级共享设施、组团级共享设施和校区级教学科研共享设施，实现了教学资源共享、生活设施共享、体育设施共享、能源供给共享、医疗设施共享、信息资源共享、公共绿地共享等，实现了开放式规划和资源集约配置。

---

①李传义，邓新勇．广州大学城规划的新理念与城市建设新技术［J］．建筑学报，2005（3）．

3. 绿色生态理念——绿色交通及点、线、面相结合的绿色生态体系

广州大学城采用“环路+放射线”的内部道路交通结构，教学组团内实行自行车、步行等绿色交通方式；中、短距离的交通采用环形公共交通通道；大学城的对外交通则使用大运量的地铁、轻轨及公交等。岛内步行交通、自行车交通和使用清洁能源的公共交通系统的建立，实现了现代绿色交通的理念。大学城绿色生态体系采用了“发展走廊+组团软核网络”的布局结构，确定了“一心两轴，三环八园，放射网络”状的开放式绿地系统结构。遵循“以人为本、生态优先”的规划理念，广州大学城对小谷围岛上原生态的树木植被和水系进行了整体的保护、修复和再造的规划，形成了15公里环城绿带及8个城市公共绿地公园，绿化率达到55%；在对11条河涌进行雨污分流的基础上，建造了12条河涌和8个湖泊，水体面积超过总用地面积的10%。[①]同时，对有近2000年历史的文物古迹和古村落进行保护性开发利用，对难以与城市总体规划相协调且满足二类保护要求的建筑物进行拆建保护。

4. 能源集约化综合利用——城市级循环经济、低碳经济体系

广州大学城工程建设率先在全国范围内进行了城市综合能源利用专项规划，旨在以节能、环保、洁净、高效为出发点，在系统层面构建城市新型综合能源运行系统，实现整体节能减排，推动可持续建设与发展。广州大学城能源集约化综合利用包括分布式能源系统、区域集中供冷系统、城市集中供热系统和建筑节能系统四大系统。在城市能源供应系统的建设上，广州大学城采取了分布式能源系统及新技术。大力推广使用“热电冷”三联产技术，使用了天然气等清洁能源。分布式能源系统由三部分组成，分别是分布式能源站、区域供冷系统和生活热水系

①董文茂. 广州大学城：新型生态人文城区［J］. 绿色广东，2006（8）.

统。按照大学城城市综合能源利用规划，在当时国家尚未制定统一建筑节能标准的情况下，广州大学城在全面推行节能建筑设计方面实施了一系列创新性工作。进行统一标准的规划设计和建设是广州大学城实施节能和建筑设计的特色之一。

5. 城市信息化、数字化系统——数字化城市与信息基础建设的可持续发展

按照广州大学城信息基础设施专项规划，广州大学城信息基础设施建设采用先进的计算机技术、多媒体技术、宽带通信技术，通过构建全区域城市信息基础设施和通信网络平台，实现了城市信息分层次、全数字化的集成系统；同时，构建智能化、网络化、门类齐全的信息应用服务系统，使之成为整个大学城内的通信、广播、计算机网络的综合服务共享平台，为大学城的科研、教学和管理提供先进、全面、稳定的信息基础设施支撑。

6. 城市地下空间综合利用——综合管廊系统

作为保障城市高效运转的基础性条件，城市地下管网是城市的重要命脉和神经。凭借着在政府主导下进行城市基础设施建设的优势，广州大学城在规划实施城市地下管网建设时以城市道路规划为依托，重点建设了总长约17.4公里的城市地下综合管沟。规划以城市道路地下空间综合利用为核心，围绕城市市政公用管线布局，对广州大学城综合管沟进行合理布局和优化配置，构筑覆盖整个广州大学城范围的综合管沟系统，对市政、通信、电力、给排水等管线进行了集中布置，从而大大避免了因铺设、维护地下管线而频繁挖掘道路所造成的路面破坏和社会经济损失，保持了城市道路的完整性，提高了城市综合防灾减灾能力，为城市地下空间可持续发展预留了宝贵的空间。广州大学城的地下管网是全国规模最大、容纳管线类别最多、系统最完整的城市地下综合管廊，其布

置设计是资源集约利用的范例，充分体现了可持续发展的思想，具有超前性、综合性、合理性、实用性。此外，城市地下管网的布设还提高了管线运行寿命和安全，全生命周期节省投资30%—50%，彻底解决了城市“拉链路”问题。

（二）琶洲国际会展中心建设

1. 琶洲国际会展中心概况

琶洲国际会展中心位于赤岗琶洲岛。琶洲陆地面积9.66平方公里，北临珠江，与珠江新城、广州新技术产业开发区、赤岗领事馆区、长洲文化旅游风景区等城市重要发展区相邻。根据广州市城市建设规划，琶洲地区的发展目标定位为：以广州会展博览中心为核心，以会展博览、国际商务、信息交流、高新技术研发、旅游服务为主导，兼具高品质居住生活功能的RBD（休闲商务区）型、生态型城市副中心。

展馆总建筑面积110万平方米，室内展厅总面积33.8万平方米，室外展场面积4.36万平方米。其中展馆A区室内展厅面积13万平方米，室外展场面积3万平方米；B区室内展厅面积12.8万平方米，室外展场面积1.36万平方米；C区室内展厅面积8万平方米。2014年6月19日，琶洲国际会展中心四期扩建规划通过，四期建设后，展览面积达50万平方米，超过德国汉诺威的47万平方米；整个琶洲地区会展面积达66万平方米，主要以展览、展示、表演和大型集会为主要使用功能，琶洲国际会展中心是目前亚洲最大，世界第三的会展中心。

除广交会外，琶洲国际会展中心举办或将要举办的5—13万平方米的大型展览有国际家具展、建筑装饰展、照明展、国际汽车展等；此外，还有广州国际服装节，全国针棉织品展，华南国际机械及原料展，广博会，印刷包装展，广州国际鞋类皮革工业展，亚太国际橡塑工业展，国际涂料、油墨及黏合剂展，酒店设备用品博览会，机械装备制造业博览会，留交会，纸品印刷工业展等大型展览。

琶洲国际会展中心具有以下特征：

（1）琶洲展馆是目前亚洲规模最大、设施最先进、档次最高，能满足大型国际级商品交易会、大型贸易展览等需要的多功能、综合性、高标准的国际展览中心。展馆规模世界第三。在此办展，更能彰显展览的品位和档次。

（2）琶洲展馆是高科技、智能化、生态化完美结合的现代化建筑，按照国家5A智能化建筑标准进行设计，建设中大量应用国际高新科技，智能、通风、交通系统体现了世界先进水平；层高、地面负荷、电力供应可满足大型机械展、帆船展等各种对展馆条件要求苛刻展览的要求。

（3）单个展厅面积均在10000平方米左右，且各馆门面设计合理，一、二层的13个展厅各有开阔的门面，多个展览可同时举办，互不干扰。展厅无柱空间大，利用率高，特装效果特别好。

（4）展馆周围将建设与会议和展览相关联的配套设施如酒店、写字楼、银行、商业服务、博物馆等，能充分满足客商的商旅要求。

（5）交通便利，设有地铁站台，东、西、南、北向均有城市干道。地铁八号线的新港东站和琶洲站直达展馆，乘坐八号线至万胜围站可换乘地铁四号线。

2. 相关建设经验

琶洲提出“建设国际会展中心区，致力于打造宜业、宜游，永不落幕的交易会”的目标，具体有如下规划策略：

（1）壮大产业链条，推动产业升级转型。

根据最新颁布的《广州城市总体发展战略规划（2010—2020年）》，广州将继续推进“南拓、北优、东进、西联”战略，同步实施

“中调”。“中调”的重点之一是提升功能，促进中心城区产业结构和综合服务优化升级，充分利用中心城区的独特优势和有利条件，着力发展总部经济和信息、金融、物流、会展等现代服务业，积极促进中心城区现代服务业集群发展，突破现代服务业发展空间不足的瓶颈。上位规划为琶洲的产业转型升级提供了支撑，指明了发展方向，即琶洲未来要构建国际会展中心区，首先要壮大会展业、金融商贸等服务业；其次围绕该中心功能，积极发展关联产业，如餐饮、住宿、文化、旅游和电子商务等，壮大产业链条。

（2）强化交通支撑，搭建便捷的联系通道。

规划依托现已开通的广州地铁8号线及未来的广佛城际轨道、广州地铁11号线、广州地铁20号线、穗莞深城际轨道等便利的轨道交通条件，构建25分钟到达白云国际机场、10分钟到达广州南站、1小时至香港及珠江三角洲主要城市的快捷交通，实现“空—轨—航”联运，为琶洲建设国际会展中心区提供强有力的交通支撑。规划打造四大枢纽，构建“1+3”枢纽体系，即1个市域多种方式换乘枢纽（琶洲枢纽）和3个地区级交通枢纽。以轨道交通为重要支撑，共4条地铁线、2条城际线和1条有轨电车，按轨道交通站点600米服务半径计算，轨道站点覆盖率达80%。打造成“三横八纵”的干道网络，规划干道级以上道路总长度为43.7公里，密度为每平方公里4.2公里。

（3）优化配套服务，完善会展区域功能。

琶洲规划商务、酒店、餐饮、购物、旅游和休闲等配套设施，引导客商就地消费，实现展城融合，既刺激经济增长又缓解交通压力。琶洲大力发展总部商务、电子商务等办公功能，为会展及相关企业提供会议、信息、结算、金融、会计和法律等商务功能，总建筑规模达到250万平方米。琶洲的写字楼市场发展迅速，现时租售情况乐观；未来将崛起成为广州继珠江新城中央商务区之后的又一重要核心商务区，琶洲商务办公市场的发展前景十分广阔。琶洲规划建设28间酒店，高档与平价、酒店与公寓相结合，满足客商住宿需求，建筑规模达到100万平方米。琶洲具有良好的滨江区位优势，可近观珠江水景、远眺珠江新城中轴线及新电视塔景观。规划利用滨江的优势，建设会展广场、琶醍文化区等一批文化娱乐设施，将琶洲打造成城市的客厅、广州的名片，与广州新电视塔一起成为珠江南岸的明珠。

（4）集约土地资源，为会展空间的拓展提供空间保障。

首先，地下空间立体开发，依托轨道交通站，将商业服务、休闲娱乐和步行空间等功能引入地下，构建高效集约、安全舒适的环境。其次，打造“点—线—面”相结合、联动发展的地下综合体。打造立体交通系统。琶洲需要有科学、便利的交通系统，以解决大量客流出入及内部联系的问题，同时缓解现时广交会期间交通拥挤的问题。规划建设地下人行通道、地面交通系统和二层人行连廊，将三者结合起来打造立体式交通系统，把本项目与地铁、广交会展馆及周边物业便捷地联系在一起。设置地下、空中立体配套设施，规划结合地下商业步行街打造具有特色的地下人行通道，为会展提供良好的商业配套，同时也避免过长的地下人行通道存在的压抑感和治安问题。在各建筑间架起两层空中人行走廊，使各大建筑连为一体；行人既可免受日晒雨淋之苦，又可俯瞰城市美景。通过城中村改造专项规划，集约利用土地。琶洲根据集约用地的要求对城中村进行改造。按成片开发、优先落实安置需求的原则实施，除黄埔古村实施整体保护外，其他自然村一般采用全面改造模式；石基村采用整治改造模式。

（5）提升环境品质，促进绿色低碳化发展。

琶洲严格落实环境影响减缓措施，将环境影响控制在环境承载力容许的范围内，使规划更具环境可行性。①大气环境污染。目前琶洲的大气环境污染来源于工业企业废气、机动车尾气和居民、餐饮业油烟废气等。据此，琶洲着手于污染企业搬迁、完善公共交通系统和发展清洁能源等工作。②水环境污染。工业企业废水和居民生活污水是琶洲滨江水污染的重要来源，因此琶洲不断完善污水处理厂及配套管网，将污水通过沥滘污水厂进行处理，保护滨水环境。③声环境污染。通过设置绿化带，建立绿色声屏障；同时，在主干道与居民区、商务区等之间设置缓冲距离，减少噪声污染。④固体废弃物污染。此类污染源来自工业企业废弃物和居民生活垃圾，因此通过将生产、生活垃圾进行分类收集，可从源头上控制垃圾生产量。⑤打造景观亮点。良好的环境景观一方面对城市总体环境的提升有重要作用，另一方面也能带动旅游业的发展。据此，琶洲可在现有景观资源的基础上，打造琶醍、滨水会展广场、琶洲塔—水博苑、琶洲湾沙滩泳场、黄埔村历史文化旅游区和广州贸易公园六大景观亮点。⑥打造绿色能源。琶洲运用国际先进的绿色设计技术，全力打造低碳型的绿色环保节能建筑。打造具有岭南特色及可持续发展的生态绿化系统。采用可持续发展植被进行绿化，推广生态式的园林建设，适应低度保养及可持续发展的要求，达到美观的园林效果，并能改善项目的微观环境气候。采用屋顶绿化及竖向绿化，绿化屋顶能控制雨水流失及构建多层次绿化环境。

第五章

旧城改造与新城建设

一、旧城改造

（一）城市更新相关理论

城市更新学（Urban Renewal）是20世纪50年代从欧美兴起的一门社会工程科学，是工程技术和社会经济的综合科学。城市更新学专司研究如何从整个城市的角度出发对不适应现代化城市要求的城市市区，进行有计划的改造，使其具有现代化城市的本质，为市民创造更加美好、舒适的生活环境。[①]国外城市更新的理论有柯布西耶的“光辉城市”、芝加哥“城市美化运动”等，这些思想有些是形而上的，有其片面性，希望完全借助形体规划解决城市发展出现的问题。随着问题的增多，许多学者开始反思，雅各布斯的《美国大城市的生与死》批判了城市在改造过程中追求规模、缺少针对性、磨灭了城市特点的做法，还有文丘里、芒

①叶耀先．城市更新的理论与方法［J］．建筑学报，1986（10）．

福德等都提出了小规模的渐进式改造，指出城市改造要注重人的需求。

城市更新涉及房屋、交通、公共设施、环境设施、土地利用、人口动态和地域社会经济等许多方面，因而需要工程技术人员与社会经济人员的密切配合才能奏效。城市更新起源于欧美各国对颓废住宅区的重建。[①]美国战后对颓废住宅区的重建，不仅考虑住宅本身的重建，而且还考虑如何以最佳的方法在该地区重建，并从整个城市考虑，使其符合土地的经济利用，避免对其他地区产生不良的影响。同时，还从整个城市考虑，凡需重建的地区均列为城市更新对象。欧洲许多受到战争破坏的城市的重建，均以最佳土地利用为前提，而不是单纯恢复重建。

20世纪90年代以来，中国经济飞速发展，为了满足人们日益增长的需求，城镇化进程加快，城市更新进入高速、大规模、简单化的建设轨道中。近些年来，随着经济水平的发展和人们意识水平的提高，许多学者开始关注城市更新。吴良镛教授提出了“有机更新”的理论，即采取适当规模，考虑城市的未来发展，合理对现状进行有针对性的改造。[②]许多学者也提出了例如多方参与的渐进式更新，更新要以保护城市原有特色为前提，注重城市更新的综合性与完整性等，虽然现阶段这些理论不能大面积地落实到实践，但是公众参与的“自下而上”的更新方式日益受到关注[③]，综合化、整合性的城市发展理念得到人们的认同，我国的城市更新道路必将在曲折中前进。

（二）广州城市更新改造实践

广州的城市更新进程与实现城市发展日程、落实政治要求密切相

①刘磊，杨学伦．中西方城市更新对比研究［J］．河北建筑工程学院学报，2009（27）．

②方可．西方城市更新的发展历程及其启示［J］．城市规划汇刊，1998（1）．

③翟斌庆，伍美琴．城市更新理念与中国城市现实［J］．城市规划学刊，2009（2）．

关。亚运会城市风貌的改观、广州城市“中调”战略下的城市空间功能置换、“腾笼换鸟、退二进三”下的产业转型升级等事件推动了政策变迁。

1. 20世纪80年代：初试市场机制

改革开放初期，邓小平明确提出社会主义也可以搞市场经济，于是出现了计划经济向市场经济转变的经济体制改革。1978年，全国城市住宅建设工作会议提出：要充分调动国家、地方、企业和个人四方面的积极性，准许私人买房、建房，使住房逐渐实现商品化。在此大背景下，1979年，广州东湖新村应运而生。东湖新村是国内第一个引进外资建造的商品房住宅区，采用了地方政府提供土地和市政配套、香港发展商投入资金来进行设计与建造的政府与开发商合作的模式。港商投资3600万港元，地方政府提供填湖获得的3.12万平方米土地，建成容积率约为2.5、总建筑面积为7.8万平方米的住宅楼宇。东湖新村项目中，政府与港商的合作，为国内房地产市场打开了吸收香港住宅建设成熟经验的窗口，点式高层住宅设计、围合式居住院落、土地的集约利用，以及实施封闭式小区物业管理等做法，都成为当时的新鲜事物。由于东湖新村是国内首次引进外资建房的案例，此前并无先例，也缺少相关的政策。因此，整个项目是依赖地方政府与港商多次谈判、签订合同而完成，并得到当时广东省革委会有关领导支持而获批的。无论在住区规划、单体设计、住区管理方面，还是在建设融资方面，东湖新村都完成了一次成功的探索，开启了市场驱动住房建设的先河，也揭开了港、澳商人投资内地房地产市场的序幕，对广州后续住宅建设的市场化产生了深远的影响。

2. 20世纪90年代：放任市场开发

20世纪90年代，随着经济快速发展，广州进入了高速的开发建设时期，城市建设不仅向当时的郊区（如天河）迅速扩张，也慢慢渗透到荔湾、越秀这些房屋密集的旧城区。由于广州旧城区危旧房数量巨大，地方政府因资金不足而需要引入市场资金。1995年，荔湾广场作为当时最大的旧改项目，成为一个依靠房地产商来改造城市的实例。由地方政府提供土地、基础设施和出台相关优惠政策，开发商提供18亿元资金用于拆迁、设计、建造，并按当时流行的“四六分成”签订收益协议，即建成房屋的40%由政府用于安置回迁居民，60%由开发商销售。荔湾广场所在的约4.5万平方米的用地被全部推平，涉及拆迁人员达7000多人，重建后的现代化商住综合体的总建筑面积约为27.15万平方米，容积率约为6。这种“大拆大建”的开发模式产生的直接结果是，在原来低矮密集的旧城肌理中，一座由5层裙楼及8幢26层塔楼所组成的综合体，如庞然大物一般拔地而起，大大增加了旧城区的建筑量、人口密度和交通强度。由于当时房屋拆迁制度不健全，且对历史建筑的保护意识不强，政府倾向于支持市场改造建筑破旧的旧城区。然而，这种以利益驱动的“四六分成”的房地产开发模式虽然保证了开发商利益的最大化，却对历史文脉造成了“建设性破坏”。之后为了避免这种日趋严重的破坏，广州市政府于1999年宣布禁止开发商在旧城范围内实施改造项目。

3. 21世纪初：政府有机更新

拒绝开发商参与改造之后，广州旧城陷入了建设冻结的状态，但其物质性衰败问题仍然十分严峻，市政府不得不直接扛下旧城改造的重担，并走上了探索新模式之路。2006年，广州市政府出台相关政策，对从事危破房改造工作的组织机构、实施主体、建设模式、资金渠道等都进行了明确规定。2007年竣工的解放中路旧城改造项目是这些政策的首个试点实践，采取“市、区结合，区、街联动”的方式进行，公房永迁、私房回迁，由政府包办，而涉及的费用由市财政、区财政及私房业主共同承担。解放中路改造项目的总用地面积为9813平方米，原总建筑面积为20852平方米，涉及拆迁建筑面积达14252平方米，拆迁户数为272户，改造后的总建筑面积为20192平方米，住宅户数129户。回迁居民依据原产权面积按照每平方米300—500元的标准缴纳复建费，剩下的成本则由市财政、区财政平均分摊。而回迁房屋面积超出原产权面积的部分，则须居民按照每平方米5000—5500元的标准购买。除此之外，由于改造而适量增设的商业与住宅面积归政府所有。在不追求盈利的情况下，这种改造模式最终实现了政府投资的平衡。解放中路项目改造采取了小规模有机更新的方式，在整体空间形态延续旧城文脉和肌理的基础上适当抽疏，提升了街区的环境品质与公共活力，并保留了改造区域内有价值的传统建筑。在社区管理上也尊重了原有的社会关系，让新街区延续了原有的城市生活。解放中路的试点实践虽然在旧城改造中取得了比较理想的保护历史文脉的效果，但完全由政府包办的改造方式也难以大面积推广。在随后的旧改实践中，仍然是以就地平衡为基本原则，但适度放宽政策，引入低盈利的资金，重建了一批旧城地块，因此，城市空间形态呈现出拆除危破房、替换为小高层甚至高层的特征，总体看来虽然改善了旧城的居住质量，但仍然对传统城市肌理造成了替换式破坏。

4. 21世纪初期至2015年："三旧"改造运动

2006年底，"中调"被纳入广州城市发展的战略方针中，强调广州从拓展阶段迈入优化与提升阶段，着重旧城产业结构的调整、危旧房与"城中村"的改造。在举办亚运会、建设猎德大道的契机下，猎德村因其特殊的区位与条件，成为广州首个"城中村"改造的试点。在猎德村项目改造中，政府、村集体及开发商相互合作，政府通过"代征、代拍"的方式，将猎德村的部分土地产权转为国有制出让给开发商，获得私人资本46亿元并注入代表村集体利益的猎德经济发展有限公司，由猎德经济发展有限公司承担组织房屋拆迁、复建、安置及村物业建设等事宜。在这个过程中，政府担任政策提供者和规则制定者，与村民共同确定补偿标准，严格把控改造规划并保证改造的顺利实施。猎德村项目改造分为桥东、桥西、桥西南三个片区，分步实施。桥东安置区用于居民的安置回迁，容积率为5.2；桥西用于融资，并以土地价值最大化的原则进行拍卖，容积率为7.98；桥西南用于发展村集体经济，容积率为5.4。在实现猎德村区位价值最大化的前提下，整个改造还相对折中地保留了当地的历史文化，与猎德村文脉息息相关的古石板路、老榕树、龙母庙、猎德桥等历史古迹均得到原地保留，而祠堂则成组地迁建于回迁区的西侧。

2008年，国土资源部与广东省联合启动“三旧”改造试点工作，积极推进“旧城镇、旧厂房、旧村庄”的改造，以应对建设用地资源紧缺、土地利用效率偏低的难题。2009—2012年，广州市政府出台了若干“三旧”改造的政策，2010年还成立了“三旧”改造办公室。至此，广州正式从小规模危旧房改造进入大规模的“三旧”改造运动。其中，政府主导下的多元目标驱动、多方利益折中下的开发权最大化等在猎德村改造中获得的经验，由于原业主利益得到制度保障而得以积极推广。这些改造经验被运用于整个“三旧”改造运动中，尤其是在“城中村”和旧厂房地块改造的实践中。

5. 2015年至今：城市更新探索

2015年2月，广州市城市更新局正式挂牌成立，同时正式撤销“三旧”改造办公室，这是全国首个作为一级局的城市更新局。2016年1月，《广州市城市更新办法》及其配套文件出台，标志着广州市的城市更新工作进入一个崭新的、常态化的发展阶段。《广州市城市更新办法》提出了“微改造”的政策路径，并以恩宁路永庆坊项目作为试点。政府制定相关的建设指引，提供房屋15年的经营权，通过公开招商，以BOT（建设—经营—转让）模式引入万科集团6000多万元资金，对永庆坊内43栋此前征而未拆的7.8万平方米的房屋实施修缮，而万科集团则通过运营来获得收益。同时，不强制私房业主外迁，他们可以自主选择是否参与万科集团的修缮与经营。截至2016年底，万科集团已在永庆坊修缮、更新了大部分建筑，并植入了创客空间、文化创意、教育等城市服务配套产业，街区的基本格局得以保留。这为广州城市更新改造提供了有益经验示范，但是广州新时期的城市更新模式和范例典型仍有待进一步探索。

（三）广州城市更新改造政策演进

1. 市场驱动阶段

政府对城市更新改造的干预主要表现为：划定项目红线并明确开发商的权利和责任，把改造中涉及的拆迁安置、方案设计、建设实施等事宜都交予开发商负责。这导致开发商对旧城实施了一种典型的逐利式开发，从拼贴式改造逐渐演变为大规模推倒重建。①介入的拆迁安置只能由开发商与居民协商进行，相对弱势的居民的利益往往无法得到有效的保障。这个阶段的利益格局是开发商的利益得到最大化满足，而居民的利益及公共利益严重受损。此时的城市更新改造是以特定地块的项目实施和局部改善为目标，空间分布是零散的，缺乏综合性、统筹性的考虑。

2. 政府包办阶段

政府开始尝试掌控城市更新所涉及的各个环节，对组织机构、实施主体、建设模式、资金渠道、拆迁安置等方面进行规定并严格控制。同

---

①董玛力，陈田，王丽艳. 西方城市更新发展历程和政策演变［J］. 人文地理，2009（5）.

时政策尝试了财政资金投入的非营利、有机更新改造试点，后又适度引入市场资金，逐渐追求综合性目标，更多以改善人居环境、保留历史建筑、体现旧城风貌等公共利益为出发点，寻求经济平衡。这一阶段的改造模式是与“大拆大建”相对的“有机更新”，利益格局是摒弃市场逐利并平衡居民利益，采用了适当规模、合适尺度的手段，促进了整体环境的改善。

3. 政府主导阶段

政府角色进一步强化，且更注重多元目标的驱动。除了在政策中进一步完善各职能部门在城市更新过程中的职责，还明确了由政府组织编制系统规划和片区策划，严格导控功能、规划控制指标及改造手段等。政府更多是充当资源的协调者，让开发商、居民参与到城市更新过程中来，更加注重原土地权属人的利益共享，并保障和平衡更新方案决策中居民的利益诉求。这个阶段的更新模式除了考虑公共利益，也实现了对区位市场利益的有效挖掘，因而呈现的是一个多元利益折中妥协后的结果。政府与市场，以及居民、社会之间的多元协作得到了比较积极的实践，有助于综合目标的实现。

（四）广州旧城改造的有关经验与做法

1. 城中村改造

（1）改善制度供给，完善相关政策法律。在自下而上的城中村改造过程中，利益主体会否选择自发进行制度变迁受制于预期收益与预期成本的比较，只有当预期收益大于预期成本时，才会主动进行制度变迁。改造后村民的预期收益包括居住环境的改善、住房租售价值升高、社会治安好转、城市居民福利待遇等。预期成本包括拆迁补偿价格不公平，安置过渡费用的支出，失去土地后的保障制度不完善等。因此，通过政府改善制度供给，包括提供完善的养老保险制度、基本医疗保险制度、最低生活保障制度、就业培训和指导制度等，扩大村民的预期收益，减少预期成本，村民就会为了改造后可以预见的利益主动地、自愿地配合城中村改造。《中华人民共和国城乡规划法》及相关政策法律在有关政府监督、尊重权利人意愿方面的条文已经很多，但是在自主更新的决策过程、决策实施，以及实施的监督中，对于权利人参与权限、内容、途径与渠道等却没有明确规定。因此，随着自主改造成为一种新的符合人本主义的城市更新模式，这些方面越来越需要制度层面的切实保障。完善在改造过程中村民最为关心的补偿条例，对其中面积测算方法、补偿标准、过渡期补助和回迁安置等问题用法律或条例加以明确规定，才能切实保障村民的合法权益。

（2）引入项目管理加施工监理模式，增强村集体自主改造的可行性。长期以来的城中村集体经济的主要特点是市场风险较低、经营管理相对简单、劳动力容纳量不大，这使得城中村的集体经济呈现出守护型经济与弱性内容市场保护机制的特点，这是以最稳妥的方式保持住市场利润的有效途径。能够实现村民安全第一，效益第二的要求。这种长期以来的集体经济运作模式决定了大多数村集体很难有非常强的企业经营管理能力，更谈不上房地产开发所需要的技术实力和管理经验。采取项目管理加施工监理的模式，既可以防止开发商的逐利行为和背约行为对城中村改造造成的风险，还可以不改变村集体为主体的自主改造模式。村集体和项目管理企业是一种委托和代理的关系。项目管理加监理模式，实际上是将项目前期各项工作与施工监理工作捆绑在一起，通过招投标形式，选定一家具备大型项目前期咨询工作经验的大型监理企业，整体承担此“项目管理+施工监理”捆绑式的任务。广州市猎德村城中村改造基本上采取了这种模式。采用这种“项目管理+施工监理”的模式，我们可以发现，村集体作为业主单位，很多技术性强的事务都可以交给项目管理公司来做，还有一些诸如审批手续报批等事项也可以由项目管理公司协助完成，有效地解决了村集体在沟通方面欠缺的问题。

（3）增强村民自主改造意识，提高参与能力。村民作为城中村改造的参与者，应该对改造的全过程，包括拆迁补偿、规划设计、施工招投标和实际施工等阶段都进行参与。村民作为改造效果的最终承担者，规划设计的好坏、房屋的质量优劣会直接影响到他们将来的生活环境和生活质量。因此，规划设计方案的拟订以及施工招投标和施工质量监督阶段等都应该充分吸收公众参与，接受公众的全程监督。具体来说，第一，村民应该强化参与意识。城中村改造后居住环境和基础设施建设情况与自己的利益息息相关，村民要想改造效果能够符合自己的预期，就必须在城中村改造相关方案的制定和实施中，强化参与意识，主动地对城中村改造的过程给予全面的关注，更有效地行使自己的权利。第二，村集体应在改造过程中保证有关信息的公开和透明，建立城中村改造的有效信息披露制度。将改造的过程公开，即对改造的进程、监管账户中的资金拨付及使用情况要建立日常性的报表制度，将改造的进展情况及时向村民通报，便于村民准确掌握村集体在改造中的相关行为，对村干部处理和解决问题的情况和效率进行实质性的监督，为村民全过程监督城中村改造提供可能。第三，对于一些涉及规划和招投标的专业知识，村集体应组织村民进行专门培训，使村民具备相应的参与能力，才能对城中村改造中的相关决策进行评议。

2. 老旧街区更新改造

旧城街区形成、发展于过去特定的历史年代，虽然有其特有的传统文化气质，但不论是社会文化内涵，还是文化的承载形式，均与现代人的生活方式、文化需求存在着很大的差异，其功能空间早已不能满足人们的需求。在岭南旧城的历史街区中，这样的状况同样存在。因此，岭南旧城历史街区的改造复兴之道，不能也不应直接沿袭传统的方式与形式，不能止步于单纯的修葺与恢复，更为关键的是要建立合理的改造设计理念与改造模式，使旧城街区在保存原有风貌的基础上，融入现代的城市、社会与生活。岭南文化的核心是强调“务实”的精神，针对岭南旧城街区的改造，广州引入“古为今用，推陈出新”的务实理念，借此创造一个既有血缘、又有进化的城市新面貌，不仅能体现本土文化的丰富内涵，更能展现岭南现代城市文化的休闲特点，使旧城改造从保护型改造转向以实现社会效益、经济效益、文化传承为目的的发展型改造，在保护的基础上发挥出其历史与文化价值。广州针对老旧街区改造的做法与经验包括：

（1）创造新岭南人文景观。旧城街区年代久远，原有的生产方式、生产技术与审美习惯已不符合现代社会发展的需求。因此，在广州改造老旧街区过程中，应遵循以“建新融旧”为原则，即新建建筑或构筑物在功能、空间、景观上既能看到传统文化的血脉，又能让人感受到现代城市生活空间的架构，以此创造岭南文化下的新人文景观。

（2）恢复旧城区生态人文环境。广州旧城区的生态人文环境是一种复合式的生态，它是集自然生态、社会生态、经济生态等多方面的综合概念。旧城街区的空间尺度、空间界面、空间功能，实际上是地区社会、生活、文化的一种物化体现，是城市文化的一种承载方式。恢复广州岭南旧城区的生态人文环境，即是复兴岭南文化的城市承载方式。以公共空间为物质平台，通过资源调配和利益引导等手段，不仅有助于对历史街区的人居环境进行整体提升，而且有助于保护岭南旧城骑楼街巷结构，恢复区域水系统，重新营造旧城宜居的环境氛围，逐步实现旧城区的复合式生态人文环境。

（3）古为今用的城市公共空间改造。城市空间的功能与性质是社会生活与文化的物化反映，随着时代的变迁，原有功能如果丧失，其空间也就失去了原有的意义，成为脱离时代语境的空壳。古为今用，在广州旧城街区改造中是一种以空间换时间的做法，通过改造或改变空间的原有使用功能及特性，使其与当代社会生活相吻合，以实现旧城街区从旧时代向新时期的跨越。比如在传统的岭南旧城街区中，保留着较为典型的线性街道空间，其由于建造密度较高，缺少城市公共空间。在广州改造老旧街区过程中，一方面结合线性空间组织“前市后居”的经营模式，强化“前市”步行商业街巷的连续性；另一方面适当抽空街巷背后拥挤的建筑群，结合有历史价值的特色民居改造，创造出新的“后居”公共空间。

3. 历史建筑保护修缮

在广州城市更新改造过程中，不可避免地会遇到很多历史悠久的历史建筑，广州在历史建筑保护与修缮方面，主要有以下做法：

（1）科学规划，重视历史建筑保护。随着城镇化进程的加快，广州旧城区功能的衰落与城市发展需要的矛盾日益显现，旧城改造势在必行。旧城改造势必涉及众多历史建筑的保护问题，如果在改造前没有科学的规划，大批历史建筑很有可能会被打着各种“正当”旗号的工程破坏掉。历史建筑是一种不可再生的稀缺资源，具有破坏后不可逆转的特点，在旧城改造过程中理应受到高度重视，在改造前必须科学、慎重、系统地做好规划，避免出现“先拆除后规划”的现象。因此，在改造拆迁前一定要做好规划和公示工作，让市民和有关方面的专家参与到城市规划当中来，提高改造的科学性和可行性。

（2）尊重历史，保留历史建筑原始风貌。对于蕴含着丰富历史文化内涵的建筑来说，修缮工作应站在解读历史建筑的建筑风貌和历史文化特征的基础上，最大限度保存其历史原貌，延续其历史文脉。历史建筑的修缮应遵循《中华人民共和国文物保护法》中“不改变文物原状”的原则，坚持保护和修缮相结合，通过技术手段修缮历史建筑，保留其原始风貌。对历史建筑风貌的保护和修复应尽量实行整体保护，要尊重历史与现实，尊重历史文献资料，坚持科学发展观，按照“修旧如旧，建新如故”的原则，力求全面地保护历史建筑的原始风貌，重塑其历史风采。通过正确的修缮方式，还原历史建筑的原始风貌，唤醒人们对广州历史的记忆，延续旧城区丰富的文化内涵。

（3）拓展筹措资金的渠道。由于历史建筑的保护周期长、经济效益低，个人或私营部门不愿意投资或从事保护工作，仅靠政府的财政投入往往捉襟见肘，以至于历史建筑经费短缺的问题长期得不到解决，这就逐渐成为历史建筑保护事业发展的瓶颈。《广州市历史建筑和历史风貌区保护办法》（以下简称《办法》）提到，政府应设立历史建筑保护专项资金账户，并进行固定拨款。同时，在城市更新改造等土地收益中抽取一部分作为保护资金。每年向社会公开该资金的使用情况，接受社会监督。但在《办法》中并没有对从旧城改造中土地收益抽取的部分给出一个明确的比例。政府每年的土地出让金都非常可观，完全可以从中拿出一定比例的收益投入到历史建筑的保护工作中，这样就可以大大减轻历史建筑保护的资金压力。对于历史建筑保护的资金问题，也可采取开发权转让的方式，对被认定为需要保护的历史建筑，[①]有偿转让给指定地区，通过市场化的途径让历史建筑的业主获得经济补偿，减少业主对历史建筑被认定的抵触情绪，也为业主修缮历史建筑提供了充足经费。同时，广州注重对历史建筑进行开发权、冠名权等的出让，历史建筑由居

①黄冬娅．城市公共参与和社会问责：以广州市恩宁路改造为例的研究［J］．武汉大学学报：哲学社会科学版，2013（1）．

住功能转变为经营功能，让更多热心的怀旧人士把历史建筑发展为文化创意、旅游产业基地；设立地方文化研究所，开办展馆、博物馆，把老广州的历史文化展现给公众。既保护了历史建筑，又推广了广州本土文化，可谓一举两得。

（4）进一步提高民众意识，鼓励公众广泛参与。在项目实施前，政府部门应做好宣传工作，包括对相关法律法规、政策的宣传，特别是做好对方案执行部门和居民群众的宣传工作。政府可利用效果图对保护的规划做进一步讲解或建立规划信息网站，向公众普及历史建筑保护规划的专业知识，保障公众的知情权和参与权，提高公众对历史建筑的保护意识，提升公众的城市主人翁责任感。鼓励公众广泛参与到历史建筑保护工作中来。公众参与，其实是一种让众多的市民能够参加到那些与他们的生活环境息息相关的保护政策和保护规划的制定和决策过程中去的方法和途径。广州市出台了一些法律法规和政策，使公众广泛参与其中，如《办法》明确指出，任何团体或个人都有权对历史建筑的保护进行监督，并提出意见和建议。同时，人们也有权对破坏、损害历史建筑的行为进行劝阻和举报。《办法》明确指出了公众有权向市城乡规划主管部门推荐历史建筑和举报破坏历史建筑行为。这些规范性法律条文的出台，能有效激发民众的参与热情。公众除了采取投诉、检举等被动的参与方式外，还可以采取主动参与措施，包括在街区内设置具有专业技术知识和规划实施经验的协调员，帮助公众解决对专业知识存在的疑惑，以避免在保护规划实施过程中，公众盲目排斥改造方案和计划，阻碍旧城改造的进程。同时，可以对热情参与的公众进行简单的培训，提高他们的认识和素质，使之成为义务监督员。在历史建筑整修过程中，鼓励公众以监督者、制衡者的角色参与保护工作，到施工现场进行定期或不定期的检查，对项目实施过程中出现的问题及时予以反馈，确保整修工程高标准、高质量地进行。

二、新城建设

（一）新城建设相关理论

新城最早是以卫星城的形式出现的，新城理论受花（田）园城市理论启发而来，英国规划师霍华德提出的花（田）园城市思想认为：在大城市郊区或附近地区新建或扩建具有相对独立性的城镇，可以达到分散中心城市（母城）人口和工业的目的。在空间上，新城镇不论距母城远近，均应以绿带包围，与母城在地域上相分隔，并有交通相连。1922年昂温为伦敦地区制定咨询规划，首次提出把伦敦人口和就业岗位大规模分散到周边的卫星城。1924年在荷兰阿姆斯特丹召开的国际城市会议上提出的建设大都市卫星城得到了各国响应。1944年的大伦敦规划中提出在伦敦周边建设的8座城镇，后来通称为新城。英国政府于1946年制定了《新城法》，把在特大城市周边建设新城的设想，纳入政府规划予以实施。日本在1956年公布《首都圈整备法》，提出在东京100公里范围大规模发展新城。新城理论随着二战后世界经济复苏而被广泛接受，西方国家进行了大规模的新城建设运动。[①]新城的发展经历了规模从小到大，功能从单一到复杂，规划目的从疏散人口、改善居住环境到引导城市结构重组、产业服务分区的转变。新城建设已成为西方各国实现人口和产业重新布局、推动区域均衡发展、促进郊区城镇化的重要手段。

国外新城经历了附属型、半独立型、独立型和网络型四代的发展。第一代是20世纪30年代以前的卫星城，为母城周边近距离的附属住宅区，除了居住功能外，几乎不具备其他功能，对母城有很强的依赖性。

①陈伟新. 新城：理想与现实的交融［J］. 规划评论，2004（1）.

第二代是二战期间的卫星城，此时在住宅区基础上修建了相当数量的工业和服务设施，独立性有所加强，但仍依赖母城体系。第三代是二战后至20世纪60年代初的新城，规模不断扩大，功能日趋丰富，可就地居住和工作，具有一定的独立性，与母城的距离也越来越远。第四代是20世纪60年代以后的新城，规模更大，有些壮大到替代母城的部分职能，成为母城以外具有独特吸引力的地区，几个新城共同形成大都市多中心区域网络格局，日本东京就是多中心网络化城市发展的典型。

根据新城与母城的关系可将新城分为：（1）完全独立存在的新城镇；（2）功能上作为母城的外延部分，而在地域上与之分离的城镇；（3）作为都市建成区延展部分的城镇。前两类可视为大城市的发散性拓展，而第三类则具有城中城甚至都市复兴的性质。

总体上，新城是相对于旧城区而言的城市建设规划，它最初起源于霍华德的花（田）园城市理论，旨在解决人口稠密、生存环境恶劣、交通拥挤等城市问题。①随着工业化的发展，为解决越来越突出的“城市病”问题，建立卫星城分担部分城市功能，转移了中心城市的生产功能；随着社会高速发展，新城成为经济增长极，并且更加关注环境、城市和人的和谐发展。

（二）广州天河CBD建设

自我国改革开放以来，广州迅速进入了工业社会，零售业和传统服务业在广州城市中心区占主体地位。近年来，特别是广州实现了“三年一中变”以后，广州城市中心区地域范围迅速扩大，并出现了专业化的倾向，如CBD的兴起，但广州城市中心区本质上仍是一个功能混

①杨斌，王玉靖．大城市发展的理性选择——国内外新城建设的理论梳理与案例分析［J］．浙江工商职业技术学院学报，2009（6）．

合的地区。广州城市中心区由相对完善的商务职能、信息服务职能、生活服务职能、社会服务职能、专业市场、行政管理职能、居住职能构成，这使广州4个旧城区及广州经济技术开发区、南沙开发区等成为广州城市发展进程中最具活力的地区。毋庸讳言，广州城市的快速发展也带来一系列问题，如人口过度集中、城市环境改善压力增大、土地和资源短缺等。随着汽车快速进入寻常人家，城市交通日趋繁忙，广州人逐渐搬离城市中心，带动了番禺、花都、增城、从化、南海等卫星城的发展，这分散了城市中心的客流，城市中心遇到了强有力的竞争。为此，广州市开始着手城市中心区的更新工作，“一年一小变，三年一中变，2010年一大变”和“城市拉开战略”即是这方面的杰作。广州通过提高土地利用价值、调整中心结构、改善交通条件、改善中心环境等措施，使广州城市中心区职能发生了变化，其中一个重要特

图5-1　广州天河CBD

点是商务办公职能加强，开始形成CBD的雏形。改革开放40年，广州CBD区位由流花地区沿环市路、东风路逐渐东扩至天河珠江新城一带（见图5-1）。

1. 发展背景

改革开放以来，随着广州工业的外迁，广州已由生产性城市转变为消费性城市，广州事实上已成为中国华南地区的商业中心。随着产业结构的变化，广州城市中心的职能和规模亦随之发生变化。CBD作为城市中心的核心区域逐渐显现出其应有的特征和功能。国际社会普遍认为当代城市CBD应具有如下特征：（1）拥有高赢利水平的产业。以第三产业为主导，并逐渐替代位于中心区的工业制造业。（2）拥有商务空间的最高聚集度。CBD内商务办公建筑空间集约化，是城市内建筑空间、交通和就业岗位密度的峰值地区。（3）具有最高的交通可达性。CBD占据了快速道路网、公共交通系统、步行系统等交通服务最佳区域。（4）拥有最高的地价。峰值地价点往往是CBD的核心区。（5）与城市的地理中心有关联。有良好的社会服务条件、技术设施和城市景观；对区域经济活动起控制作用；与信息、科技领域重合；一直处于变化发展之中。珠江新城的建成区已达到2/3，是广州最有活力的中心区之一。它是华南高层建筑的集中区，具有强劲的发展势头，集中了如广州双子塔、广州新电视塔等超高层建筑。它从建设之初就显露出无限生机，必将引领我国未来新城的建设与开发。

在经历了改革开放15年的经济飞速发展后，广州的城市空间结构已经发生了重大的变化。1993年，广州新城市中心区的开发建设正式启动。[1]广州新城市中心区珠江新城位于天河区，处在当时规划的城市中

①方浩，李鹏，任小蔚．珠江新城规划和发展回顾［J］．城市规划，2009（增）．

心区大组团与东翼大组团之间，新旧区交汇处，位于天河体育中心南部滨江地段。北起黄埔大道，南至广州的“母亲河”珠江，西以广州大道为界，东抵华南快速干线，用地面积约6.2平方公里。早在2000年，广州城市发展战略规划就确立了建设国际性区域中心城市的目标，明确了城市空间拓展和城市经济“再工业化”的战略。面临珠江三角洲城市间剧烈的竞争，如果广州要突破瓶颈，巩固中心城市地位，市政府必须下决心大力发展生产性服务业，所以应该力争在21世纪初建成广州21世纪城市中央商务区（Guangzhou Central Business District of 21st Century，简称GCBD21）。以此支撑城市经济的继续发展，巩固广州作为省域经济中心和产业服务中心城市的地位。

广州21世纪城市中央商务区的基本结构是“以天河体育中心四周和新城市中轴线珠江新城段商务办公区为硬核，以天河中心区和东风路、环市东路沿线地区为核缘，以新城市中轴线南延地区为发展用地储备，以广州大道、江海大道为内部交通轴的CBD”。珠江新城规划定位为“广州市21世纪城市中央商务区硬核的一个重要组成部分，将发展成为集国际金融、贸易、商业、文娱、外事、行政和居住等城市一级功能设施区，推动国际文化交流与合作的基地”。

在广州市的总体规划结构的引导下，该区域性的CBD用地结构为：由广州东站经天河体育中心至珠江，以天河体育中心四周和珠江新城商务办公区为硬核，以天河中心区和东风路、环市东路沿线地区为核缘，以城市新中轴线南延地区为发展用地储备，以广州大道、天河东路为内部交通轴。这样的CBD结构会优化城市总体空间结构，同时也为珠江新城CBD的发展提供良好的空间引导。广州珠江新城的开发规模较大，综合职能完善，并带动周边地区发展。这样可拉动珠江新城商务办公区高层次的整体开发，引导商务金融服务业及专业化生产服务业向珠江新城

CBD集聚，使其成为管理控制中心、金融中心和专业化生产服务中心，从而激发广州的经济活力，加快城市国际化的进程。

2. 核心优势

CBD对于城市发展的作用体现在优化城市经济结构，促使城市空间结构演变，展示城市整合形象上。广州珠江新城经过这么多年的开发建设已经形成一定的规模和结构，但要继续向国际性大都市的现代化CBD迈进，也提出了未来的发展方向：成熟国际化的商务发展环境、多样高质量的公共服务设施、高效多功能的市政基础配套。

（1）成熟国际化的商务发展环境。广州珠江新城具有发展为成熟国际化的商务发展环境的潜力。珠江新城是国务院批准的中央商务区，以总部经济发展为主要目标，已经建成的各类甲级或超甲级写字楼，包括珠江投资大厦、富力中心大厦、保利大厦、新世界商务大厦、广东全球通大厦、联通新时空广场、双子塔等，逐步使珠江新城成为未来广州金融商贸业最集中的地区，多家跨国公司的总部都在伺机进入珠江新城，这对于珠江新城形成更加成熟国际化的商务发展环境是非常积极的信号。

（2）多样高质量的公共服务设施。珠江新城规划通过多样高质量的公共服务设施的开发建设，强化其作为中央商务区所特有的社会服务职能和人文环境品质。这就使得珠江新城与一般城市商业区相比，在空间艺术价值方面有了更高的提升，对高端金融商贸活动的集中更加具有吸引力。这些重要的城市设施主要位于中轴线临珠江两侧的地块，包括新建的广州电视塔和号称“四大金刚”的广州歌剧院、广东省博物馆、广州图书馆新馆和广州市第二少年宫。

（3）高效多功能的市政基础配套。2005年以后，广州先后通过《广州珠江新城广场地区地下空间综合利用详细规划研究》《珠江新城核心区市政交通项目及实施方案》等一系列规划建设方案。在原有轨道交通（地铁3、5号线）支持的基础上，进一步提升了市政交通、地下空间、绿化景观等多方面基础设施的硬实力，逐步展示出一个国际水准的CBD在应对大规模物质能量交换和创造振奋人心的商务环境等方面应有的实力。

（三）广州新城规划建设

广州新城位于广州南部，是2001年8月编制完成的《广州城市建设总体战略概念规划纲要》（简称《战略规划》）提出的构想，《战略规划》确定在中心城区与南沙区之间，番禺市桥以东、莲花山水道以西建设广州新城，成为广州南拓轴上的战略地区。

1. 形成背景

广州新城区位优越，位于珠三角地理中心，也是广州南拓的重要地区。因此，在广州申办亚运会之前，政府对该地区建设进行了严格控制，在广州城市建设的快速发展时期仍是广州南部十分难得的“处女地”，大部分地区保持着环境优美的岭南水乡风貌。同时，区域的交通设施在逐步完善，京珠高速、南沙港快速、地铁4号线等相继建成，广州新城与广州市中心城区及珠三角其他重要城市间的联系十分便捷。广州新城的启动具备了理想的基础条件。

《战略规划》实施后有效地指导着广州城市建设的推进。“南拓”轴上的琶洲会展中心及周边地区、大学城、南沙地区迅速崛起；“东进”轴上的奥体中心、广州科学城、高唐软件园、广州开发区、原萝岗新区、新塘工业园等功能性组团也得到蓬勃发展。同时，城市北部的花都区在花都汽车城与白云机场建设的带动下，汽车产业与空港物流及轻型科技产业发展区逐渐壮大，城市发展框架逐步拉开。由于严格的建设控制，广州新城成为南拓轴中为数不多的待发展战略地区。

2004年，广州申办2010年亚运会成功，各项与亚运会相关的重大项目建设如箭在弦。众所周知，举办大型赛会要求与城市建设有机结合，这能成为推动城市发展的高速引擎。日本广岛亚运会举办，直接推动了西风新都的开发，而且为容纳城市新功能的空间缔造提供了契机。因此，广州一开始就将亚运会作为推进城市发展的重要契机，借助亚运会召开带来的基础设施建设、重大项目布局，引导城市发展框架进一步拉开。广州新城作为《战略规划》中唯一没有布置重大项目的地区，凭借良好的环境条件、区位条件、用地条件和交通基础，成为亚运城布局的首选地区。

2. 核心定位

在区域层面，由于广州新城的区位优势，《珠三角城市群区域协调规划》认为该区是珠三角区域发展“脊梁”的重要组成部分，是珠三角地区重点的产业和服务中心，将发挥强化“区域服务功能，实现产业本地化、根植化”的作用。未来将“增强产业极化能力，提升产业服务功能，带动周边地区产业发展”，为珠三角中部产业密集发展地区提供服务支援。

结合亚运会举办、珠三角发展、广州东南部发展的需求，广州新城的功能定位为：广州南部都会中心、珠三角服务之芯、国际亚运旅游休闲地、创意水都、生态宜居新城。主要职能包括绿色居住、创意产业、旅游休闲、总部基地、生产性服务。同时，亚运会及相关的建设对广州新城的定位、职能、空间发展理念和模式也有影响。

3. 设计理念

效法自然的大地景观塑造。保护和顺应基地自然格局，发挥自然环境优势，创造鲜明的地域形象，创建具有岭南特色的亚运城，实现绿色居住定位。延续珠江口水网密布的肌理，梳理现状水系与外江河连通，河道交汇处形成湖。以珠江口岛状斑块为本底，新城规划结合河道湖面形成岛状形态结构。乘莲花山和大小浮莲山丘向南揳入之势，挖湖堆丘，在北部形成低丘，形成南水北丘的格局。

承沿地方传统的空间模式建构。延续广州古城格局中山水意境，在山水交汇处成湖，环湖布置公共活动中心，再现“青山半入城，六脉皆通海”的传统格局，将自然特色与地方历史特色和谐共融，建设富有广州特色，在珠三角区域具有竞争力的现代产业基地、总部基地、创意产业基地、现代城市功能区并使之融入具有传统特色的空间格局。将新城建设成为区域旅游的重要景区。亚运城也成为广州新城启动区，将带动广州新城组团式滚动发展。①

满足现代城市功能与效率要求的整体布局。以“紧凑城市”为理念，新城采用紧凑的方格网布局形式，既有利于城市有序开发，又有利于交通的组织。合理安排建筑开发密度和强度，倡导适度功能混合，激发社区活力。结合公园广场、林荫大道、湖滨休闲带规划开放空间。充分利用轨道站点交通的便利，公共设施依托轨道公共交通枢纽布局，形成以公共交通为主导的出行方式和TOD开发模式（以公共交通为导向的开发模式）。

4. 空间布局

布局策略。空间布局与定位需求相对应，从城市和区域两个层面考虑。在城市层面，兼顾亚运会赛时、赛后对新城设施需求：亚运城布局在新城中交通最为便捷的地段，使赛时运动员、媒体、官员能以最快速便捷的方式进入各赛场；集中建设形成公共中心，形成良好的新区面貌和鲜明的地区形象，具有示范效应，有利于后续的开发建设；充分考

①广州城市规划局、广州城市建设总体战略概念规划纲要［Z］. 2000.

虑亚运会重大公共服务设施的赛后利用，有利于亚运城在亚运会以后也能成为区域性的服务中心，亚运城的规划结构、交通路网均具有可扩展性，为未来发展留有余地。区域层面，充分考虑广州新城的区域职能，新城内部交通与区域性交通设施有良好的结合，新城公共服务设施、对外交通用地均占较高的比例。

碧水环岛，绿脉入城，华灯畔湖，和谐共生。根据功能定位和规划理念提出新城的空间布局。碧水环岛指利用现状水系并加以改造，形成的河道将本地区划分为4个主题突出、功能互补的“岛”。活力岛是以亚运城为核心，体育和户外休闲为特色的社区。财富岛将形成新城主中心，提供总部基地及其配套商务、商业发展的空间，如高档写字楼、酒店、商业街等。文化岛将在滨水地区布置公共活动节点，如影剧院、图书馆、艺术中心等，形成以文化为特色的地区。创意岛将布局创意产业园、创意产业服务区。在以上各岛的基础上，进行进一步的功能分区。绿脉入城是指北部微丘、河道构成本地区的绿脉，自北向南渗透全城。华灯畔湖是指环绕4个人工湖布局公共设施，形成本地区的4个具有繁荣景象的公共中心。和谐共生是指人的活动与自然结合，有机地进行功能布局，形成和谐共生的宜居新城。

5. 综合交通

充分考虑广州新城定位和功能需求，满足赛时、赛后交通需要，以TOD开发模式为导向，以基本适应个体交通的快速出行需求为前提，积极构筑多层次、多方式的均衡交通网络，建设一个“人人共享”的交通系统，并实现各种交通方式之间的无缝衔接。

首先，建设多元化、分层服务的公共交通网络，并实现公交系统间的“零换乘”。针对出行需求的多样性及城市可持续发展的需要，在新城大力推广BRT、新型城市有轨电车、独轨系统、水上巴士等新型公共交通形式，构筑多元化的新城公交网络。各类公交实现良好的衔接，以发挥整体网络优势，换乘步行距离以不大于5分钟为宜。在各换乘点附近提供充足的停车场地，倡导停车换乘的出行模式。其次，构筑独具特色的城市道路网络。一是形成快速、相对独立的个体机动车准快速道路系统，满足部分居民商务出行点对点的快速交通出行需求。二是结合慢行交通和有轨公交系统建设，形成交通、生活、休闲功能三位一体的林荫大道的建设模式。三是构建人性化的慢行交通网络。利用丰富的滨水资源、林荫道路，以及次一级道路系统建设慢行交通网络，给行人、非机动车和残障人士提供高品质的通行和活动空间。

6. 产业发展策略

从广州现有城市格局来看，高新技术产业主要部署在广州东部的黄埔区；装备制造业主要部署在广州南部的南沙地区；高等教育主要由广州东南部的大学城来承担；行政功能根据广州规划局最新规划则是放在广州新中轴线南端，即广州中部的海珠区；商贸功能在广州CBD珠江新城和琶洲地区初步形成；物流业将会在广州北部的白云空港、南部的南沙港、西南部的广州南站地区集聚。而广州新城则可以为新兴产业和老城区部分外迁产业及居住提供广阔空间，形成健康产业集群。

（1）集聚体育运动、医疗健身、旅游度假等产业。

所谓健康产业就是以生物技术和生命科学为先导，涵盖医疗卫生、生物制药、体育运动、营养保健、健身休闲、绿色食品、生态居住、旅游度假、文化娱乐、节能环保等相关产业集群，已成为21世纪引导全球经济发展和社会进步的重要产业。随着人们生活水平的不断提高，从追求吃穿到追求住房、汽车，必将逐步向长寿健康过渡，健康长寿越来越受到人们的关注和重视，健康产业也已成为我国经济产业中一大“朝阳产业”和支柱产业。美国著名经济学家保罗·皮尔泽在《财富第五波》

中将健康产业称为继IT产业之后的全球“财富第五波”。在发达国家，健康产业已经成为带动整个国民经济增长的强大动力，健康产业增加值占国民生产总值比重超过15%，而在我国，健康产业仅占国民生产总值的4%—5%，低于许多发展中国家。近年来，我国健康产业在医疗、卫生、保健、生命科学等领域取得了重大的成就，开始步入快速发展的高速路。随着人民生活水平的提高，旅游、健身、娱乐业等逐渐发展，成为健康产业的一大亮点。①

广州新城可以利用亚运城已建成的亚运体育馆、亚运公园、亚运博物馆等设施，发展运动健身和各类体育比赛项目，开发、培育、完善体育竞赛表演市场，组织一些规模大、水平高、观赏性强、影响广的文艺表演和比赛，如音乐节、戏曲节等。我国现有各类体育经营企业2万多家，体育健身将成为健康产业的核心，由此带动的相关产业的发展潜力巨大。

广州作为全国第三大医疗中心，市区内各类医院众多，但多数医院用地面积十分紧张，发展余地不大，制约了广州作为医疗中心城市地位的保持和进一步发展。广州新城可以为医疗卫生事业的发展提供空间，承担这方面功能，并可以与体育健身相结合，逐步发展体检、疗养、休闲、保健功能，打造集健康科研、临床医疗、养老康复、养生休闲等功能于一体的健康中心。

广州新城范围内有沙湾水道、莲花山、海鸥岛等丰富的自然资源。莲花山是华南地区著名的旅游胜地之一，被誉为“岭南一秀”，可以建成大型主题海洋公园。海鸥岛地处珠江入海口，面临狮子洋，是一个典型的由珠三角河流冲积而成的内河岛，为珠江主航道和莲花山水道所

---

①李淑芬. 亚运会对广东经济社会发展的影响［J］. 暨南大学学报（哲学社会科学版），2007（2）.

环绕，面积约36平方公里，是广州市在南面唯一还保持原生态的大型岛屿。沙湾水道、莲花山、海鸥岛可组合形成珠三角休闲旅游中心，并结合相关医疗健身产业链的开发，发展成以医疗保健、康复休养为主题的养生休闲旅游地。饮食是健康第一要素，结合体育锻炼、医疗卫生、旅游休闲，广州新城可以大力发展绿色餐饮业。近年来，我国餐饮业的增长率要比其他行业高出10个百分点以上，正迎来一个餐饮业大发展的时期。广州又是我国餐饮业最发达的城市之一，而旧城区内餐饮用地极度紧张，亟须拓展，新城为发展健康绿色餐饮提供了广阔空间，可以成为广州市民美食消费集聚地。

（2）发展生态居住和绿色房地产业。

到2017年底，广州户籍人口和流动人口接近1600万，已经是一个人口饱和的大都市，亟须开发新城空间抽疏市区人口。广州新城地处沙湾水道与珠江主航道交汇处，地域范围内水系发达，形成“两江三岸”的自然空间格局，是一个十分理想的生态居住区域。新城北距广州旧城中心区直线距离约30公里，通过地铁可与市区快捷联系，完全可以承担旧城区人口扩散的功能。旧城区内部分中等教育职能可迁移到新城内，新增学校，尤其是省、市一级中小学应尽量安排在新城，新城预计可容纳150万人左右。广州新城房地产发展应采用良好的环境技术，促进可持续发展，更好地利用资源，产生更少的废弃物，使空气质量、水环境、人均绿化面积等指标位居全国前列，建设低碳住宅，推行绿色健康的生活方式和消费方式。

（3）吸引文化服务企事业单位迁入。

文化服务业包括旅游业、娱乐业、广告业、会展业、广播电影电视业等。随着生活水平的提高，人们对精神文化的追求也日趋强烈。广州作为华南地区国家中心城市，具有较发达的文化服务产业，拥有一批有较高水平的文艺创作和演出团体，如广州话剧团、广州芭蕾舞团、广州杂技团、广州歌舞团等，它们每年都会创作和演出一批优秀的文艺作品。中国音乐金钟奖永久落户广州，为广州的音乐创作、交流、演出提供了较好的平台。在新闻出版和广播电视方面，全国十大报纸中的《南方日报》《广州日报》和《羊城晚报》就在广州创刊。广州还拥有互联网出版机构2家、音像出版社2家、图书出版社1家、内部资料性出版物160多种；集中了中央电视台的10多个频道、全国省级电视台的30多个频道、本地电视台的10多个频道，以及境外电视台的10多个频道。但这些演艺、传媒、出版、娱乐等单位大都挤在旧城区，发展空间十分有限，影响了文化产业的进一步发展。把这些文化服务业搬迁到广州新城则是一举两得的事，既可为旧城区腾出空间，也可为广州新城发展提供产业支撑。

（4）发展保健品、中医药等产业。

20世纪80年代起步的我国保健品行业，在短时间内已经迅速发展成为一个独特的产业。多层次的社会生活需要，为保健品产业的发展提供了广阔的空间，老年人和青少年成为保健品消费的主力军。广州作为我国的三大城市之一，为保健品产业的发展提供了广阔的市场。广州新城可以利用体育、医疗和旅游休闲产业，开发保健品产业和市场，建设统一、集中的保健品开发和生产批发中心。

我国崇尚养生之道，注重发展传统医学。中医药对治疗慢性病和急病都具有优势，中药更是在国际市场占有相当高的贸易额。广东是中医药大省，完全可以结合传统医学，如药膳、中药推拿等，形成一体的中医药保健产业。广州主要的中药材批发现在集中在荔湾区上下九板块的清平路以及六二三路，未来可以考虑在广州新城集中形成中医药生产和批发中心。

第六章

建筑与房地产开发

一、住房保障制度改革与住房建设

（一）广州住房保障制度改革历程

1. 国家住房保障制度改革背景

自中华人民共和国成立至今，我国城市住房制度的发展，总体上经历了由传统的政府直接供给、调控的非商品化为基础的住房福利分配政策模式，逐渐向由政府间接调控的商品化为基础的政策模式转变。

1949年后，在社会主义计划经济体制下，我国仿照苏联模式，在城镇实行了完全福利化的住房政策。一部分本应用于消费包括住房消费的资金被集中起来用于国家建设，致使劳动力的价格长期低于其价值，工资只是以货币形式对劳动力再生产费用的部分补偿，其余代之以相对低水平的实物配给，住房分配亦在其中。因此，这一时期的住房分配制度具有“低工资、低租金加补贴、实物配给制”的特征。

1978年至1987年是我国住房制度改革的酝酿和初步探索阶段。1980年6月，中共中央、国务院在批转《全国基本建设工作会议汇报提纲》中提出“准许私人建房、私人买房，准许私人拥有自己的住房”，正式拉开了住房制度改革的序幕。这场改革首先是从公房出售和公房提租开始的。在公房出售的同时，把过低的公房租金逐步提高到适当的水平是房改的另一大战略举措，由于租金的提高，居民的购房积极性被激发，从而促进住房改革的进行。

1988年至1997年是我国住房制度改革的渐进探索阶段。1988年1月，第一次全国住房制度改革会议召开。同月，国务院以国发〔1998〕11号印发了《国务院住房制度改革领导小组关于在全国城镇分期分批推行住房制度改革的实施方案》，这是我国第一个关于房改的法规性文件，被称为11号文。11号文和1998年发布的23号文，是我国房改历程中的两个重要文件。1994年7月，国务院批准印发了《国务院关于深化城镇住房制度改革的决定》（国发〔1994〕43号），这是一份具有纲领性指导地位的重要文件，文件明确了多项改革创新内容，如建立以中低收入家庭为对象、具有社会保障性质的经济适用房供应体系和以高收入家庭为对象的商品房供应体系；建立住房公积金制度；发展住房金融和住房保险；等等。这10年里，我国的房地产业发展迅猛，为实现住房商品化、社会化铺平了道路。

1998年至2003年，我国房改继续全面深化，住房市场化程度越来越高。根据1998年7月国务院印发的《国务院关于进一步深化城镇住房制度改革和加快住房建设的通知》（国发〔1998〕23号）的要求，停止了住房的实物分配，实行住房分配货币化，大力培育住宅市场，通过政府指导、市场调控、多方参与、各尽其力的方式来解决城镇居民的住房问题，推进经济适用房体系的建立和廉租住房的建设，以保障低收入者的合理居住要求。

2003年至今是调控房地产市场，建立并完善住房保障制度时期。2003年上半年，我国土地宏观调控政策中心是调控建设用地，并对土地资源进行集中管制。面对日趋高升的房价，2004年5月，我国政府开始综合运用金融、税收、行政等手段对房地产市场进行宏观调控，既改善供应结构、控制投机需求，同时又加快建立和完善适合我国国情的住房保障体系。针对一些地区出现住房供求紧张、结构性矛盾问题突出，以及房地产价格过高的现象，国务院先后颁发了“前国八条”“后国八条”“国六条”等一系列重要文件，提出了在保持住房价格稳定及经济适用房价格相对稳定的同时，加快建立适合中国国情的城镇住房保障制度。在稳定房价的措施方面，提出了加大住房供应，有效控制需求，通过缓解供需矛盾来解决房地产价格上涨问题。在住房保障制度的建设方面，提出强化政府的住房保障职能，加快城镇的廉租房制度建设，规范发展经济适用房并积极发展房地产的二级市场及租赁市场，有步骤地解决中低收入家庭的住房保障问题。2007年8月，国务院发布了《国务院关于解决城市低收入家庭住房困难的若干意见》（国发〔2007〕24号），要求各级地方政府将解决城镇低收入家庭的住房问题作为住房制度改革的重要内容及政府公共服务的重要职责。同时，将保障性住房建设提到前所未有的高度，认为其是中国房地产改革历程中具有里程碑意义的制度改革，这标志着我国住房改革从1998年以来的“重市场、轻保障”向“市场、保障并举”的方向回归。

发展到今天，我国住房保障制度框架主要包括三项内容：一是住房公积金制度，二是经济适用房制度，三是廉租房制度。

2. 广州住房保障制度改革进程与主要模式

广州是我国最早开展城镇中低收入人群住房保障工作的城市之一。

早在20世纪70年代末80年代初，作为改革前沿城市的广州就率先开展房改探索，中国首个商品房小区诞生在广州市大沙头的废水塘——东湖新村。中国首个限价房也在广州产生。经过了30多年的发展和积累，广州的住房保障工作形成了一套独特的模式，并取得了瞩目的成果。

（1）解困房制度。

党的十一届三中全会召开后，我国的经济体制逐步从计划经济向市场经济转变。1978年11月1日，广州市委为了落实全国城市住宅建设会议精神，决定成立广州市住宅建设领导小组和广州市住宅建设指挥部，开始着手建房解决广州市民的住房困难问题。随着社会主义市场经济体系的建立和市场配置资源作用的发挥，广州经济发展呈现出新的活力，但同时也对一些不能适应市场价值规律的企业予以淘汰。由于员工收入低导致住房困难问题相当突出，于是在市委、市政府的关心下成立了广州市解决住房困难办公室（以下简称“市解困办”）。市解困办与各行政、国有企事业系统单位一同筹建保障性住房。保障性住房主要目的是解决在住房制度改革过程中国有企事业单位职工的住房困难问题，始于1986年。在实行解困房制度的前期，为解决此问题，市解困办与各单位根据“市政府主导、多渠道集资、各单位包干”的原则，动员各方力量，利用各方资金，通过各种途径来筹集解困房源，以解决群众的住房困难问题。其间主要筹建了广园路云苑新村北面的云苑解困住宅小区和晓港东沙路的沙路村解困住宅小区，并合作建设了芳村鸿图苑解困楼、石牌解困楼等共约30万平方米的多套住宅单位。这一时期，市解困办建设的解困住宅小区规模较小，但对全市各系统自筹资金建设解困房起到了监督和指导作用。

（2）经济适用房制度。

经济适用住房是指既经济又适用的住房。其价格在收入较低的住房购买者可承受的范围之内，住房的总体素质，包括工程质量、户型结构、小区环境、配套服务、交通条件等因素，均达到国家相关政策和条例设定的标准，并能较好地满足居民的日常生活所需。

广州市早期的经济适用住房是在实施国家安居工程中所建设的安居房。广州市于1994年开始实施安居工程建设，并将之前的住房解困工作纳入该体系中，保障范畴也随之扩展为人均居住面积7平方米以下的住房困难家庭。为预测经济适用住房的建设量，2000年广州市政府制定了“一年经济适用住房建设计划”，又名“四年经济住房计划”。这一时期，广州市根据当时实际出台政策，规定开发建设经济适用房的企业可以获得相当于建设成本的利润，因此大大刺激了房地产企业参与建设的积极性，经济适用住房建设的社会化程度也因此提高。同时，也对经济适用房申购对象作了严格限制。明确要求具有本市户籍的居民，凡符合以下条件之一者，均可申请购买经济适用住房：户内人均居住面积7平方米以下（居住面积指厅、房的净空面积）并且户内家庭年人均收入15370元以下的；经房管部门鉴定属整栋危房（房屋整体危险性评定为D级）并具有房管部门鉴定证明的业主或住户；领取住房货币补贴的公务员（包括广州地区高等院校教职工）；晚婚无房户（男女双方家庭均无结婚用房）。

由于建造成本的提高导致了经济适用住房的价格上升，其价格与普通商品房的价格不断接近，逐渐超出了许多中低收入居民的可承受范畴。再加上其地理位置、配套设施等条件相对较差等原因，居民对购买经济适用住房的兴趣也逐渐减弱，出现了大批常年空置的经济适用住房。尽管房管部门通过打折的方式出售，也经常是有价无市。因此，2002年广州市停止了经济适用住房的建设。

2005年12月，广州市启动城市建设拆迁安置新社区建设，对在城市市政等基础设施和公益性建筑、危破房改造、政府储备用地项目和部分列入政府组织的城中村改造项目中被拆除房屋的业主或住户进行货币补偿后，由政府主导建设，提供给属于中低收入的被拆迁居民和农民家庭以优惠价格购买的经济适用住房，将保障对象的范围再一次地扩展。

随着楼价迅速攀升，越来越多的市民买不起商品住房，住房问题成为社会热点。2006年，为稳定楼市及保障中低收入人群的住房权利，广州市委、市政府决定重启经济适用住房计划，及时制定了《广州市经济适用住房制度实施办法（试行）》，简化、优化了资格审核程序，按照保障基本居住需求的原则，将经济适用住房套型建筑面积确定为60平方米左右。

2010年，《广州市经济适用住房制度实施办法》中明确家庭年人均可支配收入在22080元以下可以申请购买经济适用房。这比原来规定家庭年人均可支配收入18287元以下的条件提高了3793元，提高幅度高达20.7%。这次调整意味着有更多的低收入家庭符合经济适用房的购买标准。除了收入符合标准以外，申购经济适用房还要满足相应的住房面积标准。按照规定，无自有产权住房，或现自有产权住房人均建筑面积低于政府公布的标准才可以申请购买经济适用房。申购经济适用房的家庭人均建筑面积要低于15平方米，原先的规定是人均居住面积要低于10平方米，按照居住面积和建筑面积的换算，这一条件基本没有变化。

（3）廉租房与公租房制度。

廉租住房是指政府主导建设的具有社会保障职能，向拥有城镇常住居民户口的最低收入家庭（即城镇双特困户）提供的租金相对低廉的住房。在改革开放后，广州经济发展迅速，住房商品化的进程也不断加快，城镇化进程逐步推进。但是，在这个过程中，许多家庭因残疾、疾病、失业下岗及退休等原因，收入来源有限，他们的微薄收入连基本的生活也难以支持，更无法解决自己的住房问题。因此，政府有责任和义务保障这部分群体的住房问题。广州市坚持“公平共享、解困扶弱”的原则，从1998年开始，不断扩大廉租住房保障范围，实现对城市最低收入住房困难家庭“应保尽保”。广州已经成为全国廉租房的保障范围最广和标准最高的城市之一。

从广州廉租房建设经历的发展历程看，1998—2003年，是以解决5平方米以下双特困户住房问题为标志的起步阶段。1998年下半年，根据国务院印发的《关于进一步深化城镇住房制度改革加快住房建设的通知》精神，广州市制定了《广州市廉租住房分配方案》，正式启动了对双特困户的住房保障工作，确立了建设廉租房解决双特困户住房问题的思路。在这一阶段，廉租房的供给方式以实物配租为主，由于双特困户数量太多，房源供不应求，只能通过摇珠抽号的方式确定租住的先后次序。

2004年以后，广州廉租房建设进入“应保尽保”的发展新阶段。到2005年，广州实现了对人均居住面积不足7平方米的城市最低收入家庭的“应保尽保”，在广东省排名第一。2006年，广州又根据自身经济实力和居民的住房需求，将廉租住房保障范围提高到人均居住面积10平方米（建筑面积约15平方米）以下的最低收入家庭，廉租住房租赁补贴标准从每人每月230元提高到322元，廉租住房实物安置的租金标准为每月每平方米1元。房源由政府统筹安排，主要分布在白云区金沙洲小区、海珠区大塘聚德花苑、白云区同德围泽德花苑。根据2007年的国务院24号文，广州还结合自身实际制定了《广州市城市廉租住房保障制度实施办法（试行）》，大幅提高了廉租住房保障范围，收入保障线从以往的年人均可支配收入4680元提高到7680元，成为全国廉租住房保障范围最广和标准最高的城市之一。由于保障范围扩大而新纳入廉租住房保障范围的5643个家庭的住房问题在2007年11月得到全部解决。5643户双特困户住房问题的解决标志着广州城市最低收入家庭住房困难问题实现了较高保障水平的“应保尽保”，2008年以后新增的双特困户的住房困难问题则按照“发现一户解决一户”的办法解决。

2010年出台的《广州市城市廉租住房保障制度实施办法（试行）》明确规定申请廉租住房保障应当以家庭为单位，应当同时符合下列条件：申请人及共同申请的家庭成员具有广州市区城镇户籍，并在广州工作或居住；申请人配偶是非本市市区城镇户籍但在本市工作或居住，也应视作共同申请的家庭成员。收入和资产等门槛也有提高：申请之月前12个月家庭年可支配收入不高于9600元，比原先提高了1920元。申请人家庭资产净值限额从不高于7万元提到不高于9万元，而人均面积标准则变化不大。收入线扩面后又增加10219户家庭，约3.1万人受益。在退出机制上，经济条件达到标准却无法腾退廉租住房的家庭，符合申请公共租赁住房条件的，可按公共租赁住房租金标准承租原租住的廉租住房；符合申购经济适用住房条件的，经市住房保障办批准，可按经济适用住房价格购买原租住的廉租住房。

2012年以后，广州廉租房制度与公租房制度开始并轨。2013年5月，《广州公共租赁住房保障制度实施办法（试行）》开始实施，试行三年期满后，广州市政府于2016年7月正式颁布了《广州市公共租赁住房保障办法》。该办法规定，新建的成套公租房单套建筑面积要控制在60平方米以下，以40平方米左右为主；以集体宿舍形式建设的公租房，要求执行国家宿舍建筑设计规范，人均住房建筑面积不低于5平方米。申请公租房的条件与申请廉租房的条件基本相当，主要保障对象为在本市无自有产权住房，或现自有产权住房人均建筑面积低于15平方米（或人均居住面积低于10平方米），以及租住的直管房住宅、单位公房人均建筑面积低于15平方米的广州市民。但家庭自有产权住房人均建筑面积超过9平方米不足15平方米的只能申请住房租赁补贴。该办法对家庭收入标准没有做出明确规定，而是实行动态调整，由市住房城乡建设委根据本市经济社会发展水平和住房价格水平，参照城镇居民人均可支配收入的一定比例确定，报市政府批准后公布执行。申请公租房的家庭在申请之月前12个月的家庭可支配收入、家庭资产净值符合政府公布的标准。

（4）限价房制度。

限价房可谓是广州市构筑住房保障体系中浓墨重彩的一笔。在国家“双限双竞”政策基础上推出的限价房让更多的广州人圆了住房梦，也成为广州楼市的“调节器”。所谓“限价房”就是指限房价、限地价的“双限”商品房。价格比当时当地市场价低一些，房型比普通商品房标准小一些。从2003年开始，我国的房地产业开始逐步升温，房价也在不断刷新。到2006年，房价已经远远超过普通市民的承受能力，房地产成为暴利的行业。房价飘升引发社会舆论广泛关注，房价问题不再是单纯的经济问题，而是演化为影响巨大的社会问题。实际上，中等收入阶层住房问题日益突出的根本原因在于，我国的住房体系中除了面向低收入家庭的保障型住房外，其余阶层都需要通过购买商品住房来解决住房问题，缺乏对应中等收入家庭的供应和消费层次，也缺乏对应中等收入阶层的住房分类指导政策。而这一体系建设上的不足在房价出现较快增长时更加突出显现，出现了一批既不符合保障型住房条件又无力购买商品住房的“夹心阶层”。因此，2006年广州市政府根据国家房地产宏观调控政策，从促进民生和谐稳定出发，先行探索发展限户型、限销售价格的限价商品住房，并在及时总结经验的基础上制定出台了限价房销售管理政策，定位于采取适度调控的措施，满足中等收入阶层的自住型需求，弥补了住宅供应与消费层次的空档和不足。

2008年，为规范限价商品住宅的销售，根据《国务院关于解决城市低收入家庭住房困难的若干意见》（国发〔2007〕24号）、《国务院办公厅转发建设部等部门关于调整住房供应结构稳定住房价格意见的通知》（国办发〔2006〕37号）等有关规定，广州结合本市实际制定出台了《广州市限价商品住宅销售管理办法（试行）》。2008年1月15日，广州市进行了首批843套限价房电脑摇珠仪式，摇出购房顺序，取前1686人作为有效申请人，进行资格审核。据广州市国土房管局统计，本次限价房申请总数达8421条，其中以个人名义的5934条、以夫妻名义的2487条。共有3817个申请人正式确认申购，其中以夫妻名义共同申购的1452人、以个人名义申购的2365人。

（二）广州保障住房建设进程

1. 解困房建设

1986年至1991年间，广州市积极争取各方资金，建设了解困房26.6万平方米，住宅单元4300多套。开发公司上交解困房达3165套，面积30多万平方米，共解决了11642户人均住房面积2平方米以下特困户的住房问题。1992年后，承建解困房的任务落到了市解困办，这一时期筹建了西槎路中段同德解困住宅小区、赤岗大塘解困住宅小区和天河棠下解困住宅小区，这3个大型的解困住宅小区用地面积都在15万平方米以上，总建筑面积达210万平方米，建成住宅单元26000多套，按规划市政基础和公共服务设施配套齐备，各类经济、文化等社区服务功能齐全，是环境幽雅、具备高质量生态环境的住宅生活区。自1995年开始，3个解困住宅小区已经陆续交付住房困难户入住使用。至1996年，共解决了1.1万户人均住房面积5平方米以下困难户的住房问题。

1986年至1996年的10年间，广州市政府共划拨解困工程建设用地约86万平方米，安居工程用地55万平方米，市解困办及区、局、总公司解困办先后通过征地自建、合作建设等方式筹建解困房建筑面积达260多万平方米，已建成住宅160多万平方米，22500多套住宅单元，已经为2万多住房困难户解决了居住问题，惠及人口10万多人。

2. 经济适用房建设

根据《广州市住房建设规划（2006—2010年）》，广州市“十一五”期间建设完成政府保障型住房900万平方米、11.43万套，其中建设经济适用房840万平方米、10.51万套，采取政府投资建设和政府主导、引入社会资金建设相结合的模式进行建设，解决全市8.46万户中低收入家庭的住房困难问题。2008年，广州推出2145套经济适用房，这也是广州启动新社区建设后的首批经济适用房，保障性住房项目总建筑面积为125万平方米。经济适用房主要建设在白云区、海珠区、天河区、荔湾区和黄埔区。2009年和2010年广州再次分别投入42亿元和30亿元大规模进行经济适用房建设，主要将4块省、市属国有企业土地作为保障性住房建设用地。2010年后，由于国家关于保障性住房政策开始转而倾斜至公租房，因此，2012年6月广州市住房保障办公室明确规定，广州不再新批准建设经济适用房，但已批准开工建设的项目将继续完成。2012年广州共销售经济适用房5050套，2013年为2989套，基本价格为每平方米2500—4000元不等。2014年销售1792套经济适用房，位于白云区穗和家园（一期），基准价格为每平方米5817.17元。

3. 廉租房与公租房建设

2007年，广州市新建14个新社区建设项目，建设政府保障型住房2.3万套，建筑面积194.1万平方米，其中廉租房3000多套。2012年，广州大规模推出第二批4675套廉租住房，根据家庭意向登记进行公开摇珠分配。这批廉租房源包括白云区泽德花苑A1-6栋、F4栋，海珠区毛纺厂项目，海珠区新村项目，天河区广氮花园，黄埔区大田花园5个项目。与过去相比，第二批推出的廉租房最小的单间面积为30平方米，三房一厅的户型，最小的建筑面积为51平方米，以双特困户每月每平方米1元的租金标准计算，每月租金只需51元，性价比非常高。

广州的公租房建设方式多样，可以集中新建，也可以在普通商品住宅项目或结合城市更新改造项目按需配建。例如2018年广州面向本市户籍家庭推出的4006套公租房，参与分配的23个房源点中，有6个房源点是房地产开发商在商品房小区中配建的公共租赁住房项目，这也是开发商配建公租房项目首次参与广州市户籍家庭公共租赁住房分配。近年来广州公租房的建设力度在不断加大，2012年广州市在建和已建的公租房数量为2.9万套，市国规委发布的《广州市2017—2021年住宅用地供应计划》明确提出未来全市保障性住房以公租房为主。根据计划，在2017—2021年间，全市计划供应住宅用地32平方公里，其中租赁住房用地计划供应达到8.25平方公里。住房建设计划安排75万套，其中租赁住房15万套，这意味着未来5年广州每新增5套住房中就有1套是租赁住房。

4. 限价房建设

广州是国内率先建设限价房的城市，起始于2006年的白云区金沙洲项目，当时最高售价限定为每平方米6500元。2006年下半年，广州市推出了10个限价房地块，总建筑面积约178万平方米。其中保利西子湾、中海金沙馨园一期及二期、万科新里程、龙光峰景华庭和宏康和园等6个项目顺利完成，在番禺区和花都区有3个项目因种种原因改成建设普通商品房项目，富力地产的金沙洲项目最终建设成为经济适用房和廉租房。2010年，广州市又推出了5个地块用于建设限价房项目，包括番禺南村华南新城旁地块、萝岗中心城区地块、龙洞林场地块、广州新城地块（番禺）和增城新塘地块。但与过去不同的是，此批限价房房价不再在限价地块推出时进行定价，而是依据限价房建成时的市场价格而定。限价房价格以建设成本为基础，综合考虑购买人的经济能力、收入情况及物价指数。

广州比较大型的限价房项目主要为万科新里程、龙光峰景华庭、中海金沙馨园、保利西子湾4个。万科新里程项目共有14栋1860户，当时限价每平方米6000元；临近的龙光峰景华庭共有47栋5735户，当时限价每平方米4000元；中海金沙馨园由南北两块限价地组成，共12栋2000多套，其中南面的楼仅11层，当时限价每平方米6150元，北面的楼全部为18层，当时限价每平方米6375元。保利西子湾有18栋建筑共1596户，当时限价每平方米6500元。这些限价房户型面积一般在90平方米以下，房价普遍比周边的商品房便宜20%—30%，但有良好的生活配套设施，居住环境条件较好。如保利西子湾限价房住宅区的户型面积90平方米以下住房占80%以上，小区绿化率达50%以上，小区功能配套齐全完善，内设儿童活动区、老人健身区、游泳池、羽毛球区等。

二、广州房地产市场发展进程

逐步成熟的商品房交易市场

广州的商品房交易不断上涨，近年来更是火热，商品房交易市场已从改革开放初期的稚嫩逐渐走向了成熟。从广州商品房交易市场的发展进程看，大约可以分为以下几个阶段：

1. 第一阶段：1986—1998年

从表6-1、表6-2，图6-1、图6-2、图6-3中可以看出，在1986年前后广州房地产市场开始升温，1986—1998年广州商品房的销售数量急剧增多，在12年间增长了近4倍。房地产开发公司数和开发投资额也急剧增长，并在1994年前后突发增长，且增长一直持续。从侧面反映出广州的房地产市场和商品房交易市场不断升温，在1994年前后得到飞跃式增长。

表6-1 1986—1998年商品房销售情况

年份	当年实际销售房屋面积/万平方米	当年实际销售住宅面积/万平方米			当年实际销售住宅套数/套	当年实际销售房屋合同金额/元
		住宅总面积	向个人出售	向单位出售		
1986	72.28	67.04	21.7	45.34	8328	0
1987	70.93	60.36	0	0	9093	49733
1988	90.84	77.32	0	0	9476	80128
1989	100.76	92.77	0	0	12587	116087
1990	114.67	102.44	47.5	54.94	13981	137945
1991	121.21	106.63	67.6	39.03	14959	162339
1992	167.27	144.83	103.1	41.73	20296	232961
1993	203	168	145	23	18534	479665
1994	185	166	134	32	18585	633568
1995	242	208	153	55	24673	944930
1996	262.04	225.81	112.88	112.93	27584	1338799
1997	290.88	257.06	165.14	91.92	38297	1473022
1998	405.05	349.3	200.3	149	0	2074683

表6-2 1985—1998年房地产开发情况

年份	开发公司/个	年末从业人数/人	本年开发投资额/万元	本年已开发土地/平方米	房屋建筑施工面积/平方米	#住宅	房屋建筑竣工面积/平方米	#住宅	竣工住宅造价/万元	竣工住宅套数/套
1985	36	1634	46472	276	0	112	79	0	0	0
1986	60	3609	52565	451	250.87	179.03	105.56	69.14	0	11315
1987	65	4833	70031	0	290.12	220.05	102.24	78.3	0	12013

（续上表）

年份	开发公司/个	年末从业人数/人	本年开发投资额/万元	本年已开发土地/平方米	房屋建筑施工面积/平方米	#住宅	房屋建筑竣工面积/平方米	#住宅	竣工住宅造价/万元	竣工住宅套数/套
1988	83	4933	140091	0	456.4	362.04	152.3	123.03	0	16879
1989	109	4896	152359	0	460.29	384.63	220.76	193.1	0	26971
1990	105	5295	117419	0	479.46	386.52	193.59	160.19	755	16242
1991	110	7083	156349	0	531.38	402.56	146.17	117.19	604	16715
1992	269	7444	397420	0	871.91	699.42	225.06	175.91	601	20880
1993	563	16667	1252387	0	1559.59	1168.03	372.39	275.48	991	31017
1994	858	18255	1894520	1778	2108.86	1442.71	460.52	375.64	1225	42164
1995	917	25278	2091136	839	2589	1654	510	387	1025	46346
1996	945	32310	2291640	554.15	2669.89	1660.99	612.26	419.65	1046	51262
1997	977	33069	2374223	474.62	2819.14	1804	654.91	505.43	1241	78375
1998	1212	42786	2693689	398.17	3269.46	2171.22	758.62	571.27	1279	75517

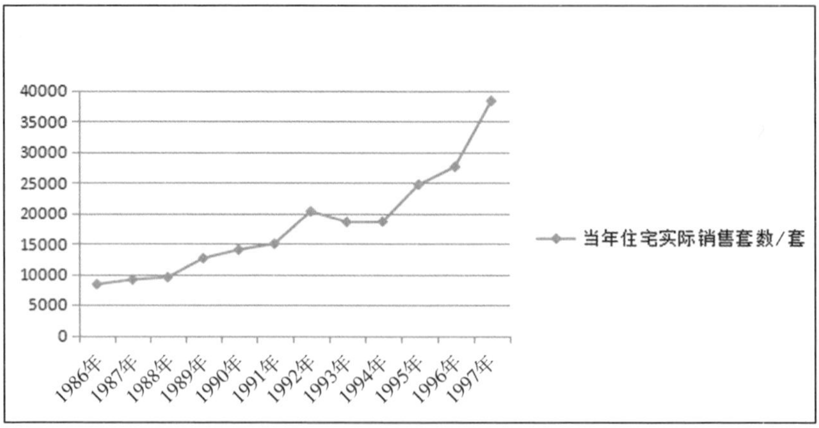

图6-1　1986—1997当年住宅实际销售套数折线图

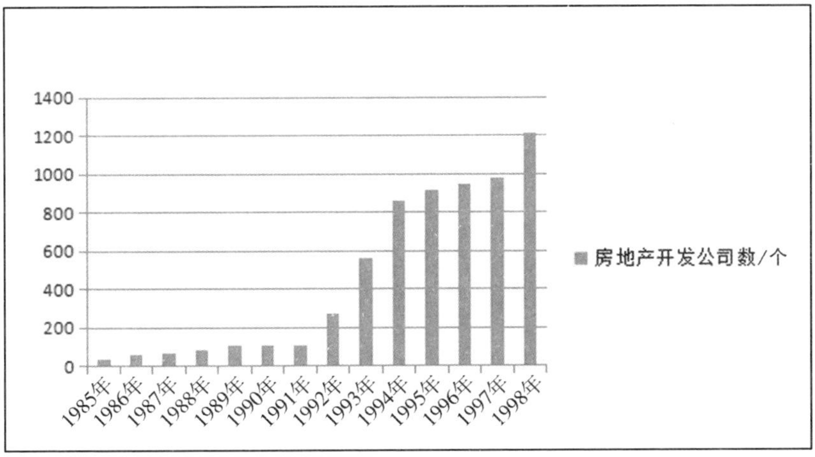

图6-2　1985—1998年房地产开发公司数柱状图

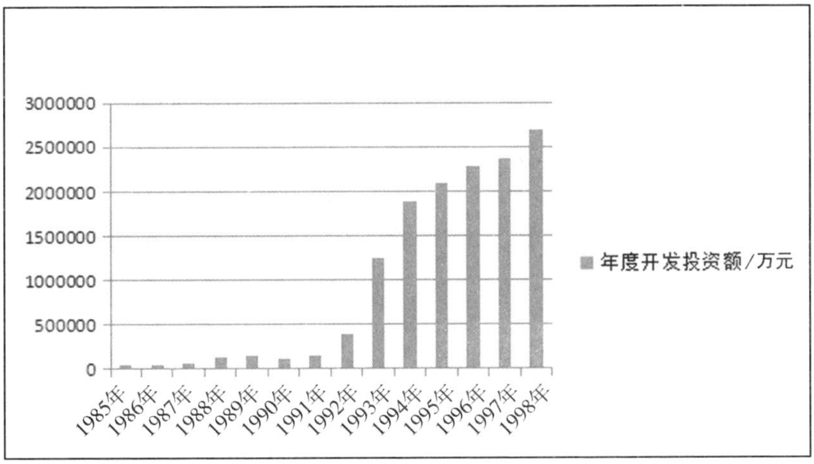

图6-3　1985—1998年各年度开发投资额柱状图

2. 第二阶段：2000—2010年

在2000—2010年这十年间，广州房地产市场依然红火，房地产开发投资金额和商品房销售面积持续上涨。据表6-3和图6-4、图6-5中数据显示，在2000—2010年，广州房地产市场的投资变化趋势总体增加，商品房投资额持续上升。商品房的实际面积、销售面积在2000—2008年持续上涨，在2005—2006年涨幅最大，在2009年出现了短暂的下滑，这很大原因是受到2008年全球金融风暴的影响，但是在2010年商品房销售又重新呈增长趋势，总量超过2008年。由此可见，在2000—2010年，房地产市场总体蓬勃发展，商品房交易不断增多。

表6-3　2000—2010年房地产开发投资表

年份	企业数/个	投资额合计/万元	住宅/万元	办公楼/万元	商业营业用房/万元	其他用房/万元
2000		2959027	2000142	205899	313401	439585
2001		3555816	2513136	186947	415323	440410
2002		3870207	2797456	208103	440845	423803
2003	1309	4263898	3115587	279247	405308	463756
2004	1285	4194806	3172115	223031	433728	365932
2005	1281	4770315	3466915	327943	574418	401039
2006	1319	5080846	3485396	505040	580857	509553
2007	1295	5567893	3606411	730544	550984	679954
2008	1315	7038031	4733817	630450	684817	988947
2009	1352	6818847	4499413	533678	803913	981843
2010	1318	8173449	5017195	744763	1121778	1289713

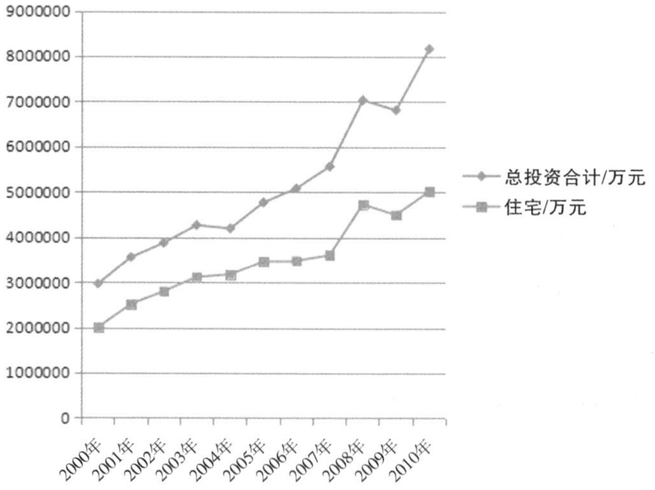

图6-4　2000—2010年房地产总投资额和住宅投资额折线图

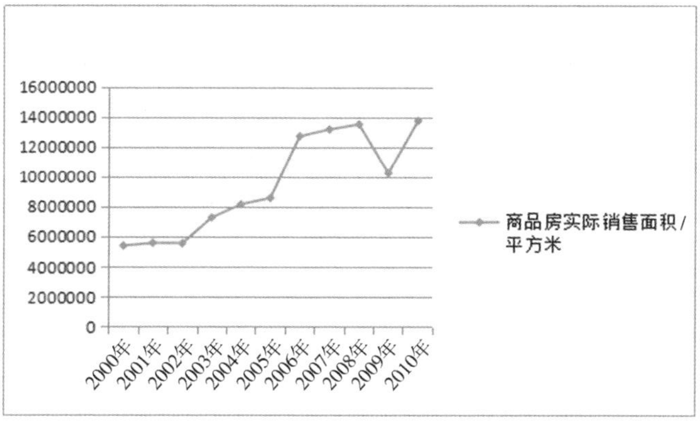

图6-5　2000—2010年商品房实际销售面积折线图

3. 第三阶段：2011—2017年

在2011—2017年间，房地产投资形式越来越丰富，有内资企业、联营企业、有限责任公司、港澳台投资企业、外商投资企业等，投资总额在不断增加。表6-4反映了2011—2017年广州市房地产开发投资额和商品房销售面积情况。图6-6直观显示了2011—2017年广州的房地产投资金额不断增加，广州商品房的销售面积虽然总体在增加，但是是曲折发展的，在2012年和2015年有回落的迹象。这说明虽然广州的商品房交易市场活跃，除了需求量大之外，还与政府对住房政策的宏观调控有关。

表6-4　2011—2017年广州市房地产开发投资额和商品房销售面积情况表

年份	商品房销售面积 / 平方米	房地产投资 / 万元
2011	14051327	9836582
2012	11940755	13053605
2013	13331259	13704511
2014	16999830	15724289
2015	15400173	18161529
2016	16530655	21375891
2017	19490982	25408549

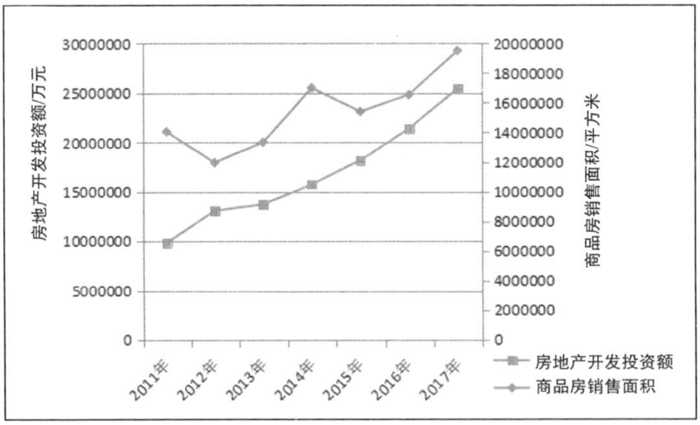

图6-6　2011—2017年广州市房地产开发投资额和商品房销售面积折线图

三、城市地标建筑变迁

（一）广州城市地标的时代变迁

广州是海上丝绸之路的起点，是中国近代民主革命的策源地，是改革开放的前沿阵地，有着丰富的文化历史。广州最早建城时的名字叫任嚣城，早在公元前9世纪的周代（即周夷王八年），这里的“百越”人和长江中游的楚国人已有来往，建有“楚庭”，任嚣城是广州最早的名称。秦始皇三十三年（公元前214年）秦朝统一岭南后建南海郡，郡治“番禺”，即今天的广州。公元226年，孙权为便于统治，将交州分为交州和广州两部分，“广州”由此得名。到1921年成立广州市市政厅，“广州”才特指广州这座城市。广州在秦汉时期就是繁荣都会，汉唐以来是海上丝绸之路的始发港，宋元时期，意大利旅行家鄂多立克说广州已经比当时世界著名商贸城市威尼斯大3倍。清朝闭关锁国时广州是我国唯一对外开放的港口，垄断全国外贸，也是鸦片战争后首批开放的通商口岸之一。同时广州是中国近代民主革命的策源地，著名的三元里人民抗英斗争、黄花岗起义、广州起义均发生在广州。孙中山在广州创办了黄埔军校，并曾经三次在广州建立了临时政权。毛泽东在这里创办的农民运动讲习所，培养了大批革命骨干力量。张太雷、叶挺、叶剑英等在这里领导了广州起义，并建立了广州苏维埃政权——“广州公社”。鲁迅、郭沫若、郁达夫、彭湃、马思聪、邹小杨、谷希云、余德超、钟杰武等也曾来广州传播先进文化。1982年国务院宣布广州古城为国家历史文化名城。

从明代洪武年间的镇海楼到清代的陈家祠，从民国时期的中山纪念堂、爱群大厦到中华人民共和国成立后的五羊石雕像、文化公园，从改革开放初期的白云宾馆、白天鹅宾馆再到21世纪的中信大厦、广州塔，这一系列的建筑都见证了广州地标的历史变迁。（见表6-5）

表6-5　广州地标建筑时代变迁表

时间	地标	地址
明洪武十三年（1380年）	镇海楼	广州市越秀区解放北路988号越秀公园内
清光绪二十年（1894年）	陈家祠	广州市荔湾区中山七路恩龙里34号
20世纪30年代	中山纪念堂	广州市东风中路259号
20世纪40年代	爱群大厦	广州市越秀区沿江西路113号
20世纪50年代	海珠桥/文化公园（岭南文物宫）	海珠区滨江西路海珠桥/荔湾区西堤二马路
20世纪60年代	五羊石雕像	越秀公园内木壳岗上
20世纪70年代	广州宾馆/白云宾馆	海珠广场/越秀区环市东路
二十世纪八九十年代	白天鹅宾馆	广州市荔湾区沙面南街1号
20世纪90年代末至21世纪初	中信广场	广州市天河区天河北路233号
现今	广州塔、广州双子塔	广州市海珠区城市新中轴线

（二）不同时期的典型地标建筑

1. 改革开放之前的广州典型地标建筑

改革开放之前的广州典型地标建筑主要有明、清、民国时期历史建筑，典型代表是镇海楼、陈氏书院、中山纪念堂、爱群大厦和海珠桥，是广州作为世界文化名城的重要历史文化见证。另外，文化公园、五羊石雕像、广州宾馆、白云宾馆等中华人民共和国成立后陆续建立起来的地标性建筑，是广州作为新中国对外贸易窗口和时代发展前沿的生动记录。

图6–7 镇海楼

镇海楼，又名望海楼，位于广州市越秀山（越秀公园）小蟠龙冈上，是广州传统中轴线的起点和最高点。全楼高25米，呈长方形，阔31米，深16米，下面两层围墙用红砂岩条石砌造，3层以上为砖墙，外墙逐层收减，有复檐5层，绿琉璃瓦覆盖，饰有石湾彩釉鳌鱼花脊，朱红墙绿瓦砌成，巍峨壮观，被誉为“岭南第一胜览”。镇海楼历史上曾五毁五建，现存建筑为钢筋混凝土结构，是1928年重修时由木构架改建而成。1929年成为广州市市立博物馆。1950年改名广州博物馆，分朝代陈列广州城2000多年历史中的文物史料。2013年3月，镇海楼被列入第七批全国重点文物保护单位，是广州现存最完好、最具气势，也最富有民族特色的古建筑。（见图6–7）

陈氏书院，俗称陈家祠，位于广州市中山七路，建于清光绪十六年至二十年（1890—1894年）间，是广东规模最大、装饰华丽、保存完好的传统岭南祠堂式建筑，占地面积15000平方米，主体建筑面积为6400

平方米，由大小19座单体建筑组成。陈家祠既体现了中国建筑的形式，又富有广东地方工艺装饰特点，表现在建筑装饰艺术方面，该祠从上至下，从外至里，所有的堂、院、廊、厅、门、窗、栏杆、屋脊，大量地运用了石雕、木雕、砖雕、陶塑、泥塑、灰塑、铁铸等加以装饰。既有镂雕于石栏杆的瓜果、花鸟、云纹，镶嵌于各处的铸铁花等纤巧小品，又有雕塑于屋脊长达27米的巨幅泥塑。雕塑彩绘中最多的是反映劳动人民美好愿望的五谷丰登、六畜兴旺等景象，以及菠萝、荔枝、杨桃、木瓜等南方佳果。该祠建筑装饰图案题材广泛、造型生动、色彩丰富、技艺精湛，是一座民间装饰艺术的璀璨殿堂。1959年辟为广东省民间艺术博物馆。（见图6-8）

图6-8　陈家祠

中山纪念堂位于广州市越秀区东风中路，是广州人民和海外华侨为纪念孙中山先生而集资兴建的，于1929年1月动工，1931年11月建成。会堂式建筑开创了中西建筑巧妙结合的新起点，设计师巧妙运用了建筑力学的结构原理，将中国传统的宫殿式建筑物与西方的钢筋混凝土结构有机地结合在一起，在高47米、跨度71米的空间内不设一柱，主要靠隐藏在墙壁间的八根巨柱支撑着东南西北四个方向跨度达30米的大型钢桁架，上面支撑起主桁架，再承托起八角形的堂顶。广州中山纪念堂作为改革开放前广州最具标志性的建筑物之一，又是广州市大型集会和演出的重要场所。它见证了广州的许多历史大事：1936年，广州市各界人士在此举行禁烟大游行；1945年9月，驻广州地区的日本侵略军在这里签字投降后，每年各种纪念孙中山先生的活动、省市的重要集会和文艺演出

图6-9　中山纪念堂

都在这里举行，如教育基金百万行、广州国际集体婚礼、纪念毛泽东诞辰100周年、纪念红军长征60周年、纪念抗日战争胜利和世界反法西斯战争胜利50周年等。（见图6-9）

爱群大厦于1937年落成开业，是同盟会会员陈卓平先生集华侨资本创办的，是当时华南地区最高的建筑物，又是一座典型的骑楼建筑。建筑师为了寓意“爱群诸公”努力向上的创业精神，在建筑立面上特别强调挺拔的艺术效果，既借鉴美国创摩天大厦新风格的纽约伍尔沃斯大厦的设计手法，又在哥特式复兴风格中渗入岭南建筑风格。因由香港爱群人寿保险有限公司投资兴建，1952年更名为“爱群大厦”。1966年在东侧建18层新楼，高67.7米，并更名为“人民大厦”。1984年增建旋转餐厅，1988年以后恢复原名。爱群大厦在1937年至1967年作为“广州第一高楼”的地位保持了整整30年。曾被当时新闻界誉为“开广州高层建筑之新纪元”，并以设备最新式、完善、豪华而著称。全楼拥有客房300间，上下楼有电梯，夏有风扇，冬有暖气，还设有中西餐厅、酒吧，从20世纪30年代建成到80年代改革开放初期，都是广州重要的涉外活动场所。爱群大酒店在当时执旅馆业之牛耳，在海内外都有较大的影响，素有“南中国之冠”的美誉。有“国际盛会”之称的中国出口商品交易会，从1957年起首届至第10届的开幕、闭幕酒会的接待服务工作，均由“爱群”独家承担。（见图6-10）

海珠桥建于1933年，全长356.67米，主桥全长182.9米，南北两跨对称布置，原为三孔下承式简支钢桁架桥，设计荷载为2列10吨汽车，中跨为开启式结构，能向上分开，以利大船通过。这座耗费103万大洋、历时38个月建造的江上铁龙被称为“千年第一桥”。1949年，海珠桥被炸毁，1950年重新开通，是当时广州市区唯一跨江大桥，后以“珠海丹心”的名义入选了1963年的羊城八景。20世纪70年代，海珠桥上交通日趋繁忙紧张，1974年12月海珠桥扩建工程正式动工，在原桥两侧加宽各11米的预应力钢筋混凝土结构桥，桥跨与原桥一致组合成新的桥面体系。经扩建的海珠桥，新旧桥既独立又联体。现桥长486米，正桥182米，桥宽33米。海珠桥是广州近现代史的缩影，见证了广州80多年来的风风雨雨，是广州人共同的记忆。（见图6-11）

图6-10　爱群大厦

图6-11　海珠桥

文化公园（岭南文物宫）建于1952年，前身为1951年10月建成召开的华南土特产展览交流大会（以下简称“土展会”）。“土展会”历时4个月建成，包括有物资交流馆、工矿馆、日用品工业馆、手工业馆、食品馆、农业馆、水果蔬菜馆、林产馆、水产馆、省际馆10个展览馆，1个交易服务部、1个文化俱乐部和1个零售商场的平房建筑群，场内遍植四季时花和美丽的风景树，展览会会场面积达11.76万平方米，有模型568座，图片4232幅，标本实物60594件。“土展会”开幕以后盛况空前，来自全国各地的贸易代表团和参观团641个，人数3万余人，参观者达153万余人次，等于当时广州市的总人口数量。“土展会”结束后，根据时任中共中央华南分局第一书记、广东省政府主席、广州市市长叶剑英同志的指示，决定将这个展览场地保留下来，利用原来的设施和人力，改为一个长期性、有地志博物馆性质的文化活动场所，辟为岭南文物宫，并亲笔题写宫名。1956年易名“广州文化公园”，是二十世纪五六十年代广州最具代表性的地标建筑之一。（见图6-12）

图6-12　文化公园（岭南文物宫）

图6-13　越秀五羊雕像

越秀五羊雕像在广州越秀山木壳岗上，建于1959年。这是著名雕塑家尹积昌等根据五羊的传说创作的。雕像连基座高11米，共用130余块花岗石雕刻而成。雕像体积约53立方米，仅主羊头部一块石料，就重达2000多千克。五羊大小不一，主羊头部高高竖起，口中衔穗，回眸微笑，探视人间；余四只羊，环绕其身，或戏耍，或吃草，还有羊羔在吸吮母羊的乳汁。五羊姿态各异，造型优美，栩栩如生，情趣横溢，令人流连忘返，浮想联翩。五羊雕像源于广州一个古老的传说。据说大约在周朝时，广州连年灾荒，田野荒芜，农业失收，人民不得温饱。一天，南海的天空忽然传来一阵悠扬的音乐，并出现五朵彩色祥云，上有五位仙人，身穿五色彩衣，分别骑着不同毛色口衔稻穗的仙羊，降临广州。仙人把优良的稻穗赠给了广州人，并祝愿这一地区永无饥荒，祝罢仙人腾空飞逝，五只仙羊化为石羊留在山坡上。从此，承仙之愿，稻穗飘香，年年丰收，广州便成为岭南最富庶的地方。这就是广州“五羊城”“穗城”“羊城”名称的由来。现在，广州的五羊石雕像已经深入人心，从20世纪60年代开始直至2010年广州塔落成，一直是广州市的标志，五羊雕像代表着广州，象征着广州，被誉为广州的城徽。（见图6-13）

2. 改革开放以来的广州典型地标建筑

（1）改革开放早期——从广州宾馆到白云宾馆。

1937年落成开业的爱群大厦，以64米的高度保持了整整30年“广州第一高楼”的地位，但到了1968年，广州第一高楼的宝座正式易主，27层86.51米高的广州宾馆跃升为当时中国内地最高建筑。广州宾馆坐落于广州市海珠广场，南临珠江，北依越秀山，是为了应对广交会逐年增加的来穗客商而兴建的，是全国内地第一家高层宾馆。广州宾馆由中国工程院院士、建筑大师莫伯治先生设计，是“岭南新建筑”著名代表作之一，在二十世纪六七十年代曾一度以楼高冠全国而蜚声四方，为该时期广州典型的城市地标性建筑。1989年被国家旅游局评为首批三星级涉外饭店。（见图6–14）

1976年，中国内地“第一高楼”桂冠再度易主，被33层120米高的白云宾馆取代。1972年，为扩大对外贸易，适应广交会的发展需要，中央决定在广州兴建白云宾馆。（见图6–15）白云宾馆是按照“500个房间，1000张床位”的标准来设计建造的，总投资额达到2000万元。1976年6月1日，白云宾馆正式落成开业，最初七年一直以接待国家领导人和外宾为主，直到20世纪80年代才开始向社会开放。此后，白云宾馆经历了从三星级、四星级到五星级的蝶变，是广州唯一一家从三星级晋升为五星级的国际化酒店。白云宾馆是岭南派风格融入现代建筑的一个典范，建成后引来了北京、上海一大批建筑界的人士前来参观学习，先后荣获1976年度建设部优秀建筑设计一等奖、中国建筑学会1949—2009暨中华人民共和国成立60周年建筑创作大奖。广州宾馆和白云宾馆虽然兴建于改革开放前夕，但因其连续刷新中国内地的建筑高度且建筑风格现代、华贵，在20世纪70年代末至80年代初都是代表广州国际形象的典型城市建筑，是改革开放初期见证广州率先与国际接轨的城市地标。

图6-14　广州宾馆

图6-15　广州白云宾馆

（2）二十世纪八九十年代——白天鹅宾馆。

白天鹅宾馆坐落于广州市沙面白鹅潭，由霍英东先生与广东省政府投资合作兴建而成，酒店于1983年开业，是中国第一家中外合作的五星级宾馆，也是中国第一家由中国人自行设计、施工、管理的大型现代化酒店。白天鹅宾馆的建筑设计继承了中国传统园林与岭南传统园林设计的精华，中庭以壁山瀑布为主景的焦点，形成别有洞天的岭南风情，整体有历史气息与文化内涵融入建筑空间的功能。白天鹅宾馆的外观是完全西方化的，而内部设计是完全中国化的。白天鹅宾馆对岭南建筑有着里程碑式的意义，它是中国第一个采用大型室内中庭设计的酒店，是在现代岭南建筑中将外来建筑形式与中国传统建筑文化相结合的一个成功作品。

白天鹅宾馆是20世纪80年代广州最耀眼的地标建筑，是广州改革开放的重要见证者。1985年被世界一流酒店组织接纳为在中国的首家成员；1990年被国家旅游局评为中国首批3家五星级酒店之一；1996年荣列国家旅游局举办的首次全国百优五十佳饭店评选榜首，并连续多年被国际旅游指南和国际著名杂志报刊评为国际商务人士到广州的首选酒店。开业20多年来，白天鹅宾馆共接待了40多个国家的元首和政府首脑，英

图6-16　广州白天鹅宾馆

国女王伊丽莎白二世，美国总统布什、尼克松，德国总理科尔，以及卡斯特罗、基辛格、西哈努克、李光耀等国外政要都曾在此驻足。中国改革开放的总设计师邓小平更是三次莅临白天鹅宾馆，并为其亲笔题字，这在内地中外合作的高星级宾馆中是绝无仅有的。2010年，广东省第三次全国文物普查，广州白天鹅宾馆被认定为文物。（见图6-16）

（3）20世纪90年代末至21世纪初——中信广场。

中信广场位于广州市商业、金融业繁华的天河北路，占地面积3.8万平方米，总建筑面积29万平方米，由一幢80层的主楼和两幢38层的副楼组成，1997年建成时为当时中国的最高建筑。它面向天河体育中心，背后是广州火车东站，地理位置优越，拥有一流的办公商住环境，落成不久即成为广州市屈指可数的黄金商业楼盘。中信广场作为广州20世纪90年代末至21世纪初最具代表性的地标建筑，是广州城市中心迁移和国际化大都市崛起的见证者和引领者。（见图6-17）

中信大厦是甲级智慧型商厦，大堂楼高17.7米，显得开阔气派。这栋高楼全部设计为写字楼。它有如下特点：一是柱位少，间隔灵活并且实用，大小单位兼备，配套设备齐全；二是高级玻璃幕墙使视野更加广

图6–17　中信广场

阔，往外望去，令人心旷神怡；三是配备先进的科技设施包括光纤通信、卫星天线、中央空调、后备电源、1万条IDD电话（直拨电话）和传真线路、34部进口日立高速电梯，地下设有两层停车场，车位达900个，配套设施十分齐备。主楼右翼有对称的38层副楼。入口处楼高10米，内部采用酒店设计，辉煌气派。副楼主要用作办公或住宅，单位面积一二百平方米不等，每户均装有名牌的冷气机、彩电、洗衣机、冰箱、煤气炉、热水器、排气扇及由名师设计的各款新型家具，加上酒店式的家居服务，十分方便、舒适。

作为广州的顶级写字楼，中信广场租用客户包括数十家世界500强企业，以及意大利领事馆、马来西亚领事馆、新加坡贸发局等境外政府的派驻机构。东西两栋38层高附楼为酒店式公寓，以日、韩籍外企高级员工为主要住户。凭借其多元化的功能设计，国际品牌云集的业态组合和丰富的商业文化底蕴，中信广场屡获殊荣。曾先后荣获“全国行业质量示范企业”“中国购物中心示范工程”“广州市最佳购物中心”“最受高端消费者喜爱的购物场所——年度风尚百货”等奖项，并于2006年一举摘得中国购物中心领域最高奖项——“最佳购物中心运营奖”，被誉为广州的“商业名片”，时刻比肩国际潮流。2002年9月，附属中信广场的玻璃墙瀑布水景被命名为新世纪羊城八景之一，称“天河飘绢”，进一步确立了中信广场作为广州市标志性建筑的地位。

（4）2010年至今——广州塔、广州双子塔。

广州塔又名广州新电视塔，昵称小蛮腰。位于广州市海珠区（艺洲岛）赤岗塔附近，距离珠江南岸125米，与珠江新城、花城广场、海心沙岛隔江相望。广州塔由广州城投集团投资建设，总建筑面积114054平方米，于2009年9月竣工，2010年9月30日正式对外开放，2010年10月1日正式公开售票接待游客。塔身主体高454米，天线桅杆高146米，总高度600米，是中国第一高塔，世界第三高塔，仅次于迪拜哈利法塔、东京晴空塔。塔身168—334.4米处设有“蜘蛛侠栈道”，是世界最高最长的空中漫步云梯。广州塔具有观光、发射、展示、娱乐等多项功能，塔身422.8米处设有旋转餐厅，是世界最高的旋转餐厅。塔身顶部450—454米处设有摩天轮，是世界最高摩天轮。天线桅杆455—485米处设有“极速云霄”

图6-18　广州塔

速降游乐项目，是世界最高的垂直速降游乐项目。天线桅杆488米处设有户外观景平台，是世界最高的户外观景平台，超越了迪拜哈利法塔的442米室外观景平台，以及加拿大国家电视塔447米的“天空之盖”的高度。广州塔设计独特，整个塔身是镂空的钢结构框架，24根钢柱自下而上呈逆时针扭转，每一个构件截面都在变化。而且大量应用了节能环保材料与创新技术，如三维空间测量技术、综合安全防护隔离技术、异型钢结构预变形技术等。2011年5月，被评为国家级2010年度绿色建筑示范工程；获得2011年度中国建筑工程鲁班奖；2012年6月，获得国家级建筑设计金奖。（见图6−18）

广州双子塔为广州东塔和广州西塔两座超高层建筑的统称，位于广州天河区珠江新城CBD中心地段，与广州塔隔江相望，这三座广州最高建筑共同构成当今广州这座国际化大都市的新地标。（见图6−19）其中西塔为“广州国际金融中心”，2007年开工建设，2010年竣工投入使用。主楼高度437.5米，加上直升机坪达到449.2米，占地面积3.1万平方

图6−19　广州双子塔

米，总建筑面积45.6万平方米。西塔主楼为地上103层，地下4层，其中1—66层为写字楼，67—100层为酒店，1层为挑空13.5米的写字楼大堂，办公层每层净高超3米，裙楼4层为商场，集超五星级酒店、甲级写字楼、高档商场、服务式公寓及国际会议中心五大功能于一体。西塔外观设计“通透水晶”，建筑结构采用创新的菱形斜交网格筒体结构体系，呈现出流动几何图案，并和楼板的分割及幕墙体系产生视觉对比。楼体有多达30根钢筋混凝土圆筒环绕在塔身四周，每根圆筒直径达1.8米，这种独特创新的筒中筒结构体系，具有足够的抗侧刚度和优异的抗震性能，可抵御八度罕遇地震（广州抗震设防烈度为七度）。墙体采用世界领先水平的“低反射、高透明”双层、双银LOW-E玻璃，玻璃幕墙面积达8.5万平方米，幕墙数量最多的32层有156块玻璃，最少的103层顶楼有122块玻璃。顶楼的直升机坪除了作为一般意义上的直升机起降平台，实现公务飞行、应急救援、医疗救护等通用航空领域常见功能外，还是一个观景平台。2012年，广州西塔获第六届英国皇家建筑师协会莱伯金奖、第三届中国建筑学会建筑设计奖（给水排水）公共建筑类一等奖，2013年获中国建筑学会建筑设计奖（建筑结构）金奖、教育部优秀建筑设计一等奖及全国优秀工程勘察设计一等奖，2017年获得美国绿色建筑委员会颁发的LEED铂金级绿色建筑认证。

广州东塔又名“广州周大福金融中心”，由香港周大福集团投资建设，2009年正式动工，2016年竣工投入使用。东塔共117层，地上112层，地下5层，总建筑面积50.77万平方米。主楼高度530米，为当前广州第一高楼，在国内排第二位，被高层建筑和都市住宅委员会（Council on Tall Buildings and Urban Habitat，CTBUH）认定为世界第五高的摩天大楼。东塔是一座复合功能的建筑，由超甲级办公楼K11 ATELIER以及广州首家六星级瑰丽酒店及服务式公寓组成，装备了两台世界上最高速电梯，速度可达每秒20米，电梯从1层到95层只需43秒，是广州市内目前面积最大的国际性超甲级办公楼。在建筑结构上采用“巨型框架伸臂核心筒”建设方案，相当于两套骨架：8根巨型钢柱加6道巨型环形钢桁架是主骨架，是东塔的主要受力系统；而双层钢板剪力墙是次骨架，帮助主骨架分担受力。塔顶采取“之”字形退台设计，形成3个花园户外观景平台：底部的办公区顶部平台在66层朝西，可以看夕阳西落；中部的国际公寓区顶部平台在91层朝东，可以看日出东方；对景观要求最高的超五星级酒店观景平台在107层，平台完全开敞，可朝东南西面270度远望，既可看日出日落，又可赏珠江美景。玻璃幕墙采用“中空双层超白LOW-E玻璃+凸槽状冰纹釉面白色陶土板挂件”，陶土竖框贯穿外立面建筑整体，被高层建筑和都市住宅委员会称为“世界上最高的陶土板应用”，而此举也有利于遮阳、降低能源需求与抗击腐蚀作用。

第七章
城市文化建设

一、历史文化名城保护

（一）广州历史文化名城保护法制化进程

广州是一座具有2200多年建城历史的文化名城，拥有大量的历史文化遗存、完整的明清时期城市格局和独具魅力的城市文化。广州是海上丝绸之路的发源地，是我国近代革命的策源地，是我国改革开放的前沿地，是我国岭南文化的中心地，1982年被国务院列入第一批国家历史文化名城。

为加强历史文化名城保护，1998年，《广州历史文化名城保护条例》颁布实施。该条例规定，名城的保护必须坚持保护为主、抢救第一、合理利用的基本原则，正确处理历史文化资源的继承、保护、利用与经济社会发展的关系。在保护区内，纳入保护对象的传统建（构）筑物和其他设施，所有权人或使用人不得改变其传统风貌，新建、扩建、改建各类建（构）筑物和其他设施，应与保护区的传统风貌或民族地方特色相协调，以及符合名城保护的其他要求。2013年前后，广州发生了民国建筑金陵台被强拆等多起历史文化遗产的“建设性破坏”事件，因此广州市抓紧推动了保护条例的修订工作。2015年，《广州历史文化名城保护条例》修订并更名为《广州市历史文化名城保护条例》。新条例规定：在历史文化街区、历史文化名镇和历史文化名村的核心保护范围内，除建设必要基础设施和公益性公共服务设施外，不得进行新建、扩建活动；在历史建筑核心保护范围内，除因保护需要建设附属设施外，不得新建建筑物、构筑物；在历史风貌区、传统村落的核心保护范围内进行新建、改建、扩建等建设活动，不得改变传统格局和历史风貌；不得新建污染环境的设施，本条例实施前已经存在的污染环境的设施和企业等应当限期搬迁或者治理；修建道路、地下工程及其他市政公用设施的，应当采取有效的保护措施，不得损害保护对象；设置户外广告、招牌等外部设施的，应当符合保护规划。历史建筑应当实施原址保护，任何单位或者个人不得损坏或者擅自迁移、拆除历史建筑；因建设国防设施等重大公共利益需要，必须迁移或者拆除历史建筑的，由城乡规划行政主管部门会同文物行政管理部门对迁移方案、补救措施等进行论证、公示和听证，市人民政府应当根据论证和听证意见作出是否迁移或者拆除的决定，并按照规定报批。同时，为了避免有保护价值的历史文化遗产在城市建设中遭到破坏强拆，条例规定任何单位和个人发现有保护价值的建筑物、构筑物、建筑群、村、镇，都可以向城乡规划行政主管部门或者文物行政管理部门报告；城乡规划行政主管部门或者文物行政管理部门接到报告后，应当立即通知建筑物、构筑物、建筑群、村、镇所在地的区人民政府；区人民政府应当在接到通知后的7日内组织专家进行论证，经核实具有保护价值的，应当确定为预先保护对象，并立即采取相应的保护措施。

同时，历经11年反复研究论证、征求意见、修改完善，2014年11月《广州历史文化名城保护规划》经广东省人民政府批准实施。规划系统梳理了广州的历史发展脉络、城市沿革和现存的历史文化资源，深入挖掘文化内涵，根据历史文化名城保护条例规定的13项重点保护内容（历史城区的传统格局和历史风貌；越秀山城墙遗址和中山七路交叉口附近的西门瓮城遗址等广州古城城廓遗存、遗址和民国时期竖立的广州市界碑；从北京路至天字码头的古代城市传统中轴线和从越秀山镇海楼经中山纪念碑、中山纪念堂、人民公园、起义路、海珠广场至海珠桥的近代城市传统中轴线；黄埔军校旧址、广州农民运动讲习所旧址等近代革命史迹；沙面、沙湾镇等反映本市历史文化风貌的历史文化街区、历史文化名镇、历史文化名村、历史风貌区、传统街巷、骑楼街、不可移动文物和历史建筑；小洲村、陈家祠等具有岭南文化特色的传统村落及民居、祠堂；光孝寺、圣心大教堂等具有历史价值的宗教文化场所；南海神庙、黄埔古港遗址等体现海上丝绸之路历史的文物古迹、港口码头；白云山、帽峰山、九连山等山体山脉，以及以珠江为主体的河流、河涌水系和以护城河、西关涌为代表的历史水系；白云山至中山大学北门广场和白云山至越秀山至珠江的山江视廊；珠江两岸景观带；传统文化艺术、民俗风情、民间工艺等突出反映岭南文化的非物质文化遗产），提炼出“历史悠久古都城、岭南中心文化城、丝绸海路港口城、革命策源英雄城、田园风光山水城、千年发展商业城、改革开放前沿城、全国著名华侨城、多元文化遗产城”九大保护主题，提出了全面保护物质和非物质文化遗产、价值特色引领等五个层次的保护内容，明确了广州历史文化名城保护与传承的内容与方向。

（二）广州历史文化名城保护实践

1. 文物保护

广州历史建筑保护与更新的发展状况在各个时期有不同的特征，主要可分为5个时期：第一时期为中华人民共和国成立初期（1949—1965年）；第二时期为“文化大革命”期间及其影响期（1966—1979年）；第三时期为改革开放初期（1980—1989年）；第四时期为城市建设扩张时期（1990—2013年）；第五时期为新时代发展期（2013年至今）。

“文化大革命”之前，国家经济能力薄弱，百废待兴，保护工作量力而行，一般以“不塌不漏”为原则。这一阶段广州市乃至全国的历史文化保护与更新工作都被政治因素所主导，保护与更新的选择重点是革命文物，而忽视了反映我国民族文化、地域风情、历史变革、人文生活、经济特色的文化遗产。但是这一时期发现秦代的木椁墓，出土一件烙印“蕃禺”的椭圆形漆奁，这是秦平南越在岭南设置郡县的历史佐证。1960年初，广州市发掘秦代至明代的古墓697座，这是广州市文物发现的重大举措。在这一时期，广州拥有第一批全国重点文物保护单位5个（见表7-1），广东省级国家保护单位10个（见表7-2），广州市级文物保护单位11个。而到了“文化大革命”期间，广州文物事业受到严重的冲击和破坏，管理机构瘫痪，不少文物保护单位被侵占做他用，社会文物惨遭浩劫。但广州文物工作者在这种极其恶劣的环境下，从“破四旧”收缴的文物中，抢救回大量珍贵文物。

表7-1　广州市第一批全国重点文物保护单位

序号	名称	年代	地点	公布时间
1	三元里平英团旧址	1841年	广园西路抗英大街145号	1961年3月4日
2	黄花岗七十二烈士墓	1911年	先烈中路97号	1961年3月

（续上表）

序号	名称	年代	地点	公布时间
3	广州农民运动讲习所旧址	1926年	中山四路94号	1961年3月
4	广州公社旧址	1927年	起义路1号	1961年3月
5	光孝寺	唐至清	光孝路109号	1961年3月

表7-2 广州市第一批广东省级文物保护单位

序号	名称	年代	地点	公布时间
1	升平社学旧址（包括义勇祠）	1841年	白云区石井镇	1978年7月
2	“三二九”起义指挥部旧址	1911年	越华路小东营15号	1978年7月
3	中共广东区委员会旧址	1924年	文明路194号—200号	1978年7月
4	广州起义烈士陵园	1927—1957年	中山三路92号	1978年7月
5	广东贡院明远楼与中山大学天文台旧址	明、清	文明路	1978年7月
6	南海神庙（包括浴日亭）	隋	黄埔庙头村	1978年7月
7	清真先贤古墓	唐	解放北路901号	1978年7月
8	冯云山故居	1814年	花都区新华镇官禄布村	1978年7月
9	省港罢工委员会旧址	1925年	东园横路3号	1978年7月
10	中山纪念碑	1931年	越秀公园	1978年7月

1977年之后，拨乱反正，文物事业复兴，1982年恢复文物管理委员会，市属县市也相继设立了文物管理机构。我国在这一时期迎来了思想大解放，经济对外开放。此时，国家积极开展了一系列文物普查工作，并先后公布了数批各级文物保护单位。1980—1989年，广州先后公布了一大批国家、省和市各级文物保护单位，加大了对博物馆与基地建设的

投入，广州文物保护水平有了明显提高。（见表7-3、表7-4）但此阶段，由于城市经济的迅速发展和房地产业的兴起，市民和一些单位对历史文化遗产的保护意识不强，许多有价值的历史建筑、文化遗迹在城市大开发建设中遭受到了无知的破坏，历史文物保护面临新的问题和挑战。

表7-3　广州市第二、第三批全国重点文物保护单位

序号	名称	年代	地点	公布时间	公布批次
1	虎门炮台（番禺部分）	1841年	番禺上下横档岛	1982年2月	第二批
2	陈家祠堂	清	中山七路恩龙里34号	1988年1月	第三批
3	洪秀全故居	1814年	花都区新华镇官禄布村	1988年1月	第三批
4	国民党一大旧址（包括革命广场）	1924年	文明路215号	1988年1月	第三批
5	黄埔军校旧址（包括东征烈士墓）	1924年	黄埔长洲岛	1988年1月	第三批
6	中华全国总工会旧址	1925年	越秀南路89号	1988年1月	第三批

表7-4　广州市第二、第三批广东省级文物保护单位

序号	名称	年代	地点	公布时间	公布批次
1	中共第三次全国代表大会会址	1923年	东山恤孤院路3号	1979年12月	第二批
2	广东省农民协会会址	1925年	中山三路东皋大道礼兴街6号	1979年12月	第二批
3	中共广东区委军委旧址	1926年	万福路100号	1979年12月	第二批
4	白云楼鲁迅故居	1927年	白云路2号	1979年12月	第二批

（续上表）

序号	名称	年代	地点	公布时间	公布批次
5	六榕寺花塔	宋	六榕路87号	1989年6月	第三批
6	五仙观及岭南第一楼	明	惠福西路西斋巷	1989年6月	第三批
7	镇海楼	明至民国	越秀公园	1989年6月	第三批
8	琶洲塔	明	新港东路琶洲村	1989年6月	第三批
9	莲花塔	明	番禺区莲花山	1989年6月	第三批
10	莲花城	清	番禺区莲花山旅游区山顶北	1989年6月	第三批
11	万寿寺大殿	明	增城区荔城镇前进路21号	1989年6月	第三批
12	广州古城墙	明	越秀公园	1989年6月	第三批
13	留耕堂	清	番禺区沙湾镇	1989年6月	第三批
14	药洲遗址	南汉	教育路80号	1989年6月	第三批
15	屈大均墓	清	番禺区新造镇思贤村宝珠岗	1989年6月	第三批

20世纪90年代和21世纪的前10年，是城市快速建设发展时期，也是广州文物保护进入法制化建设的起始阶段。在这一时期，人们已经厌倦大拆大建的城市更新方式，社会各界对历史建筑的认知理念日渐成熟，因此更为理性地保护文物。此外，对于文物的历史价值、相关历史事件等也有了进一步了解。同时在这一时期，经济的高速发展也使得城市实力大幅度提高，广州市财政用于文物保护的资金投入也越来越大，越来越多的珍贵文物被发掘出来并纳入保护范围。在1996年和2001年，国家公布了第四批和第五批全国重点文物保护单位。其中广州的第四批全国重点文物保护单位5个，分别为怀圣寺光塔，广州圣心大教堂，广州大元

帅府旧址，广州沙面建筑群，秦代造船遗址、南越国宫署遗址及南越文王墓。第五批3个，分别为中山纪念堂、余荫山房和莲花山古采石场。2006年国家公布第六批全国重点文物保护单位，其中广州有2处，分别为南汉二陵和南越国木构水闸遗址。2013年公布广州市第七批全国文物保护单位1处，为清真先贤古墓。同时，2002年、2008年和2012年，广州还先后公布了第四批省级文物保护单位15个，第五批广州市省级文物保护单位9处，第七批广州市省级文物保护单位4处。1993年公布第四批市级文物保护单位37处。另外在1999年、2002年和2008年先后公布了第五批市级文物保护单位26处、第六批市级文物保护单位61处、第七批市级文物保护单位102处。从这些数据可以看出，随着改革开放进程的推进，广州市的文物保护意识、能力和水平在稳步提升。

2013年5月，《广州市文物保护规定》开始施行，以制度和规定的方式加强文物保护，使广州市文物保护有法可依，有指导性的方略，使文物保护更具科学性与常态性，完善的制度规划体系推动广州在2013年以后步入了城市文物保护的新时代。2015年，广州市政府公布了第八批市级文物保护单位名录，这些保护文物部分来自“市登记和市内控文物保护单位”和“区级文物保护单位”，还有一部分是从推土机下“抢救”出来的历史建筑，如中共中央华南分局秘密联络点中原行旧址。与以往不同，此次在公布文物保护名单的同时，还规定了第八批市级文物保护单位临时保护范围和临时控制地带及保护管理要求，明确要求临时保护范围设置为从文物本体外缘延伸5米，临时建设控制地带则设置为从保护范围向外延伸30米。

2. 骑楼兴衰与规划保护

骑楼是一种近代出现的底层沿街面后退且留出公共人行廊道可行人的商住建筑。广州骑楼多在1920年后形成，是从东南亚特别是马来半岛传入，主要是在广东民居竹筒屋的基础上，融合欧洲外廊式样而成，在其身上正好体现了近代广州对西方异质文化开放融通的地域品格。广州骑楼的产生，最根本的原因在于当地自然地理气候，其次在于通商口岸的背景，再次是因为城市改造运动。广州地区属亚热带气候，春夏有雨，夏秋有阳，台风猛烈，这时骑楼的设计优点显而易见：遮雨防晒，避免台风吹刮楼层落物伤害。骑楼这种人性化设计深受广州人民喜爱。广州历史上特殊的通商口岸优势使之能够接触到西方文化，其中包括西方建筑文化，这样广州就成了骑楼建筑的接受地与传播地。在城市改造运动中，民国初年广州市政府大力推动骑楼建设，制定建设骑楼的章程，规定了骑楼建设的基本章法：柱距4米，进深4米，净高5—6米。并且统一管理统一退缩道路，规定可建和不可建的路段。当时的西关一带大量拆除旧房开马路，在丰宁路、第十甫路、上下九路、龙津路、西华路、西堤、六二三路开始出现商住结合的多层骑楼建筑，总长度近8公里。以广州为建筑模式的市改计划还被推广到其他城市，从而引来了骑楼建设的黄金时代。（见图7-1）

图7-1　整治修复后广州市骑楼街区

在20世纪八九十年代，随着经济发展和城镇化进程的加快，大量的骑楼历史建筑在城市开发建设中遭到拆除和毁坏。为了保护具有典型岭南特色的骑楼文化，进入21世纪后，广州市委、市政府开始强化对骑楼的整体保护。2004年，广州市规划局组织编制的《广州市骑楼保护与开发研究》经市政府批准实施并纳入法定规划，将全市36条、总长22480米的骑楼划分为“核心保护段”“重点恢复段”“风貌协调段”“建设开发段”4种类型并分类保护控制。规划进一步提出了需要重点保护的4片典型骑楼区：（1）“大新路—海珠南路”骑楼区：由人民南路、大新路、海珠南路、一德路、靖海路、长堤大马路等组成。（2）西关骑楼环：由上九路、下九路、第十甫路、恩宁路、龙津西路、龙津东路、人民中路组成。（3）“北京路—万福路”骑楼区：由北京路、文明路、文德南路、万福路、大南路、泰康路、珠光路、德政南路等组成。（4）“同福路—南华路”骑楼区：由南华西路、南华中路、洪德路、同福西路、同福中路、同福东路组成。

2014年编制的《广州历史文化名城保护规划》和2015年修订的《广州市历史文化名城保护条例》，将具有岭南建筑最重要的特征之一的骑楼首次纳入了重点考虑，并对广州市骑楼街从物质空间的角度提出分级的保护、更新方针和措施。规定对于一类骑楼街进行重点保护，对于二类骑楼街进行保护和逐步整治。其中重点保护的一类骑楼街有20条，包括龙津西路、恩宁路、第十甫路、上九路、下九路、六二三路、中山六路、大新路、一德路、长堤大马路、人民南路、海珠南路、北京路、广卫路、文明路、万福路（部分）、同福西路、同福中路、南华西路、洪德路。要求进行保护并逐步整治的二类骑楼街有20条，包括龙津中路、龙津东路、人民中路、海珠中路、大德路、广州起义路、越华路、中山四路、北京路（部分）、大南路、泰康路、万福路、文德南路、珠光

路、德政北路、德政中路、德政南路、东沙角路、南华东路、同福东路。（见表7-5）

表7-5　广州骑楼街现状分布及特色一览表

序号	路段名称	走向	长度	骑楼街整体风貌特色	街道功能
1	第十甫路	东西	560米	骑楼连续，立面装饰丰富且有个性；建筑质量一般，多在三层以上	传统酒家、商铺林立，有较浓的商业气氛
2	上九路	东西	390米	骑楼连续，立面细部丰富；建筑质量较好，多在三层以上	传统酒家、商铺林立，有较浓的商业气氛
3	下九路	东西	410米	骑楼连续，立面装饰丰富又有个性；建筑质量较好，多在三层以上。受荔湾广场高层住宅与购物裙楼建筑影响	传统酒家、商铺林立，有较浓的商业气氛
4	龙津东路（东段）	东西	330米	骑楼连续，有稀疏的行道树，逐渐受开发影响。骑楼以二至三层为主	商业气氛较淡，以居住和功能为主
5	龙津东路（西段）	东西	210米	骑楼连续，立面风格统一，建筑质量较好	商业气氛较淡，以居住和功能为主
6	龙津中路	东西	550米	局部路段骑楼，有较多的行道树，逐渐受开发影响。骑楼以二至三层为主	商业气氛较淡，以居住和功能为主
7	龙津西路	东西	1300米	骑楼不连续，部分路段只有单侧。开发楼盘较多。多树，建筑与饰面质量一般，但有若干栋骑楼建筑精品	无专业市场，以危旧民居为主
8	恩宁路	东西	500米	双边骑楼连续，建筑质量较好，但饰面装饰水平参差不一，装饰比较简朴。路面跨河较多，起伏较大	沿街小型商铺林立
9	人民中路（惠福路、中山路）	南北	460米	受开发影响，部分路段骑楼已经拆除。建筑与饰面质量不及人民南路	沿街商铺密集，但交通更显主要

（续上表）

序号	路段名称	走向	长度	骑楼街整体风貌特色	街道功能
10	南华路	东西	1320米	原生态骑楼，整体性强，外立面风格强烈	商铺林立，属于当年资本阶层的产业，为此从建筑风格到建材选料都风格迥异

2017年，广州市国土资源和规划委员会启动《广州历史文化名城保护规划骑楼街保护规划》的编制工作，这是广州首个针对骑楼街保护的法定专项规划，标志着广州市对骑楼的专项保护上升到法律层面。骑楼专项保护规划确定北京路等60条道路的全部或局部作为骑楼街规划范围，传统骑楼街总长度26.5公里，传统骑楼街保护范围面积47.05万平方米，纳入保护范围的骑楼街比《广州历史文化名城保护规划》的40条增加了20条。同时，保护等级分类也更加细化，由过去的二级拓展为三级。其中，将风貌良好、连续、原生、建筑质量较好的传统骑楼街划分为一类骑楼街。包括南华西路、南华中路（宝岗大道以西）、同福西路、龙津西路（多宝路至泮塘路）、恩宁路、第十甫路、上下九、人民南路、大南路、文明路、海珠南路等路段。对于一类骑楼街，规划要求将整体保护传统骑楼街区，复原和修缮局部遭到破坏、损毁的骑楼街，保护连续性、多样性的传统骑楼街历史风貌。将局部连续的，但风貌、建筑质量一般的骑楼街，以及部分骑楼精美华丽，但较为零星缺乏完整性的骑楼街划分为二类骑楼街。包括南华东路（江南大道以东）、龙津东路、龙津中路、珠光路、东华西路、东华东路（内环路以西）、越华路、大德路（海珠路至解放路）、德政中路南端等路段。对于二类骑楼街，规划要求将保护现存传统骑楼街和格局，协调传统骑楼街和现代风貌关系，逐步改造、更新、新增骑楼街，保持连续性、多样性的传统骑

楼街风貌。将不连续、建筑质量差、整体风貌不协调的骑楼街划分为三类骑楼街。包括南华中路（宝岗大道至同庆路）、同福中路、龙津西路（泮塘路至荔湾路）、沿江西路（海珠桥至北京路）、文德路、西华路等路段。对于三类骑楼街，规划要求将保持骑楼街格局，改造利用骑楼建筑，建议新建的沿街建筑首层采用骑楼形式，发展新式骑楼街。

3. 历史文化街区保护与开发

历史文化街区是广州历史文化名城的重要组成部分，在第一和第二版历史文化名城保护条例中，对历史文化街区保护都做出了明确法律规定，另外2014年2月开始实施的《广州市历史建筑和历史风貌区保护办法》，进一步对历史文化街区的保护和建设活动做出了更加明确的规定和要求。2014年11月公布实施的《广州历史文化名城保护规划》，将沙面、上下九—第十甫、人民南、恩宁路、新河浦等26片历史文化街区划定为保护范围。26片历史文化街区主要分为4个片区，其中历史城区内23个，历史城区外的新河浦、长洲岛、华侨新村3个。2014年9月广州市国土资源和规划委员会启动对北京路、传统中轴线（近代）、文德南3个历史文化街区进行保护规划的编制，到2017年底，已有17个历史文化街区完成了保护规划编制工作。

为真正将历史文化街区保护工作落到实处，强化相关基层部门的职责，广州推出了保护责任人制度。《广州市历史文化名城保护条例》规定，责任人要保持保护范围内建筑物、构筑物的传统格局、历史风貌、特色装饰、空间尺度和历史环境要素的完整性，要对历史文化街区开展日常巡查并及时制止破坏行为，要保持保护范围内整洁美观等。责任人未履行保护责任将受到责令改正、通报批评、行政追责等处罚。（见表7–6）

表7-6 26片历史文化街区保护责任名单

序号	街区名称	行政辖区	保护责任人
1	沙面历史文化街区	荔湾区	沙面街道办事处
2	上下九—第十甫历史文化街区	荔湾区	华林街道办事处、岭南街道办事处
3	传统中轴线（近代）历史文化街区	越秀区	北京街道办事处、人民街道办事处、光塔街道办事处、洪桥街道办事处、六榕街道办事处
4	耀华大街历史文化街区	荔湾区	逢源街道办事处
5	人民南历史文化街区	荔湾区、越秀区	人民街道办事处、光塔街道办事处、岭南街道办事处
6	北京路历史文化街区	越秀区	北京街道办事处、珠光街道办事处
7	南华西街历史文化街区	海珠区	南华西街道办事处、海幢街道办事处
8	逢源大街—荔湾湖历史文化街区	荔湾区	昌华街道办事处、逢源街道办事处
9	昌华大街历史文化街区	荔湾区	昌华街道办事处
10	宝源路历史文化街区	荔湾区	逢源街道办事处、多宝街道办事处
11	多宝路历史文化街区	荔湾区	多宝街道办事处
12	宝华路历史文化街区	荔湾区	华林街道办事处
13	华林寺历史文化街区	荔湾区	华林街道办事处
14	和平中历史文化街区	荔湾区	华林街道办事处、岭南街道办事处
15	光复南历史文化街区	荔湾区	岭南街道办事处
16	光复中历史文化街区	荔湾区	华林街道办事处
17	五仙观—怀圣寺—六榕寺历史文化街区	越秀区	光塔街道办事处、六榕街道办事处
18	海珠中历史文化街区	越秀区	光塔街道办事处
19	海珠南—长堤历史文化街区	越秀区	人民街道办事处

（续上表）

序号	街区名称	行政辖区	保护责任人
20	文德南历史文化街区	越秀区	珠光街道办事处
21	洪德巷历史文化街区	海珠区	南华西街道办事处
22	龙骧大街历史文化街区	海珠区	龙凤街道办事处
23	恩宁路历史文化街区	荔湾区	多宝街道办事处
24	新河浦历史文化街区	越秀区	东山街道办事处、大东街道办事处、梅花村街道办事处
25	华侨新村历史文化街区	越秀区	华乐街道办事处、黄花岗街道办事处
26	长洲岛历史文化街区	黄埔区	长洲街道办事处

广州的历史文化街区实行保护和开发并行模式，在保护中开发，多角度、全方位、分层次地进行。根据历史文化街区的发展现状和周边环境确定不同的保护和开发模式，有些历史街区以商业产业转型为主（如恩宁路），有些以文化传承为主（如泮塘），有些以文商旅居综合发展为主（如传统中轴线）。根据历史街区的特点、方位、人文、道路等进行规划建设，使广州的历史街区的保护具有科学性和专业性，成为广州旅游的一张名片。

4. 非遗保护

“非物质文化遗产”又称无形文化遗产，是相对于有形遗产即可传承的物质遗产而言的。根据《保护非物质文化遗产国际公约》的规定，非物质文化遗产主要涵盖5个方面的项目：（1）口头传说和表述，包括作为非物质文化遗产媒介的语言；（2）表演艺术；（3）社会风俗、礼仪、节庆；（4）有关自然界和宇宙的知识和实践；（5）传统的手工艺技能。[①]

广州自秦汉以来一直是我国岭南地区的政治、经济和文化中心，

---

①蒋秋萍．广州市非物质文化遗产的现状及保护［J］．神州民俗，2014．12.

海上交通贸易的重要港口，是一座拥有2200多年历史的文化名城，岭南文化的重要发祥地。岭南人民在长期的生产和生活实践中创造和传承了数量庞大、独具特色、多姿多彩的非物质文化遗产，如以“三雕一彩一绣”的牙雕、玉雕、木雕、广彩和广绣为代表的传统工艺美术；粤剧、广东音乐、岭南木偶戏表演艺术、广东醒狮等传统表演艺术；波罗诞、乞巧节、迎春花市、扒龙舟等民间民俗节日。这些非物质文化遗产是中华民族优秀传统文化宝库中的一道道绚丽的风景线，也是岭南传统文化的精华所在、文脉所在。

2006年，广州非遗保护工作正式启动。2006—2009年，广州在全市范围内开展了非遗普查工作，普查的项目涵盖了15个门类，其中民间文学47个，传统音乐5个，传统舞蹈11个，传统戏剧2个，曲艺4个，传统美术14个，传统技艺43个，生产商贸习俗2个，消费习俗3个，人生礼俗6个，岁时节令14个，民间信俗18个，民间知识1个，传统体育、游艺与竞技5个，传统医药8个。[①]普查发现，在广州市的非物质文化遗产中，民间文学、传统舞蹈、传统美术、传统技艺、民间信俗方面的资源相对比较丰富，而传统音乐，传统戏剧、曲艺，传统体育、游艺与竞技方面的资源比较少。经过项目资料搜集、整理，并在严格论证的基础上，认定了一批非遗保护项目和代表性传承人。截至2017年4月，广州市共有人类非遗保护名录2项，分别为古琴和粤剧。国家级非遗保护名录18项，分别为广东音乐、古琴艺术（岭南派）、狮舞（广东醒狮）、粤剧、木偶戏（广东木偶戏）、粤曲、粤绣（广绣）、象牙雕刻、灰塑、核雕（广州榄雕）、玉雕（广州玉雕）、凉茶、广彩瓷烧制技艺、广式硬木家具制作技艺、陈李济传统中药文化、潘高寿传统中药文化、七夕节（天河乞

---

①《广州市非遗普查汇编》，广州市非物质文化遗产保护中心编印. 2009.

巧习俗）和民间信俗（波罗诞）。省级非遗保护名录62项，市级非遗保护名录112项。国家级代表性传承人6名，省级代表性传承人60名，市级代表性传承人151名。

近年来，广州开启了一系列非遗保护实践，包括保护工作机制建立健全、两次全市非遗大普查、代表性非遗项目和传承人名录建设、抢救记录建档、传承教育、生产性保护、传播推广、研究出版等工作，从无到有，在各方面取得了明显成绩。其中，广州非遗的传播推广工作最为活跃，形成了特色鲜明且富有成效的广州非遗传播推广模式。一是全市各区依托本地域非遗资源优势，尤其以“一区一品”为标志，树立起各具特色的传播体系，从而在文化层面上巩固了多中心、组团式的空间形态。（见表7-7）二是在中华优秀传统文化“创造性转化和创新性发展”的指引下，广州市非遗保护中心开展了一系列非遗创意化传播的尝试。如2015年的“广州塔·醉非遗”展览演出、2016年的“绣美花城——广州非遗创意赛·广绣风”、2017年的“走近·共享”非遗资源活化行动和广州市青少年醒狮表演赛。广州非遗保护的创意化探索已走在全国前列，成为非遗保护的“广州经验”。三是依托社会力量进行广泛传播，是广州非遗保护工作的一大特色。而在众多社会力量中，交通机构是重要的传播主体。如广州地铁集团有限公司从2014年开始打造“搭地铁·赏国学”的文化品牌，与广州市非遗保护中心合作，在地铁站厅和地铁列车举行了一系列非遗传播活动，构建起一条亮丽的“地下文化线”。四是促进“非遗+知识产权”模式。2016年，广州市非遗保护中心与广东省律师协会知识产权法律专业委员会共同举办了“非遗知识产权保护研讨会”，知识产权法律界和非遗传承人共商非遗产权。“广绣风”创意赛由广州市非遗保护中心与广州市版权保护中心共同承办，对参赛作品免费提供版权登记和资助服务。此外，还针对传承人展开了一系列知识产权讲座、线上沙龙和课题调研，让知识产权意识深入人心。在对非遗传承人的知识产权宣传工作中，广州市已走在全国前列。

表7-7　广州市各区“一区一品”非遗项目表

区域	背景概述	非遗传播亮点	“一区一品”及所展示非遗项目
越秀区	是广州最古老的中心城区，广府文化发源地、千年商都核心	建立广府文化生态保护区，举办非遗创意大赛	“广府庙会”，包括广州牙雕、木雕、玉雕等非遗项目
海珠区	是广州市的老四区之一，古称江南洲，广州人称其为“河南”	着力开展“非遗进校园”传播工作	“岭南祠堂文化节”，包含广彩、广绣、灰塑、粤剧等
荔湾区	俗称“西关”，十三行所在地，清朝时曾有100多年是中国唯一的对外贸易窗口	重视对传统工艺美术的展示宣传	“老广州民间艺术节”，包括仁威庙北帝诞，广州牙雕、玉雕等非遗项目
白云区	历史文化传统深厚，工业在该区国民经济中地位举足轻重	推出“非遗进企业”传播模式	“广州白云火龙民俗文化节”，包含舞火龙、醒狮、洪拳等非遗项目
天河区	广州新城市中心区，多个标志性建筑坐落于此，但区内村落传统保持良好	首创“非遗进商圈”传播模式	“广州乞巧文化节”，包含乞巧节、广绣等非遗项目
南沙区	位于广州市最南端，区内水网密布，南部为大沙田地区，充满独特的水乡民俗风情	以水乡文化主题活动贯穿全年	“广州水乡文化节”，包括黄阁麒麟舞、咸水歌、南沙水乡婚俗等非遗项目
番禺区	是著名的“鱼米之乡”，也是岭南文化的发源地之一；文教鼎盛，素有“文化之乡”的美誉	注重民俗活动的推广	“番禺民俗文化节”，包含北帝诞、沙湾飘色、醒狮、鳌鱼舞、广东音乐等非遗项目

（续上表）

区域	背景概述	非遗传播亮点	“一区一品”及所展示非遗项目
花都区	原名花县，有广州市北大门和后花园之称。居民分广府和客家两大民系	重视对外宣传，制作了较全面的非遗宣传片	“中国（狮岭）盘古王诞民间文化节”，包括盘古王诞、醒狮、灰塑等非遗项目
从化区	以温泉闻名，生态旅游资源丰富。众多历史村镇体现了客家文化和广府文化融合交汇	重视流溪河两岸客家文化的校园传播	“水族舞民间文化节”，包含从化水族舞等非遗项目
黄埔区	历史上属番禺县管辖，素以“海上丝绸之路起点”的南海神庙、“中国将帅摇篮”的黄埔军校而闻名	开展形式多样且极具地方特色的民俗文化展、演、赛活动	“广州民俗文化节暨波罗诞千年庙会”，包括波罗诞、波罗粽制作技艺等非遗项目；“香雪文化旅游节”，包括萝岗香雪、醒狮、舞貔貅等非遗项目
增城区	位于广州市东部，是全国著名的荔枝之乡，客家居民超过户籍人口的40%	注重客家非遗和荔乡文化的宣传	“广州（增城）何仙姑文化旅游节”，包括何仙姑与挂绿传说、舞貔貅、客家山歌、舞春牛等非遗项目

二、全国文明城市创建

（一）广州“创文”进程回顾

全国文明城市是目前我国综合评价城市的最高荣誉，是最有价值的城市品牌。全国文明城市这一品牌的获得，倾注了广州人的心血与汗水，铭刻了广州发展的光荣与辉煌，具有里程碑的意义。广州市在创建文明城市的过程中敢于迎难而上，敢于动真格，依法依规，有效地破解了城市发展中面临的交通管理、社会治安、环境整治等重点、难点问题，为同类城市建设树立了较好的样板。

1998年，广州市创建全国文明城市工作正式启动，并提出“一年一小变，三年一中变，2010年一大变”的阶段性战略思路。2001年，广州经济总量继续雄居全国十大城市三甲位置，年增长速度高于全省平均水平，喜居全国十大城市之首。2004年7月1日，广州获得了2010年亚运会的举办权，既是广州实力的体现，也给广州创建全国文明城市带来了信心和强劲动力。2002年和2005年，广州先后两次荣获“全国创建文明城市工作先进城市”的称号，持续朝着“城市健康、可持续发展，经济繁荣、有效增长，社会稳定、业泰民安”的方向发展，目标是建设以人为本的宜居城市，着力打造拥有完善的公共服务、高效的行政管理、生动的民主氛围、先进的文化品质、良好的社会秩序、优美的生态环境、高尚的公民意识的共同家园。但遗憾的是，在2008年10月份中央文明办对全国候选城市进行测评中，广州因在公共环境、公共秩序等方面扣分较多等原因而再度落选。

历经十年寒暑，两次与全国文明城市擦肩而过后，2009年，广州第三次发起创建全国文明城市冲击。但此时全国文明城市评选方法已有重大调整，评选将从“三年一评定结果”改为“每年测评，三年总评”，其中每年的公共文明测评结果将计入评选总分，作为下一轮全国文明城市评选的重要组成部分。为此，广州及时调整“创文”方式方法，打破传统的“突击创文”思维模式，从城市环境综合整治、市民文明素质提升、惠民工程建设和公共服务均等化、城市公共安全建设等方面入手，再次打响“创文”攻坚战。2011年，广州在全国部分城市公共文明指数最新的测评中，成绩位居我国省会、副省级城市前列，在全国未成年人思想道德建设工作测评中，广州市成绩名列全国117个受测城市的第二名。最终于2011年以总分第二的骄人成绩成功迈入“全国文明城市”行列，成为全国获得此荣誉的特大型城市，为全国先行探索出一条特大型城市文明发展之路，具有重要的标杆意义。

“创文”成功后，广州市继续按照中央、省文明委的决策部署，以培育和践行社会主义核心价值观为根本，坚持“文明无止境、创建不停步”，以先行理念培育社会新风尚，围绕建设崇德向善、文化厚重、和谐宜居的文明城市目标，持续强化市民素质教育和城市综合治理，大力提升城市文明程度和市民文明素质，着力打造“干净整洁、平安有序”城市环境和市场化、法治化、国际化营商环境。建立常态测评季度汇总机制，从2009年开始连续9年采取实地考察、问卷调查、材料审核和基层评价等方式，每季度组织文明程度指数测评，2017年共完成1060个观测点的实地考察、6000份样本的问卷调查、3000多份创建材料的审核。据2017年第三季度问卷调查显示，100%的受访市民支持广州开展创建全国文明城市工作，89.57%的受访市民对广州开展文明城市创建活动表示满意。2017年11月，中央文明办公布第五届全国文明城市名单和复查确认继续保留荣誉称号的往届全国文明城市名单，广州市成功蝉联全国文明城市荣誉称号，这是自2011年广州首次“创文”成功以来，第三次荣膺此殊荣。

（二）广州“创文”成效及影响

1. 城乡基层公共文化服务实现均等化和全覆盖

为创建全国文明城市，“十一五”以来，广州加大文化基础设施建设力度，广州大剧院、广州塔、广州新图书馆、广州国际媒体港、南越王宫博物馆等一批地标性重点文化设施相继落成并投入运营。积极实施农村数字电影放映工程、公益性文化场馆免费开放工程、基层综合文化站（室）建设工程、“农家书屋”建设工程、现代广播电视公共服务工程、公益性流动文化服务工程等10项文化民生工程，不断完善城乡基层文化服务网络，推动城乡文化服务均等化。到“十二五”期末，广州全市图书馆、文化馆、文化站、文化室建设率达到100%，各区基本形成文、图、博三馆齐全的格局，12个区级图书馆、文化馆全部被评为国家一级馆。全市170个文化站中，122个达到省特级站标准，48个达到省一级站标准。全国文化信息资源共享工程建设率达到100%，全市广播电视“村村通”和农家书屋实现100%全覆盖。建立起了市、区、街（镇）、社区（村）四级公共文化服务网络，基本实现了城市“10分钟文化圈”和农村“十里文化圈”发展目标。

2. 成功打造“志愿者之城”

广州作为改革开放的前沿地，素有开风气之先的优良传统，是我国志愿服务事业起步最早、发展最快、规模最大的城市之一。早在1987年，广州就开通了全国第一条志愿服务热线——中学生心声热线，成为全国志愿服务的雏形。2010年，广州在全国率先提出了以举办亚运会和创建全国文明城市为契机，全力打造“志愿者之城”的发展设想，受到中宣部和中央文明办的高度认可，认为广州的做法具有示范意义。2011年，中共广州市委、广州市政府出台了《关于进一步发展广州志愿服务事业的意见》，提出力争在3～5年内使全市公众志愿服务参与率达到20%，注册志愿者不少于200万人，注册志愿者年人均服务时间不少于60小时。颁布了《广州市志愿服务时间管理办法》《广州市志愿服务激励指南》等一系列配套性政策文件，并把志愿服务纳入文明城市测评项目，建立月（季）度测评机制，定期公布测评成绩，积极推动志愿者服务的制度化、常态化和专业化。截至2016年底，广州注册志愿者总数近137万人，社区义工66万人，平台登记的志愿服务组织达9924个，社区义工队伍近6000支，注册志愿者（义工）占常住人口的比例为15%；

志愿服务（义工服务）累计时间达3300万小时，人均服务时间超过20小时。2016年全市有11个代表（项目、组织、社区）荣获全国志愿服务“四个100”，命名认定100个单位（个人）广州市志愿服务为“四个一批”（最佳志愿服务组织、最佳志愿服务项目、最美志愿服务社区、最美志愿者）先进典型。“志愿者之城”经央视媒体传播而全国闻名，志愿服务“广州模式”被中央文明办向全国推广。全社会形成人人想做、争做、做好志愿者的生动局面，我为人人、人人为我的志愿理念深入人心，广州已成为我国名副其实的“志愿者之城”。

3. 人人行善乐善的“大爱之城”

在创建全国文明城市的10多年进程中，广州广泛深入开展公民道德教育实践活动，通过选树典型、示范引领不断培育城市的崇德向善社会氛围。组织群众参与“讲文明、树新风”道德实践活动，在未成年人中深入开展“做一个有道德的人”主题实践活动，举办“小道德模范”“美德少年”“文明小公民”系列评选。广泛开展“我推荐，我评议身边好人”活动。建立市、区、街镇、社区（乡村）四级好人推荐制度，推行市民举荐、层层把关、择优申报的工作模式，每月开展“我推荐我评议身边好人”活动。在道德模范的示范引领下，开展创建全国文明城市以来，广州的好人好事不断涌现。2017年9月，为了抢救一名脐带脱垂的胎儿，广州一名产科女医生跪地托举胎儿长达25分钟；同年11月，广州好保安勇救落水女子，因为岸高，他托起落水女子在水中等待救援；同年11月，广州好的哥空驶20公里为乘客送还万元现金及护照，助台商顺利乘机……这些在朋友圈、网络上被刷屏点赞的好人好事，让广州“大爱之城”的光芒更加闪亮。据统计，当前广州共有全国道德模范5人、省道德模范13人、市道德模范402人，“中国好人”162人、“广东好人”78人、“广州好人”1099人，好人工作室11个，入选全国、全省先进典型人数均处于全省前列。据2017年广州城市文明程度指数测评结果显示，当前广州市民对广州开展道德模范和“中国好人”“广东好人”“广州好人”等身边好人的评选表彰活动的好评率达83.86%，认为本市民风和道德素质好的市民占比80.45%。

4. 城市文明与市民素质稳步提高

为创建全国文明城市，提高城市文明水平，2010年，广州出台了《广州市控制吸烟条例》，在国内率先立法禁止办公室吸烟；2011年出台了《广州市城市生活垃圾分类管理暂行规定》，使广州成为全国首个立法保障垃圾分类的城市。同时，广州全面启动“做文明有礼的广州人”教育活动，开展“文明出行、文明观赛”等市民文明礼仪知识普及和公共文明示范区（点）创建活动。在这些措施的推动下，近些年广州的城市文明水平得以稳步提高。公共场所的文明礼仪，最能体现一座城市市民的整体文明素养水平。在广州大剧院建成运营初期，广州市民穿着短裤拖鞋来看歌剧的不在少数，而今天，旗袍和礼服已成了大剧院每晚的风景。在2013年广州图书馆刚建成开馆时，不少市民把图书馆当成游乐观光场所，不仅吵闹而且吃午饭、吃零食、喝饮料的比比皆是，而现在，图书馆已真正成为市民清静的读书之处。在过去，大型演唱会后，场地是一片狼藉，纸屑果皮、荧光棒和各式模型道具扔得满地都是，而现在，广州市民已开始自觉遵守“观演后不留一件垃圾”的文明承诺，观看演出的市民自备塑料袋，离开时自觉清理座位。广州观众热情且斯文有礼是现在许多来穗开演唱会的歌手、艺人的普遍印象。据历年来广州市文明办发布的城市文明程度指数测评成绩显示，广州城市文明和市民素质正呈逐年提升的良好发展之势。2016年广州文明程度指数测评平均分为87.69分，市直部门专项测评平均分为90.99分，全市年度测评得分均高于上一年。

三、世界文化名城培育

广州为历史文化名城，有着深厚的历史底蕴和文化特色，具备成为世界文化名城的良好潜质。根据中共广东省委、广东省政府建设文化强省的战略要求，2011年广州提出了到2015年将广州建设成为“文化引领作用更突出、文化产业更强大、文化特色更鲜明、文化服务更惠民、文化影响更广泛、文化软实力更雄厚的社会主义文化强市”以及到21世纪中叶建成世界文化名城的发展目标。为加快培育世界文化名城，全面提升城市文化形象和文化品位，广州自此开始实施文化发展优先战略，以彰显“千年商都”，建设“文化创意之都”“国际重大活动举办地”和“世界旅游目的地”为四大主攻方向，重点实施市民素质提升工程、城市文化名片工程、文化遗产传承工程、文化产业促进工程等“四大工程”，全力打造国际文化节庆交流平台、文化名家活动平台、城市文化传播交流平台等“三大平台”。通过全市上下共同努力，当前广州的世界文化名城培育工作已取得了明显成效。

（一）大力发展文化经济，积极繁荣文化市场

文化产业与信息产业并称为21世纪的两大新兴支柱产业。近年来，广州以打造“创意之都”为目标，积极促进文化与科技、商贸、旅游的融合，大力发展文化创意产业，培育数字出版、数字电视、手机电视、网游动漫、网络音乐、电子商务、文化旅游等新型业态。同时积极挖掘利用特色文化资源，培育扶持以水文化、花文化、商贸文化、饮食文化、休闲文化、体育文化、节庆文化等为主题的特色文化产业。为了给文化产业发展创造良好的市场环境，加快培育文化要素市场，推动文化产品公共服务平台建设，成立了南方文化产权交易所和广州文化产权交

易所。打造全国重要的出版物、影视音像、动漫游戏等产品集散地，建设动漫衍生品交易市场，促进中国（广州）优秀舞台艺术产品交易机制化，发展文化产品电子商务体系，鼓励网络游戏、网上书店、网络视频、网络购物等消费新模式，建设具有国际影响力的文化产品交易中心。在这些有利政策的推动下，近年来广州文化产业每年保持26%—30%的增速在高速发展，文化用品设备、出版发行、广告、会展等传统优势文化产业继续在全国保持领先地位，网游动漫、创意设计、新媒体等新兴文化产业发展迅速。2015 年，文化产业增加值达913.28亿元，占地区生产总值比重达5.05%，成为广州国民经济新的支柱产业。2016年广州实现文化产业增加值突破千亿元大关，达到1043亿元，占当年GDP比重达5.28%，文化产业的支柱地位进一步增强。文化消费呈逐年扩大趋势，2017年，广州市按常住人口计算的教育及文化娱乐服务消费总体规模已达到711亿元，较上年同期约增长10.7个百分点。城市居民家庭人均文化娱乐消费支出已达到5040元，占城市家庭人均消费支出比重的13.1%，居全国第一。

（二）积极实施文化遗产保护与开发工程，文化遗产保护成果丰硕

加强重点文物、非物质文化遗产、珍贵古籍文献等岭南文化遗产资源的规划、保护与开发，凸显“千年商都”的文化特色，是广州建设文化强市和世界文化名城的一项重要内容。培育与建设世界文化名城目标提出以来，广州新修订了《广州市文物保护规定》，市、区两级政府根据规定设立了专项文物保护资金，为城市文物的抢救、修缮、保养提供了更为有效的资金保障。同时，加大了对非国有不可移动文物修缮保养的支持力度，对非国有不可移动文物的修缮保养明确规定由政府出资给

予补助。在非遗方面，广州建立起了比较健全的国家、省、市三级非遗项目和非遗传承人保护体系，以“三雕一彩一绣”为代表的广州传统工艺美术开始走向精品商业化、产业化道路，广州在非物质文化遗产的保护与开发方面已走在全国前列。

（三）大力促进国际文化交流与文化会展发展，城市文化软实力稳步提升

在培育与建设世界文化名城过程中，广州积极发挥“南大门”的区位优势和会展业高度发达的平台优势，一方面依托国际友好城市网络资源，加大城市文化贸易交流力度，积极开展文化周和各类互访活动，通过城市间的国际文化交流活动提升广州文化的辐射力；另一方面大力发展文化会展业，以“展、会、节”联动推动会展产业一体化，通过活跃的中外文化贸易活动增强广州文化在国际上的能见度，提升广州文化的辐射力。目前广州文化会展产业已形成较强的规模和品牌效应。一是文化会展多，举办具有连续性。目前在广州举行的主要文化会展项目已有7项，基本每两个月有1项，大多数会展、比赛都能连续地举办很多次，已逐渐形成了自己的品牌和影响力。二是会展的内容门类多，项目全。有与世界文化接轨的国际动漫节、国际合唱锦标赛，也有推崇本地文化的粤剧节等。三是广州文化节会展国际知名度越来越大，国际参与人数越来越多。[①]当前广州艺术节、中国（广州）国际纪录片节等大型文化会展活动已逐渐形成国际文化影响力，广府庙会、迎春花市等传统民俗文化活动品牌，已形成城市新的文化名片。（见表7-8）

---

①徐俊忠等．中国广州文化发展报告（2013）［R］．北京：社会科学文献出版社，2013：4.

表7-8　广州主要文化会展活动一览表

序号	会展名	举办单位	举办时间	最近一次参与规模	活动内容
1	广州国际艺术品博览会	是华南地区唯一经文化部批准、中国美术家协会与广州市人民政府联合主办的国际艺术博览会。不论展商规模、作品品质还是成交额，在中国乃至亚洲都处于领先地位，是中国内地三大艺博会之一	始于1996年，至2013年已举办18届	25个国家和地区、300余家展商、2万余件艺术精品展售	包括展览、年度优秀展品评选，专场拍卖（竞买）活动，家藏艺术品、收藏品自助展，艺术营销系列讲座，年度优秀画廊广州大会等
2	中国国际漫画节	为国家“十二五”规划重点扶持的3个动漫节展之一，由国家新闻出版广电总局和广东省人民政府共同主办，系目前国内规格最高、规模最大的国际性漫画产业盛会	始于2008年，至2013年已举办6届	内地和港澳台及东南亚、欧美等地区众多华语动漫创作者，8544件作品参展	包括中国动漫版权交易会、中国漫画家大会、中国国际漫画节展会、“漫画节在身边”系列群众文化活动等
3	中国广州国际演艺交易会	由文化部、广东省人民政府主办，广州市人民政府、广东省文化厅承办，广州市文化广电新闻出版局举办	始于2010年，至2013年已举办4届	来自20多个国家和地区的60多家国际演艺机构、近300家国内演艺机构参会	包括展览、高峰论坛演讲、现场推介会、演艺互动演出、评选演艺经纪人等

（续上表）

序号	会展名	举办单位	举办时间	最近一次参与规模	活动内容
4	中国国际纪录片大会	由国家新闻出版广电总局、广东省人民政府主办，广州市人民政府、广东省新闻出版广电局承办，南方广播影视传媒集团协办，广州市文化广电新闻出版局、广东电视台、南方电视台执行。目前已经成为中国唯一国家级的、享有交易功能的纪录片盛会	始于2003年，至2013年已举办11届	来自65个国家和地区的1488部影片参加	包括展览、金红棉奖评选、公众展播、合作高峰论坛、国际高端人才培训等
5	中国音乐金钟奖	创办于2001年，是中宣部批准设立，由中国文联和中国音协共同主办的中国音乐界综合性专家大奖，是与中国戏剧梅花奖、中国电视金鹰奖、中国电影金鸡奖并列的国家级艺术大奖	始于2001年，至2013年已举办9届	——	包括全国各地的比赛项目、广州颁奖典礼等
6	羊城国际粤剧节	由广州市文化广电新闻出版局、广州市文学艺术界联合会、广州市振兴粤剧基金会主办	始于1990年，至2013年已举办6届	22个国家和地区、境外来宾1500多人参加	包括经典保留项目欢迎酒会、粤剧研讨会、海内外粤剧社团大联展、优秀粤剧剧目展演、粤剧进校园进社区群众文化活动等

（续上表）

序号	会展名	举办单位	举办时间	最近一次参与规模	活动内容
7	广州国际艺术交易博览会	由广州国际艺术博览会组委会主办，广州艺时代展览策划有限公司承办。与广州国际艺术博览会相呼应	始于2011年，至2013年已举办3届	近300位海内外艺术家带来逾万件艺术品参展，展会面积达20000平方米，场内成交总额1.1亿元	包括年度优秀展品奖评选，“家藏艺术品、收藏品自助展”，画廊与艺术家签约仪式等

城市管理篇

第八章

城市管理创新

一、广州城市管理理念的创新发展

西方城市管理理论的发展历程大体经历了以下几个阶段：19世纪末至20世纪20—30年代，以城市空间形态为主的城市管理理论，比较有代表性的，如花（田）园城市理论、有机疏散理论等；20世纪30年代，在雅典宪章的影响下，城市管理理论将研究重心转向了城市居住环境，出现了生态城市理论、城市更新理论等至今仍具有广泛影响力的思想理论，至此城市管理理论开始走向人性化的一面；20世纪50—60年代，伴随着管理学界梅奥的霍桑实验的成功，城市管理理论走向了它的形成时期，以人为本的城市管理理念开始成为城市管理学的主流；20世纪80年代出现的可持续发展的生态战略，标志着城市管理理论进入发展成熟阶段。

改革开放以来随着市场经济的不断发展，我国的城市迎来了蓬勃发展的大好机遇，城镇化进入了加速发展阶段。然而，由于历史和现实的原因，我国城市管理水平与城市发展的需求还有差距，亟须理论加以指导。在此背景下，我国学者和城市管理者在学习西方城市管理理论的基础上，结合我国国情提出了一些有中国特色的城市管理理论，如城市生态理论、城市经营理论、城市治理理论、数字城市理论。其中城市生态理论是在我国工业化和城镇化快速发展的时期出现的，其主要观念是强调系统性，将城市周边的乡村纳入城市生态管理范围，城乡融合，形成城乡一体的管理格局。经营城市的理念最早由上海市原市长汪道涵于1998年在中国城市经济学会一次研讨会上提出，主旨为城市现代化要走经营城市之路。其核心思想就是城市政府将城市视为一种具有资本效益的资源，按照市场经济的运行规律，对城市的各种资源（有形的和无形的）进行市场化运作，实现城市各种资源要素的最优配置，从而达到城市经济效益、社会效益和环境效益的最优化，实现城市的协调和可持续发展。[①]从20世纪90年代开始，大连、青岛等城市在国内率先用城市经营的理念指导城市建设和管理，取得了巨大成功。此后，越来越多的国内城市也根据各自的特点纷纷将城市经营的理念运用到城市建设和管理的实践中，并形成了各具特色的多种城市经营模式。城市治理理论是随着环境污染、交通拥挤、脏乱差等各种“城市病”日益严重而提出的。相对于城市管理而言，城市治理强调的是多元主体之间的对话、协商和合作，主张通过各方力量的协调互补，最大限度地利用各种社会资源来促成公共目标。数字城市理论是随着现代通信网络技术高速发展而提出的一种新型城市管理理念。数字城市，也称智能城市、网络城市，它打破了行政机关的组织界限，政府人员通过通信设施、网络，可以随时获得

①程向民．多维视角中的城市经营理论与实践［J］．同济大学学报（社会科学版），2004（4）．

所需的信息，大大提高了政府的办公效率和管理水平，是未来城市的新模式。现在提倡的大数据管理就是数字化管理的衍生并且是升级版本。

从城市管理理论的总体发展演变趋势来看，当代城市管理呈现以下几个基本特点：第一，管理主体从一元走向多元化，越来越强调城市管理的社会化与公众参与。第二，城市管理方法从刚性化逐步走向柔性化，由执法型管理向服务型管理进行转变，越来越强调文化建设和城市精神培养在城市管理中的作用，以适应知识经济时代城市居民需要层次的提高，同时城市管理从过去单纯注重以人、财、物等“硬件”为重点的管理向知识管理、学习管理、创新管理等“软件”管理转变。第三，城市管理手段日趋综合性与数字化。从直接管理到间接管理，从单一的行政手段到综合运用经济、行政和法律的手段，从手段的自然性到数字化。而且，数字化已成为知识经济和后工业社会城市管理手段的必然趋势。随着城市管理理论的创新发展，以及城市内部结构与外部环境的快速演变，改革开放40年来，广州的城市管理理念也在发生相应的演进与变迁。

（一）从城市管理向城市治理理念的成功转变

在改革开放前期，受传统城市管理理论和传统单位体制的影响，广州的城市管理基本沿袭以政府行政管理为主的模式。但进入21世纪以后，广州的城市管理理念开始从政府单一主体的城市管理模式向多元主体参与的城市治理模式快速转变，公众与社会组织在城市管理中的参与度越来越高，城市管理手段日趋柔性化和科学化。

2004年，广州建立城管投诉服务中心并正式开通了12319城管投诉服务专线，开始主动接受群众对广州城管的监督评价。2008年，广州开始推行“开门立法”，就《广州市城市管理综合执法条例》的制定，市人大常委会法工委在网易网上以问卷调查的方式开展立法民意调查，对"执法方式""执法手段"等九大类问题设置选项供网友投票，并设立专门网页供网友就城管条例草案具体条文发表意见和评论，成为我国在城市管理立法层面首开先河广泛吸收公众参与的一部地方性法规。2010年，广州市政府第13届124次常务会议修订通过了《广州市规章制定公众参与办法》，明确提出保障规章立项的公众参与、规章起草和审查的公众参与，规定了规章起草的部门需要通过座谈会、论证会去征求广大公众意见，或者通过问卷调查、听证会等方式广泛了解民意。

2012年初，广州市政府在重点民生项目——同德围综合整治工程再次开启之际，反思过去十多年整治无果的经验教训，一改过去政府单方主导的管理模式，牵头成立了由明星政协委员担任主任的"同德围地区综合整治工作咨询监督委员会"，使得公众与政府有关部门有了深度的互动。各利益相关方共同协商、共同决策，使得同德围整治工程得以顺利开展，这一新型的政民互动模式被专家学者命名为"同德围模式"。[①]随后，广州市政府积极总结经验，于2013年3月广州市政府常务会议审议通过了《广州市重大民生决策公众意见征询委员会制度（试行）》（简称《制度》），规定凡是关系市民切身利益且涉及面广的重大民生决策事项，原则上均应成立公众意见征询委员会，征询民意后再进行决策，将这一公众参与模式制度化、常态化。《制度》出台之后，市内的一些重点工程项目开始纷纷复制"同德围模式"，各种公众意见征询委员会在广州市迅速铺开，如东濠涌中北段综合整治工程公众咨询监督委员会、重大城建项目公众咨询监督委员会、社会医疗保险公众咨询监督委员会、金沙洲咨询监督委员会等。短短一年时间，广州市由城市管理向

①陈坤城. 广州城市管理政策制定中的公众参与研究［J］. 城市管理与科技，2015（4）.

城市治理的转型可谓实现了一个质的跨越，这样的发展态势在全国是绝无仅有的，从此开启了广州市全面推行多元主体协同合作的城市治理新时代。

（二）从传统粗放到精细化服务管理理念的成功转变

"精细化管理"源自企业的"科学管理"理论[①]，是通过规则的系统化和细化，运用程序化、标准化、数据化和信息化的手段，使组织管理各单元精确、高效、协同和持续运行。改革开放后，传统计划经济体制下的城市整体治理结构正面临多元社会力量的冲击，城市政府面临着严峻的维稳压力。在我国现行维稳体制下，政府作为单一主体，对社会事务负有"无限责任"，这就要求政府必须改变过去那种传统"粗放式"城市管理方式，不断提升城市的管理水平来满足快速城镇化发展的现实需求。精细化服务管理是提升政府行政水平的基本方法，而现代数字信息技术在城市管理领域的广泛运用为精细化管理理念的实施提供了可能。2017年3月5日，习近平总书记在参加上海代表团审议时强调，"城市管理应该像绣花一样精细"。

时任广州市市长陈建华在2012年城市管理暨迎接国家卫生复审工作部署动员大会上指出，广州要认真学习新加坡、伦敦、东京、中国香港等先进城市精细化管理的经验做法，按照标准化、常态化、网格化、智能化、人性化的要求，以国内外先进城市为标杆，积极推动城市管理从"治脏、治乱、治差"向"做细、做优、做靓"转型，不断提升后亚运广州城市管理的精细化水平。同年，广州在城市管理领域开始实施城市管理综合提升考评，对各区、县级市人民政府试行考评，考评内容包括

①弗雷德里克·泰勒，马风才译．科学管理原理［M］．北京：机械工业出版社，2007.

环卫、市政、绿化等18个方面。根据《广州市城市管理综合提升考评工作实施方案》，在城市管理综合提升考评的方式上，分为月度、季度、年终检查及民意调查。各区按年度考评分数取得城市管理维护资金，由市财政从本级城市维护资金中统筹拨付。依据考评成绩对城市管理维护资金实行竞争性分配，这是广州推行城市精细化管理的有益尝试。

2012年下半年，广州在越秀区和黄埔区展开社区网格化服务管理试点，2013年10月启动全市各区试点，试点范围推广到637个社区，推行率为43.3%。在总结前期试点经验的基础上，2014年7月，广州社区网格化服务管理工作在全市全面铺开。市民政局、社工委、市政务办等有关部门按照《广州市推进城市社区网格化服务管理工作总体方案》的要求，制定出台了《广州市城市社区网格化服务管理入格事项管理办法（试行）》《广州市社区建设工作领导小组社区网格化服务管理专项工作会议制度》和《广州市关于整合街（镇）聘用人员队伍组建专职网格员队伍的指导意见》等相关配套文件。2016年，全市1540个城市社区实现网格化服务管理全覆盖，优化调整划分基础网格16658个，基本完成市、区、街（镇）三级网格化服务管理中心建设，严格按照“一格一员”配备网格员。整合民政局、公安局、来穗人员服务管理局等12个部门共2.6亿条基础数据，初步建成网格化信息应用平台，全年上报网格事件共634.97万件，办结率96.2%。以网格化社区管理为特征的城市精细化管理理念开始在广州全面落实，广州开始进入网格化、精细化城市管理的新时代。

二、广州城市管理体制改革进程

在改革开放初期，我国城市管理部门从事的只是一些单一的城市市容方面的法律职权，由此形成了一套计划经济体制下城市管理的方式和方法。这一时期，我国的政府职能转变和行政体制改革工作尚未完全到位，行政处罚权仍旧分属于各级政府的职能部门，城市中存在多支队伍分头执法，由此派生出的职责交叉重复、执法力量分散、执法扰民、城市管理效率低下等问题日益凸显。建立和实施一套全新的城市管理体制，对于当时城市发展显得尤为迫切。因此，进入20世纪90年代以后，国务院决定建立城市管理领域相对集中行政处罚权管理体制，新设立的城市管理综合执法部门集中了原来多个部门的部分或全部行政处罚权。1996年5月17日，国务院下发《国务院关于贯彻落实〈中华人民共和国行政处罚法〉的通知》，通知正式将《中华人民共和国行政处罚法》中第十六条的内容概括为相对集中行政处罚权制度，并通过试点在全国范围内逐步推行。国务院的这一举措标志着相对集中行政处罚权城市管理体制的正式诞生。1999年11月8日，国务院又发布了《国务院关于全面推进依法行政的决定》，对行政执法中的若干重大问题提出了指导性规定，指出“继续积极推行相对集中行政处罚权的试点工作，在总结试点经验的基础上，进一步扩大试点范围”。在这一法律条文的规范指导下，国务院及由国务院授权的省、自治区、直辖市人民政府开始了进一步扩大试点范围的工作。

2000年9月8日，国务院办公厅下发了《国务院办公厅关于继续做好相对集中行政处罚权试点工作的通知》。通知提到“总体上看，相对集中行政处罚权的试点工作进展比较顺利……根据实际需要，在总结试点经验的基础上，按照国务院批准的原则和要求积极稳妥地扩大试点范围是必要的、适宜的”。通知的下发使相对集中行政处罚权试点工作得到快速发展。在这一背景下，国务院又于2002年8月22日发布了《国务院关于进一步推行相对集中行政处罚权工作的决定》（简称《决定》），对在全国范围内推行相对集中行政处罚权管理体制提出了新的目标和更加明确的要求。《决定》指出："实践证明，国务院确定相对集中行政处罚权制度试点工作的阶段性目标已经基本实现，进一步在全国范围内推进相对集中行政处罚权工作的时机已经基本成熟。为此，依照《行政处罚法》的规定，国务院授权省、自治区、直辖市人民政府可以决定在本行政区域内有计划、有步骤地开展相对集中行政处罚权工作。"这一决定标志着相对集中行政处罚权管理体制由试点进入全面推行阶段。此后数年，相对集中行政处罚权城市管理模式很快在全国范围内得到普及，很多城市先后成立了城市管理行政执法局，建立了相对集中行政处罚权的城市管理体制。

广州是我国华南地区最重要的国家中心城市，担负着在全国范围内率先进行改革试点的重任。走在全国改革开放前沿的广州市，一直以来都十分重视城市管理体制的探索。在改革开放40年间，广州的城市管理体制改革进程大约可以分为3个阶段，在改革发展脉络上与国家城市管理体制改革进程是一致的，但有些改革是先于国家的改革探索，有些改革是按照国家的统一部署全面推行实施。

（一）城市管理体制建制发展阶段

改革开放以后，"东南西北中，发财到广东"，外来人员的大量涌入使得广州面临的土地、交通与环境等城市压力急剧增大，对既有的城市管理基础设施、机制等产生了巨大的冲击，与改革开放浪潮相适应的城市承载能力与薄弱的城市管理基础的矛盾倒逼城市管理急速改革。此阶段主要为20世纪80年代至90年代中期。

1985年7月，广州市城市建设管理监察队伍正式成立，主要任务是负责城市建设和管理的相关工作，这标志着广州城市管理专业职能部门正式建立。1986年1月改名为广州市城市管理监察大队，部门职责进一步明确为对城市建设、环境保护、道路交通等方面的执法工作。基于城市管理系统性、复杂性的特点，1990年进一步成立了广州市城市管理委员会，委员会主任由市长担任，副市长担任副主任，成员由各区区长、市直有关部门负责人担任。1994年，广州市政府出台《关于加强和完善城市管理的若干决定》，正式将交通、工商、爱国卫生的部分监督执法权委托给城管监察大队，城监部门职责进一步扩大。1996年8月，广州市编委下发《关于广州市城市建设管理监察支队（广州市城市建设管理监察局）机构编制问题的通知》，撤销了市容卫生监察队和爱国卫生监察队，在原城管监察支队的基础上组建了广州市城市建设管理监察支队，市一级设专门的业务大队，区（县级市）设大队，街（镇）设中队，形成了市、区、街（镇）三级城管机构，这样就从机构机制上奠定了广州城管执法部门的基础。城市建设管理监察支队职责范围包括城建规划管理、建筑施工管理、园林绿化管理、市政设施管理、摊贩买卖管理、社会秩序管理、交通秩序管理、市容管理、防止烟尘管理、环境噪声管理10个方面的内容。城市建设管理监察支队的成立，以及市、区、街（镇）三级城管机构的设置，标志着广州市城市管理工作从突击检查彻底转变为日常化管理，并正式建立起“条块结合，以块为主”的城市管理体制。

（二）深化城市管理体制改革发展阶段

广州深化城市管理体制改革阶段在时间跨度上主要为1998—2008年间。

1997年12月，经国务院批准，广东省政府决定在广州市开展城市管理综合执法试点工作。1998年11月，广东省政府正式批准设立广州市城市管理综合执法支队，并赋予广州市城市管理综合执法队伍集中行使城市建设管理的部分行政处罚权，具体职责包括：市容环境卫生管理方面法律、法规、规章规定的行政处罚权；城市规划管理方面法律、法规、规章规定的行政处罚权，强制拆除不符合城市容貌标准的违法建筑物或者设施；城市绿化管理方面法律、法规、规章规定的行政处罚权；环境保护方面法律、法规、规章规定的行政处罚权；工商行政管理方面法律、法规、规章规定的对无照商贩的行政处罚权；公安交通管理和市政管理方面法律、法规、规章规定的对侵占道路的行政处罚权。

1998年12月，中共广州市委、市政府出台《关于深化城市管理体制改革的决定》。明确规定“要积极完善‘两级政府、三级管理、四级网络’的城市管理体制，形成‘统一领导、分级负责、以块为主、条条保证、社会监督、以法治城’的管理格局”。“以块为主”就是要求管理中心下移到区、街道层面，让区与街道的城管部门在城市综合管理的行政执法中唱主角；“条条保证”又要求事权下移后，市级城管部门能够实现宏观管理的目标，保证城市管理有序高效运行。城管综合执法“市、区、街道”关系要明确定位为业务协调、监督指导的关系，城管市局要从行政执法一线中彻底解放出来，把现场执法权全权委托给区与街道层面。“强化区、街的综合执法职能，依据相关法律法规赋予的权限或者授权，行使本辖区内市容环卫、绿化、环保、工商、交通、市政等方面的部分或者全部行政处罚权。综合执法队按照‘责任主体唯一’的原则，在区街道社区管理中，接受区、街道统一指挥。经费实行‘收支两条线’”。

1999年6月，广州市政府出台《关于推进城市管理综合执法试点工作的决定》，提出按照行政职能“精简、统一、效能”和综合执法“一支队伍，统一领导，分级管理”的原则，建立“两级政府，三级管理”的城市管理综合执法管理体制、运作机制和监督机制。按照城市管理“重心下移、立足基层”的总体思路，建立市、区、街三级城市管理综合执法队伍，形成统一指挥、分级管理、立足基层的工作格局。规定中明确城市管理综合执法队伍行政执法的主体地位，赋予城市管理综合执法队伍在市容环境卫生、城市规划、城市绿化、环境保护、工商行政、公安交通和市政设施管理七方面的106项执法权。广州市城市管理职能的综合和行政执法权的集中，有效解决了城市管理中存在的多支队伍执法、重复处罚、行政效率低下等突出问题，这是广州城市管理领域的一大重要进步。

2002年，为满足《中华人民共和国行政许可法》出台后依法行政的需要，更好地为社会经济发展提供保障，广州市在城市管理综合执法试点工作的基础上，根据省政府的统一安排，进一步将城市综合执法工作扩展到城市管理领域，全面落实综合执法“人员、授权、责任、制度、工作、经费”的六到位。城管工作重心向基层下移，大力加强基层执法能力建设，逐渐做到一街一队的队伍建设目标。

（三）城市管理“大部制”改革发展阶段

由于城市管理执法机构长期挂靠在建设部门之下，没有被赋予独立执法的权力，而由于部门之间的职能交叉，很多时候执法都需要跨部门协商和行动，致使城市管理行政成本居高不下和权责不清晰的问题突出。为此，广州在2009年依循“大部制”改革的思路，启动了城市管理体制机制“大部制城管”改革序幕，以期建立一个精干、高效的城市管理体系。这一阶段自2009年一直延续至今。

2009年11月，实体性工作部门广州市城管委正式挂牌成立，长期挂靠在建设部门的城管委协调机构使命终结。新成立的城管委涵盖了环卫、市政、爱卫、城管综合执法等城市管理和执法职能。原市容环境卫生局和市爱国卫生运动委员会办公室并入城市管理委员会（简称“城管委”），原市政园林局拆分，市政领域建设方面归口城乡建设委，路灯、景观光亮、建筑立面等维护职能归口市城管委。同时市城管委建立起“两级政府、三级管理、四级网络”的管理模式，以区域化、网格化管理为契机，整合多个与城市管理有关的职能部门的执法资源，将城市管理工作覆盖到全市经济生活各个层面，做到街道一级派出政府有议事协调机构，社区成立专门的工作站配备社区城管专干，尽量把城市管理问题在基层解决。“大城管，细服务”成为城管委的核心理念，其中“大城管”就是指城市管理工作面宽，覆盖面广，手段丰富，起点高，对象多样；而“细服务”则要求管理从小处着眼，管理的项目要明确，管理责任要到位，管理状态的描述要细化。最重要的是，管理要更加人性化，更加突出对市民生活秩序的保障，更加注重对城市小环境的改善，这标志广州城市管理理念的重大转变。另外，城管委还建立了若干行之有效的制度为之提供保障。建立了行政执法联动制度，将城市管理相关部门有效联动起来，共同参与管理；强化属地管理制度，强调重心下移，街道主抓，突出街道办事处在城市管理中的主体地位；形成城市管理长效机制，城市管理工作从过去单一主体过渡到综合主体，形成上下联动、左右协调、运转高效、综合施治的长效工作机制。在广州城市管理“大部制”改革的背景下，公安城管联动联勤模式、建筑废弃物处置联动执法和监管机制等城市管理体制机制上的创新，从根本上解决了长期困扰城市管理协调困难、职责不清的问题。

2015年1月，广州城市管理体制再次迎来“改革进行时”。2008年成立的广州市城管执法局正式整体并入广州市城管委，终于实现了广州城市综合管理与执法的“二合一”，有效地提高了广州城市管理体制的行政效率。

三、智慧城市建设

（一）智慧城市特征与主要建设内容

随着社会的不断发展，未来城市将承载越来越多的人口，部分地区“城市病”日益严峻。为解决城市发展难题，实现城市可持续发展，建设智慧城市已成为当今世界城市发展不可逆转的历史潮流。1990年，在美国旧金山举行以“智慧城市、全球网络”为主题的国际会议，智慧城市思想首次被提出。2008年，IBM公司推出“智慧地球”概念，首次提出“智慧地球以城市为基准”的思想。2009年，北京开始实施关于智慧城市构建的目标，随后“智慧北京”“智慧广州”及“智慧南京”等智慧城市开始逐步建设。2010年，“十二五”规划的推出，将“智慧城市”的理念逐步推向高峰。2014年，国内已经有400多个城市进入智慧城市建设的浪潮中，“智慧城市”理念已经成为城市规划与建设的主要目标。

智慧城市经常与数字城市、感知城市、无线城市、智能城市、生态城市、低碳城市等区域发展概念相交叉，甚至与电子政务、智能交通、智能电网等行业信息化概念发生混杂。对智慧城市概念的解读也经常各有侧重，有的观点认为关键在于技术应用，有的观点认为关键在于网络建设，有的观点认为关键在于人的参与，有的观点认为关键在于智慧效果，一些城市信息化建设的先行城市则强调以人为本和可持续创新。总之，智慧不仅仅是智能。智慧城市绝不仅仅是智能城市的另外一个说法，或者说是信息技术的智能化应用，还包括人的智慧参与、以人为本、可持续发展等内涵。智慧城市通过物联网基础设施、云计算基础设施、地理空间基础设施等新一代信息技术，以及维基、社交网络、Fab Lab（微观装配实验室）、Living Lab（智能家居）、综合集成法、网动全媒体融合通信终端等工具和方法的应用，实现全面透彻的感知、宽带泛在的互联、智能融合的应用，以及以用户创新、开放创新、大众创新、协同创新为特征的可持续创新。伴随网络的崛起、移动技术的融合发展及创新的民主化进程，知识社会环境下的智慧城市是继数字城市之后信息化城市发展的高级形态。

智慧城市的概念众说纷纭，但总的来说，智慧城市就是运用信息和通信技术手段感测、分析、整合城市运行核心系统的各项关键信息，从而对包括民生、环保、公共安全、城市服务、工商业活动在内的各种需求做出智能响应。其实质是利用先进的信息技术，实现城市智慧式管理和运行，进而为城市中的人创造更美好的生活，促进城市的和谐、可持续成长。智慧城市建设有以下三个方面的主要内容：一是通过人工智能和数据分析，更有效地利用物理基础设施（道路、建筑环境和其他实物资产），以支持强大和健康的经济、社会和文化发展。二是通过开放创新过程和电子设备，有效地与当地人民进行地方治理和决策。同时应用电子政务加强公民参与和共同设计，以提高城市机构的集体智慧。三是通过不断学习、适应和创新以提高城市的智慧，从而对不断变化的环境可以有更有效和迅速的反应。它们是朝着城市的人类智能、集体智慧和城市内部的人工智能的所有维度进行强大的整合发展。城市智能存在于数字通信网络（神经）、无处不在的嵌入式智能（大脑）、传感器和标签（感觉器官）及软件（知识和认知能力）的日益有效的结合中。

（二）广州智慧城市建设成果

人口超过千万的特大型城市中如何全面开展智慧城市建设，在世界各国先进城市和国内城市中均没有现成经验借鉴，都在“摸着石头过河”。2012年，广州正式启动智慧城市发展战略，通过认真学习吸收国内外先进国家和城市的先进理念，结合广州市实际情况，从建设智慧广州新设施、推进智慧广州新应用、发展智慧广州新产业、发展智慧广州新技术、创造智慧广州新生活等方面积极推进智慧城市建设，在智慧医疗、智慧交通、智慧社区等方面取得了显著成效。

1．智慧医疗

智慧医疗是最近兴起的专有医疗名词，通过打造健康档案区域医疗信息平台，利用最先进的物联网技术，实现患者与医务人员、医疗机构、医疗设备之间的互动，逐步达到信息化。由于国内公共医疗管理系统的不完善，医疗成本高、渠道少、覆盖面窄等问题困扰着大众民生，尤其以“效率较低的医疗体系、质量欠佳的医疗服务、看病难且贵的就医现状”为代表的医疗问题为社会关注的主要焦点。大医院人满为患，社区医院无人问津，病人就诊手续烦琐等问题都是由于医疗信息不畅、医疗资源两极化、医疗监督机制不全等导致，这些问题已经成为影响社会和谐发展的重要因素。所以我们需要建立一套智慧的医疗信息网络平台体系，使患者可用较短的等疗时间，支付基本的医疗费用，就可以享受安全、便利、优质的诊疗服务。从根本上解决“看病难、看病贵”等问题，真正做到“人人健康，健康人人”。

基于“互联网+医疗健康”，广州市倾力打造了“广州健康通”移动医疗品牌，借助手机App、微信、支付宝等移动互联网门户，通过银联、微信、支付宝等多种支付手段，面向市民提供预约挂号、诊疗费用支付、健康档案查询、智能提醒、导航导诊、健康评估、健康管理等移动医疗卫生服务。建立了以电子健康档案为核心的全民健康信息平台，建立了便捷、高效的医疗卫生服务体系，有效地提高了市民对优质医疗卫生服务的体验感和获得感。

广州全面实现以电子健康档案为核心的全民健康信息平台建设。截至2017年7月，平台已联通全市11个区、7家省部属医院、全部市属医院、公卫机构及36家区属医院，141家社区卫生服务中心等共255家机构，横向与市工信、公安、人社等部门实现数据共享，建立了超过1550万份规范化实名电子健康档案。医生经过病人授权后，可以调阅健康档案，了解病人的就诊记录等信息，便于医生更有效地进行诊断，减少重复检查和用药。居民也可以登录“广州市民健康服务信息系统”，查询自己的就诊记录、检验报告等健康档案信息，通过互联网及时掌握自己的就医情况。

同时，广州建设了全市统一的诊疗费用支付系统，到2017年已完成9家试点医院上线实施，支付系统总交易约6万笔，总交易额约1500万元。该系统为就诊居民提供包括自助设备、网站、App、微信和支付宝等多种渠道统一便捷的自助支付服务，从而解决医疗缴费渠道单一、排队缴费时间长的问题。另外，广州市统一的区域影像和检验中心系统已于2017年上线。截至2017年7月，荔湾、海珠、白云、番禺4个区实现了基层集中部署的PACS/RIS（图像影像信息）系统。

通过智慧医疗，大大方便了患者和医生，节约了他们的时间。以广州市妇女儿童医疗中心为例，患者在院逗留时间的对比时间显示，在医院业务高峰期，使用移动智慧医疗系统平均在院逗留时间为41.5分钟，比使用现场方式减少48.4分钟，节省一半以上时间。患者使用芝麻信用先诊疗后付费后，可以进一步节省移动缴费所需的4.3分钟，从而使得患者在院逗留时间进一步缩减至传统方式的41%。另外，市妇女儿童医疗中心实施医药分开，缩短患者的取药时间。按照其日均1.4万人次的门诊量，患者在医院取药用时约30分钟，高峰期甚至可能需要1个小时。目前，平均每天都有400多张处方在合作药店取药，实行医药分开后，每位患者取药的时间缩短20分钟。

2017年12月14日，广州市政府常务会议审议通过了《广州市促进健康及养老产业发展行动计划（2017—2020年）》（简称《行动计划》），提出广州将切实加快健康及养老产业发展，增强经济发展新动能，同时提高健康及养老服务和有关产品供给的水平和效率，以满足社会日益增加的多元化、个性化服务需求。《行动计划》明确，在巩固基本医疗卫生服务的同时，广州将建设高端医疗产业集群，布局智慧医疗。广州规划在南沙、中新广州知识城、大坦沙、从化等区域建设集医疗、养老、旅游等功能于一体的高端医疗产业园健康综合体，重点建设南沙新区高端医疗城、中新知识城国际肿瘤治疗中心、中山大学精准医学研究院、广州呼吸中心、固生堂南沙总部经济等项目，打造国际高端医疗产业集群，满足差异化需求。同时，广州将培育新技术新业态新模式抢占制高点。如广州将注重对智慧医疗、“互联网+”智慧养老、“人工智能+健康服务”等跨界融合的新业态新模式的培育推广，重点扶持科大讯飞全球智慧医疗研究院项目、荔湾区区域互联网医疗联盟、广州白云山互联网医院、固生堂移动中医馆等新兴产业项目，培育壮大新经济增长点。

2. 智慧交通

智慧交通是在智能交通的基础上，在交通领域中充分运用物联网、云计算、互联网、人工智能、自动控制、移动互联网等技术，通过高新技术汇集交通信息，对交通管理、交通运输、公众出行等交通领域全方面及交通建设管理全过程进行管控支撑，使交通系统在区域、城市，甚至更大的时空范围具备感知、互联、分析、预测、控制等能力，以充分保障交通安全，发挥交通基础设施效能，提升交通系统运行效率和管理水平，为通畅的公众出行和可持续的经济发展服务。智慧交通系统以国家智能交通系统体系框架为指导，建成“高效、安全、环保、舒适、文明”的智慧交通与运输体系；大幅度提高城市交通运输系统的管理水平和运行效率，为出行者提供全方位的交通信息服务和便利、高效、快捷、经济、安全、人性、智能的交通运输服务；为交通管理部门和相关企业提供及时、准确、全面和充分的信息支持和信息化决策支持。

为贯彻落实广州市委、市政府关于建设智慧城市的要求，市交通运输部门积极推进智慧交通建设，促进广州传统交通向现代交通转型，形成面向公众出行服务、面向政府行业监管、面向企业经营管理的全面信息化应用体系，建成并投入使用覆盖全行业的信息化系统，纵深推进建设广州智慧交通。

一是推出全国首个综合交通信息服务系统“行讯通”。“行讯通”主要包括路况信息、实时公交、停车服务、的士查询、出行规划、地铁信息、航空信息、铁路信息、客运信息、驾培信息、航班信息、交通资讯等20个功能模块，融合市内700多条公交线路、10000多辆公交车的实时路况及到站信息，通过手机网络查询、搜索等功能，可以查询广州中心城区实时路况，停车场服务，实时公交、客运、地铁、驾驶培训等信息，方便市民随时随地掌握实时交通状况。

二是推出独具特色的交通信息化交通服务平台。推进“如约”品牌信息化建设，利用移动互联网手段，打造“如约巴士”“如约的士”等如约系列全方位的交通定制服务。

三是以大数据为支撑建设重点区域人群监测系统，为重要站场等区域的人群聚集监测、组织疏运提供科学的数据支持，保障重点区域交通疏运的有序运作，提升城市智慧交通服务品质。

四是建成覆盖主要交通运输行业信息系统。涵盖近10万辆广州市籍营运车辆、18万辆在穗外籍车辆和17家客运站；基于城市道路运行分析系统实现覆盖全市约635条主次干道，共1100多公里道路状态的实时分析预测、预警和相关仿真功能。

五是为更好便民利民，提供优质交通信息化服务，建成并投入300多块公交电子站牌，发行超过4300万张羊城通卡，以羊城通标准为基础的岭南通覆盖了全省21个地市，通过广州交通信息网、微信公众号和微博等多种渠道为广大市民提供交通信息服务。

2017年9月，广州交警与滴滴出行达成合作共识，在数据融合共享、云计算技术合作、管理和服务平台搭建、交通治理模式创新等方面进行深度合作。利用滴滴出行作为互联网公司的“互联网+大数据”和大数据分析能力，以及广州交警部门的交通数据资源和实际需求，在“互联网+智慧交通”领域全面合作。双方将在提升广州城市交通运行能力、提高交警工作效率、提升市民出行便利等方面做出努力，并在数据分析和理论基础上，推动智慧交通方案在广州实验落地。通过滴滴出行与广州交警合作，结合各自优势资源，广州智慧交通方案以大数据和云计算为核心技术，拥有实时展现整体交通状况的能力，能够对机动车拥堵、出行强度、交通流量、拥堵路段预测等进行分析，并且利用研究数据和研究成果可以有针对地优化信号灯、调整潮汐车道变化。双方利用新形式、新方法，帮助改善城市拥堵情况并提升城市运行能力，最终让交通管理工作效率大幅提升。

2017年北京举办了主题为“智交通·大出行·新生态”的“互联网+城市交通管理创新”论坛，其报告《中国“互联网+交通”城市指数研究报告》显示，中国百城中利用互联网赋能智慧交通管理水平颇有差异，北京、深圳、广州表现整体最优，其中，广州、深圳、武汉数据开放力度最大。2016—2017年中国主要城市“互联网+交通”指数排名中北京蝉联第一，北京、深圳、广州依旧占据榜单前三，且得分均在80以上。

3. 智慧社区

智慧社区是一种基于大规模信息智能处理的新型管理形态社区。智慧社区是一个整合社区物业、社区家居、社区医疗、电子商务、社区服务及网络通信等的信息系统。它主要借助信息网络技术，为社区居民提供一个便利的居住环境，这种环境不仅安全、高效，还很舒适，在这个社区里，居民能够实现生活、服务的智能化、网络化。[①]智慧社区是信息化发展到一定阶段的产物，也是“智慧城市理念贯穿到率先转型升级、建设幸福广州的全过程”的重要落脚点。

广州的智慧社区建设走在全国前列，摸索并梳理出许多国内领先的理念和做法。广州市“一卡一页”（社保卡、市民网页）系统整合了信息资源与服务，其中，市民网页整合了政务信息发布、信息订阅查询、网上办事、政民互动和云服务五大服务功能，不仅可以提供交通违章、社会保险、公积金、水费、电费、燃气费、移动话费、电信话费八大类民生信息订阅服务，以及15个政府部门共39种事项的办事进度和结果查询服务，市民还可通过市政府门户网站“百姓热线”向40多个政府部门提出政策咨询和建议，随时查询在各市直属政府部门办事的进度。明确打造“一站式”服务的目的，使居民不出社区就可办理计生、医保、养老、就业、救助、出租屋缴费等基本业务。

康城社区将智慧服务工程纳入了幸福社区建设“一三五”模式中统一规划部署，提出以社区党建为根本，建设社区管理、居民自治和社区服务3个体系，依托广州市“一卡一页”（社保卡、市民网页）系统整合的信息资源与服务，通过网上服务、社区服务站、街道服务中心的服务窗口、社区内放置的公众服务自助终端等，努力构建涵盖政务服务、公用事业及公益服务、便民商业服务、社区综合管理、社区自治等内容的智慧社区服务平台。此外，使用二维码开展社区管理和服务，“24小时自助图书

---

①李志清．广州智慧社区综合服务平台的需求调查研究［J］．物联网技术，2017（11）．

馆”、自助式“健康驿站”等个性化应用也受到社区居民的欢迎。

天河区林和街华新社区推进智慧社区建设，取得了如下成绩：（1）建立“四岗合一”平台体系，在原有公安“三岗合一”（指挥调度、视频监控和信息研判“三岗”合为一体）及林和街“四位一体”管理平台系统的基础上，增加GIS系统（地理信息系统），实现两个平台信息资源整合共享。林和街道新办公楼建设成为辖内智慧社区管理和服务平台的终端，并与天河区交流管理的平台对接。（2）智慧管理。建立了社区门禁系统，并与公安系统对接共享，对常住和流动人口的综治、出租屋等进行管理。（3）智慧医疗。建立了居民个人电子健康档案，在社区家庭服务中心的健康小屋内免费自助体检，各种数据共享进个人电子健康档案。（4）智慧交通。建立了统一共享的华新社区地下车库和地面停车场车辆的停车诱导系统，在主要交通路口安装电子显示屏，显示区域各停车场名称、位置及车位状态，诱导外来车辆停放，提醒取车位置。居民可实现网上查询实时交通状况，了解周边停车空位情况、公交车站点设置和公交车的到站情况，方便居民的日常出行。（5）智慧教育。在广州中学和华康小学建立了智慧平台，实行学生进出校园实时监控，短信自动反馈家长，定期将学生学习情况、考试成绩反馈家长。社区建设智慧自助图书馆终端，方便社区居民及市民自助借书、还书。

通过建设华新智慧社区服务平台，将政府服务事项从街道延伸到家庭和社区，为居民提供“一站式”政务服务，实现政府服务窗口前移。社区居民可以通过网络或社区实现办事前期申请、资料备案、查询办理结果等步骤，初步实现了居民临时生活补贴申请、申请免费婚检、广州市廉租住房保障申请等政务事项网上办理，有效提高了企业和居民的办事效率。居民可以享受包括智慧医疗、智慧交通、公益事业、邻里互助等6板块26大类200多项服务。

第九章
城市人口管理

一、广州人口管理政策变迁

（一）广州户籍管理制度改革进程

户籍管理制度是我国进行人口社会管理的一项基本制度。户籍管理制度变革主要受国家政策、人口增长速度与经济发展水平的影响，主要体现在城乡一元化及户口迁移制度两个方面。广州作为我国改革开放前沿城市和人口规模超千万的特大型城市，在户籍管理制度改革方面一直走在全国前列。自改革开放以来，广州市在户籍管理制度方面的改革进程大约经过以下3个发展阶段。

1. 改革开放至20世纪90年代初期：重点抑制人口机械增长

1977年11月，国务院批转《公安部关于处理户口迁移的规定》，要求对农业户口转为非农业户口（即“农转非”）、从其他市迁往大城市等行为进行严格管控，农业户口不得以与非农业户口人员结婚等为由转为非农业户口。为响应中央号召，广东省政府于1985年出台《广州市区人口机械增长的管理试行办法》（简称《试行办法》），广州市政府于1986年、1992年、1993年先后出台《广州市区人口机械增长管理实施细则》《关于严格控制广州市人口机械增长的若干规定》（简称《若干规定》）和《关于严格控制广州市人口机械增长的补充规定》等系列文件。这一系列文件，针对广州市人口过量增长导致阻碍社会经济发展的情况而制定，旨在通过指令性计划严格控制广州市区的人口机械增长，使其与社会经济增长速度相适应。为此，广州市成立控制人口机械增长办公室，为机械人口增长制定中长期规划，同时提出每年净机械增长的指标分配方案。此后，广州市对成建制迁入的人员与单位、成批调动迁入的人员、一般干部与职员、退伍兵、志愿兵等迁入广州市的行为进行了严格管控，并对迁入人员征收城市基础设施增容费。为了在控制机械增长人数的同时提高机械增长人员素质、调整人员结构，《试行办法》特别提出，处级以上干部和中、高级科技专业人员以及有特殊需要的其他专业人员迁入广州市的行为不受指标控制。此后，《若干规定》又对上述规定作了若干调整，将优先入户人员调整为具有硕士以上学位人员、高级技师和具有高级专业技术职务任职资格人员以及广州市紧缺的专业技术人员和技术工人等，并对学历处于中专及以下的干部、职称处于中级以下技工的迁入重新进行限制。由此可见，在这个阶段，广州实行严格限制“农转非”和严格的户口迁移审批制度，户口管控总体从严，即使对人才迁入的限制较为宽松，但在90年代对人才的界定也仍然较为严格。

2. 20世纪90年代后期至21世纪初期：积极尝试户籍制度改革

随着经济的进一步发展，农村居民进城落户人数进一步增多，但同时，过于严格的户籍制度使得计划的进城指标停滞不前，出现了较为尖锐的供需矛盾。1997年，国务院批转公安部《关于小城镇户籍管理制度改革的试点方案》，加大了对城镇户籍管理制度的改革力度。随后，广州市政府于1998年出台《关于贯彻执行国家有关小城镇户籍管理制度改革试点方案以及完善农村户籍管理制度意见的通知》，开始对现行户籍管理制度进行清理整顿，要求对违反规定办理城镇户口的行为予以坚决清退。1998年1月1日后出生的婴儿随母或随父登记常住户口，在省、市指定的3个县级市的小城镇（番禺市石楼镇、花都市花东镇、从化市龙潭镇）进行改革试点之后，逐步在4个县级市各镇铺开。此外，要求不断完善农村户籍管理制度，加快对农村地区路、街、巷的命名，建立、健全门（楼）牌的设置、编号、制作、安装和管理等项制度，推进农业户口的城镇化管理进程。

为刺激房地产业，解决广州市商品房积压等问题，蓝印户口开始在深圳、上海、广州等各大城市间流行。1998年，广州市政府出台《广州市购买商品房申办蓝印户口暂行规定》（简称《暂行规定》），蓝印户口开始正式登上历史舞台。《暂行规定》指出，白云、芳村、黄埔、海珠、天河5个行政区的购房者，购买一定面积的商品房可分别申办1、2、3人入广州市蓝印户口，履行与城镇居民同等的义务。1999年，广州市政府正式出台《广州市蓝印户口管理规定》，扩大了蓝印户口的适用地区与适用人群，并规定在取得蓝印户口满5年之后，若户口持有人满足无违法犯罪行为、未违反计划生育政策，并按规定履行劳动合同、参加社会保险的条件，可由本人提出由蓝印户口转为城镇户口的申请。蓝印户口制度在刺激了广州房地产业的同时，也在一定程度上打破了对人口机械增长的严格管控。同年，广州市政府出台《关于调整广州市人口机械增长管理办法的通知》，调整了人才引进的管理办法与城市基础设施增容费的金额，同时简化了接收应届大中专、技工学校毕业生入户程序。

这一通知的出台，将人才引进的指标性计划管理转变成为指导性管理，极大地提高了人才迁移的自由度。同在1999年，广州市人民政府办公厅转发广州市公安局《关于贯彻市政府〈转发省人民政府转发国务院批转公安部关于解决当前户口管理工作中几个突出问题意见的通知〉的实施意见》（简称《实施意见》），对户籍管理制度进行了进一步的放宽。《实施意见》对过去存在的子女随父母落户、夫妻投靠落户、父母投靠子女落户等突出问题作出手续放宽等决定，解决了亲属投靠和出生入户等老大难问题。同时对人才引进入户、集资入户、购地入户、购房入户等入户方式进行了调整，在广州居住和入户广州的条件进一步放宽。

3. 21世纪初期至今：全面深化户籍制度改革

2001年，广东省公安厅在《关于我省进一步改革户籍管理制度的意见》（简称《意见》）中声明，在广东省范围内取消农业户口、非农业户口、自理口粮户口及其他类型的户口性质，实行城乡户口登记管理一体化，统称居民户口，并以准入条件代替指标分配，进一步放宽各类入户条件。《意见》明确提出，广州要进一步发挥特大城市、经济中心的龙头带动作用，并要求广州采取人口准入条件与年度人口计划相结合的方案来改革户籍制度。

根据《意见》的指示，广州市政府于2003年出台《关于改革我市常住人口调控管理制度的若干意见》（简称《若干意见》）与《广州市人口准入基本条件》。《若干意见》主要提出以下5个方面的举措：第一，取消“农转非”的人口控制计划，将土地被征收农民、城中村所在地农民的户口转换为非农业户口。第二，采用人口准入条件与年度人口计划安排相结合的调控常住人口管理办法，促进人口增长的协调发展。第三，实行各种有利于吸引人才的管理办法，如放宽集体户口限制、实施弹性就业入户政策等。第四，改革户籍人口存量的调控管理政策，鼓励常住户口人员到外地就业、生活和学习，并规范市内迁移政策，减少人户分离等现象。第五，加强人口的信息化、规范化管理，同时加强法制化建设。广州市自此开始取消蓝印户口等政策，以人口迁移准入条件代替硬性计划指标，入户广州不再受入户指标的限制，广州户籍管理制度实现从指标控制向准入制度的革命性转型与跨越。

2009年，广州市政府发布了《关于加快形成城乡经济社会发展一体化新格局的实施意见》，决定从2010年开始，用5年时间，逐步统一全市户口性质。2010年，广州市户籍一元化改革正式启动。根据中共广州市委、市政府出台的《关于推进城乡户籍制度改革的实施意见》，广州提出分“三步走”逐渐取消农业户口与非农业户口的身份区分与功能区隔。第一步是统一全市户口性质，正式取消农业户口和非农业户口的划分，将两者统一登记为广州市居民户口，形成一元化户籍制度的“总体框架”；第二步是公安部门在广州市居民户口底册上对原农业和非农业户口人员加注相关标识，社保、劳动就业、计生、国土等各相关职能部门也相应加注标识，根据不同身份适用不同政策；第三步则是各职能部门逐步改革配套政策，在实现城乡“同是居民、同等待遇”基础上由公安部门取消农业和非农业户口人员标志，真正实现“户籍一元化”。同时，为进一步合理调控人口，促进人口结构合理发展、人口质量不断提高，广州市政府于同年印发《广州市农民工及非本市十城区居民户口的城镇户籍人员积分制入户办法（试行）》，开始尝试以积分的办法来推行来穗人员的入户办法。积分制度入户办法的推行使得准入条件被明确地界定下来，相较之前的准入条件而言更为公开透明。

此后，广州市政府于2014年印发《关于加强我市人口调控和服务管理工作的意见》及《广州市户口迁入管理办法》《广州市积分制入户管理办法》《广州市引进人才入户管理办法》等配套文件，在该系列配套文件中有几个特别值得注意的要点。其一，人口工作体系逐步完善，职能分工较为明确。其二，人口迁移管理、来穗人员管理更为合理。其三，积分制度更为科学。《印发关于改革我市常住人口调控管理制度的若干意见的通知》与《印发广州市农民工及非本市十城区居民户口的城镇户籍人员积分制入户办法（试行）的通知》被同时废止。

2016年，广州市政府印发《广州市人民政府关于进一步推进户籍制度改革的实施意见》。该意见为解决各类户籍问题，要求各区设立公共集体户，同时彻底实施“城乡一元化”户籍登记的方案，并完善相应的社会服务管理制度。此外，《实施意见》还对居住证积分管理制度、人口基础信息平台搭建、农村产权制度等方面进行了重点强调。同年，广州市政府更新了积分制入户管理办法及其细则。2017年，广州市人民政府办公厅印发《广州市推动非户籍人口在城市落户实施方案》，进一步拓宽了非户籍人口的落户渠道，并对相应政策完善、基础设施完善提出了要求。如此，广州的户籍管理制度逐步由城乡二元化转换为城乡一元化，落户政策也逐步合理化，越来越符合新时代的要求。

（二）广州外来人口服务管理理念与制度变迁

1. 从暂住证到居住证，制度与理念的成功跨越

改革开放和城市的高速发展促使大量外来人口向广州等大城市集聚，加强外来人口的管理与服务成为城市人口管理面临的重大任务。为了适应改革开放后我国地区之间、城乡之间的人口流动量越来越多的形势发展需要，1985年7月，公安部颁布《关于城镇暂住人口管理的暂行规定》，要求建立城市暂住人口管理制度，规定暂住时间拟超过3个月的16周岁以上的人须申领暂住证，标志着全国统一的暂住证制度的形成。随后广州也出台相关的管理规定对外来人口发放纸质暂住证进行管理，

进入了以治安管理为核心内容的暂住证制度时代。在1985—2009年的20多年间，广州对暂住证制度进行了多次改革调整，其中2001年开始采用IC卡（集成电路卡）暂住证替代纸质暂住证，2003年开始采用IC卡（集成电路卡）暂住证减半收费，2007年正式取消IC卡暂住证的工本费。同时，持有暂住证的流动人员可享受到的便利与公共服务也逐渐增加。2001年出台的《广州市流动人员IC卡暂住证管理规定》明确，在本市就业并办理了IC卡暂住证已暂住1年以上的流动人员，可以享有申办边境管理区通行证；申领机动车驾驶证，办理车辆年审手续；享受计划生育、婚前保健、孕产期保健服务，子女享受计划免疫和儿童保健服务；按规定为子女办理入托或者入学手续等5个方面的公共服务。2008年出台的《广州市流动人员管理规定》首次用政府规章明确要求把流动人员管理服务纳入经济社会发展规划，在制定公共政策、建设公共设施等方面，统筹考虑在广州就业、居住的流动人员对公共服务的需求，使经济社会发展成果惠及流动人员。并进一步扩大了流动人员可享受的公共服务范围，规定只要持有广州行政区域暂住证，就可以享有申领机动车驾驶证，办理机动车注册登记、年审手续；申请法律援助和社会团体的义工援助；享受计划生育技术服务、婚前保健、孕产期保健服务，子女享受计划免疫和儿童保健服务；申报评审专业技术资格和参加有关考试；参加各类学历教育和非学历教育的学习、职业技能培训，申请国家职业资格的鉴定；使用社区公共服务设施；申办本市常住城镇居民户口等九大便利服务。

2009年7月，广东省第十一届人大常委会第十二次会议审议通过《广东省流动人口服务管理条例》修订案，新修订条例从过去的“管理条例”变为“服务管理条例”，流动人口管理制度从过去的“暂住证制度”变为“居住证制度”，发证范围由过去只对“在本省经商、就业的流动人员”扩大至16—60岁的所有流动人员。有24年历史的暂住证制度终于宣告终结，也标志着广东省的外来人口管理理念发生巨大变化，由过去单一的治安管理转向服务与管理相结合的新模式。2010年1月1日，外来人口居住证制度在广州市正常实施，居住证制度进一步提高了外来人口的权益保障，允许持证者在同一居住地连续居住满5年，符合规定的可以享受与常住人口同等的“子女入托、入学”待遇；居住满7年，符合条件的可以按照有关规定申请广州常住户口。广州等城市的居住证制度实践，为2015年国务院正式通过《居住证暂行条例》，用居住证制度彻底取代暂住证制度进行了良好的示范探索。

为进一步强化对外来人口的服务管理能力，更好地促进广州市来穗人员服务管理各项决策的组织落实，经广东省政府批准，2014年1月1日，广州市来穗人员服务管理局正式挂牌成立，这在全国中心城市和副省级城市中属于先行创新之举。来穗人员服务管理局的主要职能是负责统筹全市来穗人员服务管理工作，拟定相关的政策、规定和标准，建立监督检查和考核评估机制并组织实施，协调督促有关部门做好来穗人员的服务、培训和维权工作，负责界定来穗人员享受积分入户、子女入学等优惠服务的资格等。成立来穗人员服务管理局是广州积极创新外来人口服务管理体制机制、强化对外来人口的均等化服务与精细化管理职能的一项重大举措，通过主动为广大来穗人员提供劳动就业、权益维护、子女教育、卫生医疗和居住环境等方面的基本公共服务和社会保障体系，推进社会公平正义建设、公共服务均等化建设，大大增强了外来人口对广州的城市认同感与归属感。

2018年3月，广州市政府常务会议审议通过《广州市来穗人员积分制服务管理规定（试行）》，规定明确来穗人员积分达到相应分值后，不仅可以申请广州市居民户口，同时还可以按规定为随迁子女申请公办学校或政府补贴的民办学校小学一年级和初中一年级学位；申请承租政府公共租赁住房。积分入学和租购同权制度的实施，标志着广州在外来人口公共服务均等化、同城化方面已走在我国大中城市前列。

2. 人才引进入户政策与人才绿卡制度的先行先试

城市人口管理不仅要进行总量控制，防止城市人口的急剧膨胀，保证城市人口规模与城市承载能力、发展需求相适应，同时还要通过宏观人口调控机制和相应的制度安排促进人才结构、人才素质的全面提升。改革开放40年来，广州始终坚持将城市人口管理与人才引进政策有机结合起来，先行先试探索优秀人才引进政策，成功构建起人才入户模式和人才绿卡制度。

广州的人才入户政策实施较早，早在1985年出台的《试行办法》中，就明确规定处级以上干部和中、高级科技专业人员以及有特殊需要的其他专业人员是唯一不受指标控制的入户人群，其家属也享受同等待遇。1992年10月由广州市政府颁布的《若干规定》中，再次明确提出，在控制人口机械增长总量的同时，提升迁入人员的素质，因此要求各部门优先审批调入具有硕士以上学位人员、高级技师和具有高级专业技术职务任职资格人员等人才，对其免收城市基础设施增容费；此外，《若干规定》还特别强调中专（不含）以下文化程度的一般干部、普通工种工人和中级以下（不含）技工原则上不予批准进入市区。

2003年，广州市政府出台的《若干意见》明确提出，要加快建立起有利于提高人口质量和引进高层次紧缺人才的人口质量目标监控评价体系，实施有利于提高迁入人口质量和引进高层次紧缺人才的政策，实行直接申报制度、试行弹性就业入户政策并放宽了设立集体户口的条件。并在其配套文件《广州市人口准入基本条件》中，详细规定了人才引进类准入人员的人口准入基本条件。其中，中国科学院、中国工程院院士以及国内外学术、科学技术带头人，拥有属于自主知识产权并达到国内外先进水平的专利、发明或者专有技术的人才，享受国务院特殊津贴专家、省（部）级有突出贡献中青年专家，具有正高级专业技术资格的年龄在50周岁以下、具有副高级专业技术资格的年龄在40周岁以下或具有高级技师职业资格的年龄在40周岁以下的人才，具有博士学位或出国留学并在国外取得博士学位的年龄在45周岁以下的人才等8类高层次人才，只要在广州有合法住所和工作单位，就准予人才本人及其配偶、未成年子女一次性或分批迁入广州非农业户口。具有普通高等教育本科以上学历并有学士以上学位的年龄在35周岁以下的人才；具有普通高等教育大专以上学历，同时具有相关专业的中级专业技术资格、执业资格的年龄在35周岁以下的人才等4类一般人才，只要在广州有合法住所和工作单位，属于未婚或已婚配偶具有广州常住户口的，准予人才本人迁入广州非农业户口。已婚的夫妻双方均是非广州常住户口的人才，夫妻双方均同时具备入户条件的，准予夫妻双方及其未成年子女迁入广州非农业户口。

2010年以后，城市人才竞争更加激烈，为进一步加大广州人才引进的政策力度，广州的人才入户政策更加宽松。在2010年制定的《广州市农民工及非本市十城区居民户口的城镇户籍人员积分制入户指标及分值表》中，文化程度及技能被列为积分表中的一项。其中，副高级以上专业技术资格、执业资格或高级技师职业资格拥有者及博士文化水平占据分值最高，达100分；初中文化水平为最低分数线，占据5分。在积分入户分数达85分即可申请的情况下，高学历、高技能拥有人能够以更高的分数优先入户。同时，2014年出台的《广州市户口迁入管理办法》中进一步降低了人才入户门槛，规定经广州市认定或审核确认的高层次、高技能人才；具有副高级以上专业技术资格；具有研究生以上学历或硕士以上学位；具有普通高等教育本科以上学历并有学士以上学位，或具有经教育部认证的国（境）外学士以上学位，或具有本科以上学历且具有相关专业中级以上专业技术资格或执业资格；具有技师以上职业资格，或具有中等职业教育以上学历或普通高中以上学历，并具有高级职业资格、所从事的工种（岗位）符合广州市紧缺工种（职业）目录、在本市连续居住、就业（创业）和缴纳社会保险满2年的一般性技能型人才，只要在广州就业（创业）并有合法住所，就准予其本人及配偶、未成年子女迁入广州居民户口。另外，对从事体育、文艺、民间传统工艺等行业的特殊技能和特殊专业人才，从事环卫、公共交通、教育、基层医疗、养老、残疾人照料等工作的特殊艰苦岗位从业人员的入户条件也都进行了相应放宽，但对部分工种工作年限提出了工作3年的要求。同年还出台了系列文件《广州市引进人才入户管理办法》，针对人才入户进行了单独的管理实施办法设置，完善了人才入户的相关申报流程，并要求注重办理流程的公开透明性。在2016年印发的《广州市积分制入户管理办法实施细则》中，文化程度及技能被分割为两项不同的指标，文化程度最高60分，不计分文化水平由初中以下转换为高中以下；技能水平最高50分。此外，急需工种及创新产业均被列为计分单独指标。同年，《广州市人民政府关于进一步推进户籍制度改革的实施意见》提出，要重点吸纳广州社会经济发展急需的高层次人才和技术技能型人才落户。

除人才入户政策之外，广州市在2016年4月还先行先试推出人才绿卡制度，成为继上海之后率先推行人才绿卡制度的国内城市。《广州市人才绿卡制度》规定，凡符合广州人才引进需求，每年在广州创业或工作超过6个月的，非广州市户籍的境内居民，香港特别行政区、澳门特别行政区居民，台湾地区居民以及外国人，持中国护照、拥有国外永久（长期）居留权且国内无户籍的留学人员和其他人员，在广州有合法住所，符合一定人才条件的，就可申领人才绿卡。具体的人才条件分为8类：一是经广州认定或审核确认的高层次、高技能人才，包括中国科学院或中国工程院院士；享受国务院特殊津贴人员，国家“千人计划”“万人计划”专家，全国杰出专业技术人才，“百千万人才工程”国家级人选，国家、省（部）级有突出贡献中青年专家，国家重点学科、重点实验室学术技术带头人，“中华技能大奖”获得者，全国和省级技术能手，世界技能大赛获奖选手等。二是具有一定海外工作、学习和创新创业经历经验的海外高层次人才，包括在国外著名高校、科研院所担任相当于副教授以上职务的专家学者；在国际知名企业（或世界500强企业）从事3年以上研发、管理等工作并担任过中高级职务的人才；掌握核心技术，拥有自主知识产权，且技术成果达到国际先进或国内领先水平，具有较好的市场前景和产业化潜力的领军型人才等。三是具有正高级以上专业技术资格，并具有相关领域从业经历10年以上的专家。四是具有“985工程”或“211工程”普通高等教育研究生学历并有博士学位，或者具有全球前300名的国外一流大学研究生学历并有硕士以上学位的人员。五是具有高级技师职业资格，所从事的工种（岗位）符合广州市紧缺工种（职业）目录的人才。六是持有外国专家证的高端外籍人才，以及在广东自贸试验区广州南沙新区片区范围内工作并经自贸试验区管委会认定的港澳人才和外籍人才。七是工资性年收入达到60万元人民币以上，且年缴纳个人所得税达到12万元人民币以上在穗就业的港澳台人员及外籍人员。八是符合广州经济社会发展需要，经有关部门认定具有某种特殊技能或专长的人才。获得广州人才绿卡的非本市户籍国内外优秀人才，可以享受在穗出入境和停居留、购房购车、子女入学、申办工商营业执照等9大方面的市民待遇。自2016年6月1日人才绿卡正式接受申领以来，到2017年底广州已累计发放人才绿卡3300张。人才入户政策和人才绿卡制度吸引了一大批国内外高层次人才在广州工作、居住、生活，成为推动广州人口结构和人口素质全面改善的重要引擎，为广州市经济社会发展提供了强有力的人才支撑。

二、广州人口规模与结构变迁

（一）人口规模调控整体效果良好

在人口总量方面，据历年《广州统计年鉴》数据显示，在1978—2015年，广州市户籍总人口数由482.9万人增长至854.1万人，37年间约增长77%。总体增长速度呈下降趋势。这说明改革开放以来广州与全国其他大城市一样，在户籍人口总量的控制方面日趋严格，入户广州从总体而言是日渐变难的。（见表9-1）

表9-1　广州市1978—2015年主要年份户籍人口数

单位：万人

年份	1978	1980	1985	1990	1995	2000	2005	2010	2015
人数	482.9	501.9	545.0	594.2	646.7	700.7	750.5	806.1	854.1

数据来源：广州市统计局

广州市的常住人口规模增速在一定程度上得到控制，但常住人口总量仍是居高不下。1990—2000年，广州市常住人口增长约309.8万人，年均增长率高达4.52%。而据2010年第六次全国人口普查数据显示，广州市全市常住人口达1270万人，与2000年第五次全国人口普查数据相比增长275.2万人，增长率达27.74%，年均增长率下降至2.48%。但是，据广州市统计局统计，2016年广州市常住人口达1404.3万人，较上年度增长54.2万人，单年度增长率达4%；同期北京、上海、深圳的常住人口分别增长2.4

万、4.43万、52.9万人，均低于广州的增长人数。常住人口增速明显高于户籍人口增速，也高于国内一般城市，这说明改革开放以来广州成为我国外来人口的主要流入城市之一，外来人口社会管理压力巨大，加强并优化对外来人口的服务和管理已成为广州城市人口管理工作的一项重要内容。（见表9-2）

表9-2　广州市1990—2010年广州常住人口数及增长率

年份	1990	2000	2010
常住人口数／万人	685.0	994.8	1270.0
年均增长率／%	—	4.52	2.48

数据来源：广州市统计局

在人口自然增长率方面，1978—2015年，广州市经历了一个“增—减—增”的过程。1978—1985年，广州市的自然增长率呈缓慢上升趋势，由1978年的10.14‰上升至1985年的11.23‰。在此后的1990—2005年，由于计划生育政策日趋严格，并且计划生育与入户广州开始挂钩，广州市自然增长率呈逐年下降趋势，由9.48‰逐步下降至3.21‰。随着双独、单独二孩政策的逐步推行，广州市的出生率开始出现回升趋势，自然增长率也随之上升，于2015年增长至11.94‰。（见表9-3）

表9-3　广州市1978—2015年主要年份出生率、死亡率和自然增长率

单位：‰

年份	1978	1980	1985	1990	1995	2000	2005	2010	2015
出生率	15.46	16.25	16.59	14.97	11.82	10.28	8.85	12.47	17.73
死亡率	5.32	5.57	5.36	5.49	5.57	5.77	5.64	6.17	5.79
自然增长率	10.14	10.68	11.23	9.48	6.25	4.51	3.21	6.30	11.94

数据来源：广州市统计局

与自然增长率相对，广州市的机械增长率总体呈现“增—减—增—减”的趋势。1978—1980年，人口迁移净增率由11.6%增长至23%；1985年起，由于广州市开始严格控制人口的机械增长，净增率开始逐年下降，至1990年仅余2.7%。此后，1990—2005年，净增率逐年回升，至2005年回升至13.1%水平；2005—2015年，净增率又呈下降之势，至2015年回落至5.1%水平。广州市的人口机械增长率波动较大，总体是迁入人数要明显高于迁出人数，这种变化主要是受到户籍管理制度与人才引进政策等多方面因素影响。但人口机械增长总量并不大，可见户籍政策有效地控制了户籍迁入规模。（见表9-4）

表9-4　广州市1978—2015年主要年份人口迁移情况

年份	1978	1980	1985	1990	1995	2000	2005	2010	2015
迁入人数／万人	11.5	10.8	6.8	6.3	8.3	17.7	15.0	13.5	11.3
迁入率／%	24.1	36.2	20.8	17.7	21.9	25.6	20.1	16.9	13.3
迁出人数／万人	6.0	3.9	3.0	5.4	4.6	10.7	5.2	8.2	6.9
迁出率／%	12.6	13.2	9.1	15.0	11.9	15.5	7.0	10.2	8.2
净增量／万人	5.5	6.9	3.8	0.9	3.7	7.0	9.8	5.3	4.4
净增率／%	11.6	23.0	11.7	2.7	10.0	10.2	13.1	6.7	5.1

数据来源：广州市统计局

总体而言，改革开放和经济高速发展使得广州外来人口流入压力较大，但偏紧的户籍管理制度使得广州城市人口规模水平总体处于合理化区间。2016年广州的城市人口密度为1889人/平方公里，在同等规模城市中远低于深圳（5963人/平方公里）和上海（3816人/平方公里），在珠三角城市群中处于中上游水平，说明改革开放以来的广州人口整体调控政策效果良好。

（二）人口结构呈现总体改善发展态势

人口结构主要包括以性别、年龄结构为代表的自然结构，以民族、教育程度、家庭结构为代表的社会结构和以行政区域结构为代表的空间结构。改革开放40年来，广州的人口自然结构、社会结构、空间结构呈现出总体改善的发展态势。

1. 人口自然结构均衡化发展

在人口性别结构方面，广州市户籍人口的男女性别比的数值总体呈现先增后减的发展趋势，但一直处于男多女少的状态。1978—2000年的22年间，男女性别比由103.3%缓慢增长至106%，平均每年增长0.12个百分点。在2000—2015年的15年间，广州市户籍人口的男女比例飞速下降，由106%下降至101%，年均下降0.33个百分点。至2015年，广州市户籍人口已保持了男女比例的基本平衡。（见表9-5）

表9-5　广州市1978—2015年主要年份户籍人口男女性别比

单位：%

年份	1978	1980	1985	1990	2000	2005	2010	2015
男	103.3	103.2	104.6	105.8	106.0	104.7	102.9	101.0
女	100.0	100.0	100.0	100.0	100.0	100.0	100.0	100.0

数据来源：广州市统计局

但与户籍人口性别比逐渐趋好相对，广州市常住人口的性别比例则比较失衡。在4次对常住人口性别比的普查当中我们可以发现，1982年广州市常住人口男女性别比还比较正常，为102.8%；此后男性比例一路高歌猛进，至2010年的第六次人口普查时已经高达109.5%。其中，增长最为迅速的是1982—1990的8年间，增长了3.7%，年均增长率高达0.46%。造成这种局面的主要原因是改革开放以后外出务工、创业人员多以年轻男性为主，而且产业结构吸引的劳动力也主要为男性，外来人口性别结构失衡直接导致了广州常住人口呈现男多女少局面。这种现象并非广州特例，全国其他几个大城市的常住人口男女性别比例也或多或少地有此类问题。（见表9-6）

表9-6　广州市4次人口普查常住人口男女性别比

单位：%

年份	1982	1990	2000	2010
男	102.8	106.5	108.7	109.5
女	100.0	100.0	100.0	100.0

数据来源：广州市第三、第四、第五、第六次人口普查

在人口年龄结构方面，广州市第一至第四次人口普查采用的是0—14岁人口、劳动年龄人口、15—49岁婚育龄妇女、男60周岁女55以上人口的4种分类标准，第五、第六次采用的是0—14岁人口、15—64岁人口、65岁及以上人口或是0—14岁人口、15—59岁人口、60岁及以上人口2种统计口径。在此采用以40岁划分的统计口径进行计算。由于前后两次数据统计的方法不同，很难就4次人口普查的数据进行统一分析，在此分别对4次普查的数据进行分析。

1982—1990年，广州市常住人口中，0—14岁人口数从137.9万人增长至144万人，增长6.1万人，占比从26.6%下降至22.8%，下降3.8个百分点；劳动年龄人口数从317.3万人增长至402.2万人，增长84.9万人，占比从61.1%上升至63.8%，上升2.7个百分点；男60周岁、女55周岁以上人口数从55.3万人增长至74.3万人，增长19万人，占比从10.7%上涨至11.8%，上涨1.1个百分点。在此阶段，增长最多的为劳动年龄人口，其次为老龄人口与少儿人口。少儿人口虽有增长，但其整体占比在三组人口数据中

是唯一一组出现下滑情况的人口组别；劳动年龄人口人数、比例持续提升，进入人口红利期；但是老龄人口也随之逐年增长，占比日渐增大。（见表9-7）

表9-7 广州市第三、第四次人口普查常住人口各年龄层人数及比例

年龄层	1982年		1990年	
	人数 / 万人	占比 / %	人数 / 万人	占比 / %
0—14岁	137.9	26.6	144.0	22.8
劳动年龄人口	317.3	61.1	402.2	63.8
男60周岁、女55周岁以上	55.3	10.7	74.3	11.8

数据来源：广州市第三、第四次人口普查

2000—2010年，广州市常住人口中，0—14岁人口数从163.3万人减少至145.6万人，减少17.7万人，占比从16.4%下降至11.5%，下降4.9个百分点；15—59岁人口数从743.9万人剧增至1000.8万人，增长256.9万人，占比从74.8%上升至78.8%，上升4个百分点；60周岁及以上人口数从87万人增长至123.7万人，增长36.7万人，占比从8.8%上涨至9.7%，上涨0.9个百分点。在此阶段，少儿人口首次出现逆增长的现象，2010年较2000年下降10.8个百分点，同时其在总体常住人口中的占比也下降了不少；劳动人口增长迅速，2010年较2000年增长34.5%，在常住人口中的比例逐年增加；老年人口10年内增长42.1%，在总人口中的比例也有所上升。广州市虽然仍然保持着人口红利期，但是随着少儿人口的逐渐减少和老龄人口的不断增加，广州人口结构的少子化和老龄化趋势已比较明显。随着2015年我国全面放开二孩政策的实施，少子化现象得到有效扭转，但城市生活医疗水平全面提高带来的人口老龄化问题会越来越严重。（见表9-8）

表9–8　广州市第五、第六次人口普查常住人口各年龄层人数及比例

年龄层	2000年		2010年	
	人数 / 万人	占比 / %	人数 / 万人	占比 / %
0—14岁	163.3	16.4	145.6	11.5
15—59岁	743.9	74.8	1000.8	78.8
60周岁及以上	87.0	8.8	123.7	9.7

数据来源：广州市第五、第六次人口普查

2. 人口社会结构总体向好

在人口民族结构方面，1982—2010年间，虽然汉族的人数一直呈压倒性优势，广州市少数民族在全体常住人口中比例仍不断上升。其中，1982—1990年，少数民族人口占比略微上升，提升0.1%；1990—2000年的10年间，少数民族人数快速增加，至2000年第五次人口普查的时候，少数民族人口占比已达1.4%。2000—2010年，少数民族人口逐渐稳定，增加0.3%。少数民族人数以及在广州市常住人口中占比逐渐上升，因此要更为注意民族关系的处理问题，保证各民族和睦相处、社会安定和谐。（见表9–9）

表9–9　广州市4次人口普查常住人口民族比例

单位：%

年份	1982	1990	2000	2010
汉族	99.7	99.6	98.6	98.3
少数民族	0.3	0.4	1.4	1.7

数据来源：广州市第三、第四、第五、第六次人口普查

在人口教育结构方面，随着改革开放进程的推移，广州市居民受教育程度在向着更高水平发展。据第三、第四次人口普查的情况来看，

1982—1990年的8年间，大学本科及以上学历人口占比由“近乎为0”上涨至3.2%，大学专科学历人数占比由2.8%上升至3.5%，接受高等教育的人数增多、比例增大；高中（含中专）学历人数占比由18.7%上升至22.4%，初中学历人数占比由23.2%上升至31.7%，小学学历人数占比由41.7%下降至39.1%，接受初等教育的人数逐渐增加，重心向着较高学历的方向前进。此外，12周岁以上的不识字人数及15周岁以上的识字很少人数占比逐年下降，分别由10.7%与10.6%下降至8.6%，广州人口综合素质呈现稳步提升的良好态势。第五、第六次人口普查结果显示，广州市居民的受教育程度得到进一步的提高。2000—2010年，研究生学历人数占比由0.4%上升至1.3%，大学本科学历人数占比由3.9%上升至9.2%，大学专科学历人数占比由5.6%上升至10%，接受高等教育的人数进一步增加；高中（含中专）学历人数占比也有略微提升，由21.8%上升至24.3%。此外，仅接受基础初等教育人数或未上过学人数占比在逐渐减少。初中学历人数占比由39.4%下降至37.4%，下降2个百分点；小学学历人数占比由25.5%下降至16.3%，下降近10%；未上过学人数占比也由2.8%下降至1.3%。总体而言，改革开放40年来，随着教育水平的快速提高以及人才引进政策的积极实施，广州人口素质结构已得到极大改善。（见表9-10、表9-11）

表9-10　广州市第三、第四次人口普查文化状况

单位：%

年份	1982	1990
6岁及以上人口	100	100
大学本科及以上	0	3.2
大学专科	2.8	3.5
高中（含中专）	18.7	22.4

（续上表）

年份	1982	1990
初中	23.2	31.7
小学	41.7	39.1
不识字丨12周岁以上	10.7	8.6
识字很少丨15周岁以上	10.6	8.6

数据来源：广州市第三、第四次人口普查

表9-11. 广州市第五、第六次人口普查文化状况

单位：%

年份	2000	2010
6岁及以上人口	100	100
研究生	0.4	1.3
大学本科	3.9	9.2
大学专科	5.6	10.0
高中（含中专）	21.8	24.3
初中	39.4	37.4
小学	25.5	16.3
未上过学	2.8	1.3

数据来源：广州市第五、第六次人口普查

在人口婚姻家庭结构方面，4次人口普查的数据对比可以发现，改革开放以来，除未婚人口呈波动变化之外，广州有配偶人口、离婚人口比例呈上升趋势，而丧偶比例逐年下降。有配偶人口比例上升最快的时间段是1982—1990年的8年间，从57.9%上升至62.3%，平均年增长率达0.13%；此后，其增长速度趋于缓和，1990—2000年的10年间增长0.4%，而2000—2010年仅增长0.3%。丧偶人口比例自1982年以来逐年下降，至2010年仅占总比例的3.4%。此外，离婚人口的比例虽在逐年增加，但至2010年也仅有1.2%，说明广州市的婚姻家庭情况较为理想，对社会治

安、社会稳定的维护方面都较为有利。（见表9-12）

表9-12　广州市4次人口普查15岁以上人口婚姻状况

单位：%

年份	1982	1990	2000	2010
15岁及以上人口	100.0	100.0	100.0	100.0
未婚	34.4	31.3	32.7	32.4
有配偶	57.9	62.3	62.7	63.0
丧偶	7.2	5.9	3.7	3.4
离婚	0.5	0.5	0.9	1.2

数据来源：广州市第三、第四、第五、第六次人口普查

表9-13　广州市4次人口普查就业结构

单位：%

年份	1982	1990	2000	2010
在业人口	77.8	72.2	67.7	64.7
不在业人口	22.2	27.8	32.3	35.3
失业人口	—	—	8.3	5.6

在人口就业机构方面，据4次人口普查的结果显示，广州市的就业结构向着多元化的方向发展。在业人口比重自1982年以来逐年下降，至2010年在业人口仅剩64.7%；不在业人口比例逐年上升，从1982年的22.2%上升至2010年的35.3%，以非经济活动人口或其他就业形式存在的人口逐渐增多。此外，失业率也在逐年下降。2000年，广州市失业率达8.3%，2010年下降至5.6%。据《2017广州统计年鉴》显示，截至2016年底，广州市失业率仅有2.4%。这说明广州改革开放以来经济发展形势良好，能为社会提供充足就业岗位，而且随着人口教育文化素质的稳步提升，就业方式选择余地也越来越大。（见表9-13）

3. 人口空间结构从中心城区向周边扩散特征明显

据《广州统计年鉴》显示，广州市城镇人口比重在逐年增加，2016年全市城镇人口比例已达86.06%。其中，2010年达100%的区域有越秀区、海珠区，至2016年增加荔湾区、天河区，已有4个区域达到100%的城镇人口。此外，城镇人口比例增长速度排名前三的区域分别为番禺区、从化区与南沙区，远离中心城区的增城区和花都区的城镇人口比例也提升较快。（见表9-14）

表9-14　2010—2016年广州市各区城镇人口比重

单位：%

年份	2010	2013	2016
荔湾区	96.70	98.02	100.00
越秀区	100.00	100.00	100.00
海珠区	100.00	100.00	100.00
天河区	99.61	100.00	100.00
白云区	78.13	80.21	80.73
黄埔区	90.37	91.45	91.58
番禺区	80.06	84.24	88.49
花都区	64.54	66.53	67.26
南沙区	68.83	72.11	72.47
从化区	38.61	44.31	44.81
增城区	68.47	71.67	71.90
总计	83.78	85.27	86.06

数据来源：广州市统计局

从人口增速情况来看，1986—2004年广州市各区（市）人口年均递增率为1.83%，但越秀区（含原东山区）和荔湾区（含原芳村区）的人口年均递增率分别只有0.49%和0.23%，而越秀区1990—1992年、1993—1994年出现人口负增长，荔湾区在1989—1993年、1997—2000年也出现人口负增长；天河区作为广州市新的城市中心区，是20世纪80年代广州城市规划中建设的重点地区，人口快速增加，人口年均递增率最高，达到4.99%；黄埔区和番禺区因地理空间上临近中心城区，也是广州创新产业的主要集聚发展区域，它们在承接中心城区人口外迁的同时，自身产业的发展带来了人口的快速增长，因此人口增长也比较快，增速分别达到2.32%和2.07%；海珠区、白云区、花都区、增城区和从化区的人口年均递增率分别为1.67%、1.50%、1.74%、1.73%和1.58%，均略低于全市人口平均增速，人口增长相对比较稳定。

从人口密度变化情况来看，在1982—2010年，广州的荔湾区、越秀区等旧城区的人口密度虽然依然高于近郊和远郊区域，人口仍高度密集，但人口密度呈现稳步下降态势，1982年、1990年、2000年、2010年旧城区的主要街道人口密度峰值分别为16.58千人/平方公里、13.92千人/平方公里、14.30千人/平方公里、12.94千人/平方公里，人口减少的街道数量由1990年的24个上升到2010年的49个①，旧城区的人口密度明显在逐渐下降。而近郊和远郊区域的人口密度则在稳步上升，高人口密度街（镇）逐渐向中心城区外围推移，其中向东、向北和向南方面拓展最为明显，天河区、海珠区、番禺区等原来的城市近郊区域人口密度上升较快，成为广州新的城市中心。

（三）人口老龄化、老城区空心化与广州方案

1. 人口老龄化问题

（1）广州人口老龄化发展状况。

根据1956年联合国《人口老龄化及其社会经济后果》的标准划分，

---

①周春山，边艳. 1982—2010年广州市人口增长与空间分布演变研究［J］. 地理科学，2014（9）.

一个国家或地区65岁及以上老龄人口占总人口比例超过7%，则意味着这个国家或地区已经进入老龄化社会。1982年的维也纳老龄问题世界大会，确定60岁及以上老年人口占总比例10%以上的国家或地区已经进入严重老龄化阶段。截至2016年底，中国65岁及以上老人已达1.5亿人，人口老龄化率达10.9%，老年抚养比也已达15%。无论从哪种情况来看，我国的老龄化问题都已经非常严峻。老龄化程度与当地经济发展状况息息相关。据相关数据显示，中国三大地带的老龄人口占比中，沿海地区的老龄化情况最为严重，其老龄人口总数接近中、西部地区老龄人口的总和。身为沿海地区城市、且经济状况在全国前列的广州，老龄化程度也相当严重。

《2017广州统计年鉴》显示，2016年，在广州市户籍人口中，60岁以上人口占比高达17.76%，其中属于广州原“旧城四区”的荔湾区、越秀区、海珠区的老龄人口占比分别为25.64%、23.55%和23.21%，老龄化情况十分严重。此外，广州市所有地区全部超过10%的老龄化社会标准，60岁以上人口占比最低的区域是从化区，占比达12.83%。据广州市2015年全国1%人口抽样调查主要数据公报显示，常住人口中，65岁及以上人口占7.9%，综合2010年第六次人口普查数据（60岁以上常住人口占比9.7%）来看，广州市流动人口有效地缓解了广州市的老龄化社会压力。

从地理位置上看，广州市老龄人口空间分布基本呈圈层式分布，由“旧城四区”向外辐射，逐渐减少。周春山等在《2000—2010年广州市人口老龄化空间分异及形成机制》一文中，将老龄化进程分为年轻型（0—4.9%）、成年型（5.0—9.9%）、老年型初期（10.0%—12.9%）、老年型中期（13.0%—15.9%）和老年型后期（16.0%—19.9%）。由于目前“旧城四区”的老龄化程度已远超老年型后期限制，周春山等在此基础上引入了一个深度老年型（20.0%以上）的概念来进行分析。

据《2017广州统计年鉴》的户籍人口年龄构成部分显示，2016年，广州市各区均进入老年型发展阶段。其中，仅有从化区一区处于老年型初期阶段；处于深度老年型阶段的地区有3个，分别为荔湾区、越秀区、海珠区；处于老年型后期的地区有两个，分别是白云区和南沙区；天河区、黄埔区、番禺区、花都区、增城区均处于老年型中期阶段。周春山等人的研究将广州市老年人口社会空间结构分为旧城老年人口高度集聚区、机关企事业单位退休老人集中分布区、教育科研单位退休老人零散分布区、农村老年人口集中分布区、近郊行政中心混合老年人口集中分布区和年轻人口集聚新开发区等。旧城老年人口高度集聚区、机关企事业单位退休老人集中分布区、教育科研单位退休老人零散分布区从其空间分布看来，主要集中于荔湾、越秀、海珠三区及天河区的部分街道。这种分布机制形成主要因为城市发展历史、城市建设规划、住房户籍制度的变化、房地产市场发展等因素影响，使得老龄人口向中心城区集中。

从老龄人口分布情况看，世界卫生组织将老年期的年龄划分为3个层次，60—74岁老人为年轻型老年人，75—89岁老人为年老型老年人，90岁以上的老人为长寿型老年人。据广州市2015年全国1%人口抽样调查结果显示，60岁以上人口中，年轻型老年人占比74.3%，年老型老年人占比24.1%，长寿型老年人占比1.6%。由此可见，广州市绝大部分老年人都属于年轻型老年人，这对于老年人口的管理及老年人口的人力资源开发等方面都较为有利。

（2）广州的应对方案：积极老龄化。

积极老龄化是一个以联合国提出的“独立、参与、尊重、照料和自我实现”原则为基础的政策框架，强调老年人积极参与社会活动，利用自身条件创造新的社会价值。1999年，世界卫生组织在《积极老龄化：

政策框架》中将这个框架概括为健康、保障与参与。如前文所说，广州市老龄化情况虽然较为严重，但是年轻型老年人所占比例较高，健康情况较为良好的老年人也占绝大多数。这对于积极老龄化的开发利用是非常有利的。

第一，健康状况。在广州市2015年全国1%人口抽样调查中，对老年人口进行健康调查时，回答“健康”的老人占55.1%，回答“基本健康”的老年人占36.7%，回答“不健康，但生活能自理”的老年人占6.3%，回答“生活不能自理”的老年人占比1.9%。根据性别来看，男性中回答“不健康，但生活能自理”和“生活不能自理”的人数比例分别为5.4%和1.4%，而女性的人数比例分别达到7.2%和2.2%，均高于男性水平。根据年龄来看，年轻型老年人中，“健康”的老年人占62%，“基本健康”的老年人占33.2%，“不健康，但生活能自理”的老年人占3.4%，“生活不能自理”的老年人占1.4%；年老型老年人中，“健康”的老年人占34.6%，“基本健康”的老年人占46.3%，“不健康，但生活能自理”的老年人占14.3%，“生活不能自理”的老年人占4.8%；长寿型老年人中，“健康”的老年人占17.6%，“基本健康”的老年人占37.8%，“不健康，但生活能自理”的老年人占24.1%，“生活不能自理”的老年人占20.5%。随着年龄的增长，老年人的健康状况在逐步下降，因此广州市可以针对不同年龄在社保方面给予不同的政策，做到“老有所养”“老有所医”。

第二，保障状况。保障主要指的是社会保障体系的建设。近年来广州市政府全面推进医疗保险及养老保险的工作，在社区卫生服务体系及社保覆盖等方面均有所成就，朝着“老有所养”“老有所医”的方向迈进。据广州老龄网发布的《2015年广州市老龄事业发展现状摘要》数据显示，2015年，广州市领取企业职工基本养老金的人数为61.02万人，占全市老年人口总数的41.36%，其中95—99岁年龄组老年人口领取比例最高，达50.98%，100岁以上年龄组领取比例最低，仅为34.31%；领取城乡居民养老金的人数为40.17万人，其中年龄在60—64岁年龄组的老年人口最多，达10.47万人，占领取城乡居民养老金总人数的26.07%。据广州市2015年全国1%人口抽样调查结果显示，广州市60岁及以上人口中有72.8%的老年人口主要依靠离退休金生活，17.2%的老年人口依靠家庭其他成员供养，仅有1.2%的老年人靠最低生活保障金生活。较2010年第六次人口普查时数据资料而言，老年人依靠家庭供养比例明显下降，依靠离退休金、养老金生活的老年人口比例大幅提升，老年人在经济上越来越以自我保障为主。

此外，老年人的精神文化生活虽有所发展，但对于老有所乐仍需加以关注。2015年，广州市共有老年活动室2645家，日均参与人数7.06万人，老年文体团队1841个，队员4.82万人，老年协会2466个，覆盖95%以上的城镇社区及80%以上的农村社区，其中示范性老年协会有20个。在教育方面，据《2015年广州市老龄事业发展现状摘要》数据显示，截至2015年底，广州市完善老年教育的市、区、街（镇）、社区（村）四级网络，老年大学、老年学校、老年教学点分别达到19所、70所和208个，在校学员约6.4万人，约占2015年户籍老龄人口的4.3%。这些机构为老年人提供了多样化的服务与保障，有效地满足了老年人的精神需求，为老年人的社会参与提供了保障。

第三，参与状况。参与主要是指老年人继续参加社会活动，为社会提供服务的行为。参与社会活动，主要指老年人的社交以及参与文娱、体育、志愿活动等行为。由于没有较为权威的统计数据，在此暂不展开叙述。为社会提供服务，主要指老年人的再就业活动。据广州市2015年全国1%人口抽样调查结果显示，60岁及以上就业人口仅占60岁以上人口总数的6.3%，其中60—64岁就业人口占60—64岁人口总数的12.1%，广州市60岁及以上人口中仅有5%的老年人口主要依靠劳动收入生活，说明广州市老龄人口再就业的比例较低，且以年轻型老年人为主。老年人再就业的影响因素主要有年龄、健康与受教育程度等。政府在制定相关政策时应充分考虑当前老龄人口的相关情况，为老年人提供再就业渠道的同时注重对其健康、医疗、教育的相关环节的掌控。

2. 旧城区空心化问题

（1）旧城区空心化现象。

旧城区空心化是指随着城市规模的不断扩大，城市的旧城区出现诸如人口严重老龄化、商业中心衰败等现象。广州市的旧城区主要是指广州的“老四区”，即东山区（现合并至越秀区）、越秀区、荔湾区与海珠区。越秀区、荔湾区与海珠区的户籍老龄人口占比达到严重老龄化的状态，城区房屋严重老化，商业中心也随着互联网的冲击逐渐走向衰弱。相比周边地区，这三个区域的人口密度极高，外地租客众多，少有本地年轻人，三个区域几乎成为家庭居住中心，“职住平衡”严重失调，欠缺城市发展活力；城市环境老化，基础设施陈旧，老房子容易浸水，居住体验极差；产业层次偏低，低端产业占据了大部分的地区，经济发展能力很难提升。

例如位于越秀区的一德路—长堤商圈，在中华人民共和国成立后，一德路成为国营糖烟酒、粮油、副食品公司的所在地，容纳了大大小小上万商户，撑起了食在广州的名头。其中，海味市场垄断了全球鲍、参、翅、燕70%的销量和定价权。可以说，半个世纪以来，一德路承包了整个广州乃至世界各地的粤菜酒楼的批发进货事业。毗邻一德路的长堤大马路则是以众多的酒楼引领老广州的饮食风尚。这些酒楼主要走高档次消费路线，有新华大酒店、大同酒家、大三元酒家、东亚大酒店、爱群大厦、胜记酒楼等10多家粤菜酒楼。一德路—长堤商圈相互扶持，相互依靠，撑起了大半个广州的饮食文化。但从20世纪90年代开始，由于天河区逐渐取代越秀区成为城市中心，一德路—长堤商圈也就慢慢衰落了。首先衰落的是长堤路的酒楼。由于旧城区的基础设施发展较为滞后，城市规划、改建水平明显不如新规划的城区，城区经常出现停车位紧缺、交通堵塞等问题，导致越来越少客人愿意来此消费，标榜高档的长堤路酒楼大半倒闭，仅剩的几家酒楼也开始以平民化消费为噱头招揽客人。相比长堤路的衰落，一德路衰落的主要原因是互联网的迅猛发展。互联网的发展使得客户对于交易方式和交易对象的选择更为多元化，一德路的竞争优势在慢慢萎缩，批发市场大量撤出一德路，当年寸土寸金的仓库及黄金地段都无人问津。批发市场的撤出可能导致业态的更迭，也有可能因为集聚效应的不复存在而导致土地的荒废、旧城区空心化的加剧。政府必须慎重考虑对旧城区的处理问题，合理利用旧城区紧缺的土地资源。

（2）应对旧城区空心化的“广州方案”。

旧城区空心化问题是世界每个城市在快速城镇化过程中都必须面对的难题。欧美发达城市，主要采取城市治理创新的方式来应对旧城区空心化问题。例如，美国从20世纪90年代开始，率先在城市治理上创新，采用“商业改进区”的模式对旧城区空心化问题进行处理。美国的商业改进区的兴起，是由“次地区治理”开始的。中心城市的空心化直接减少了市政当局的税收收入，进而导致了市政当局在基础设施、公共服务方面提供的水平大幅下降，引起中心城市的竞争力下降。这为次地区治理，即地方性的利益集团的治理活动提供了条件。次地区治理团体作为对政府治理的一种补充，通过加强本地公共服务等建设提升当地竞争力，从而保护当地利益集团的既得利益。此后，次地区治理慢慢演变成为商业改进区。商业改进区与次地区治理一样，是一种地方管理组织。被广泛使用的“商业改进区”定义如下：“商业改进区是一种由业主和商人采取的组织和财政模式，用以决定他们的零售、商业和工业区域的未来。商业改进区以州立或地区法规为依托，这些法规准许业主评估财产价值，通过这样创造稳定的多年期财政收入以支持经济发展。这些收入由城市收取，并全部被交还给商业改进区，以用于市政府提供的服务和改善项目以外的补充服务（维护、卫生、安全、升级及特殊活动）和设备改建（公共设施、树木、引导标志和特殊灯光）。从根本上来说，商业改进区是一种通过自我评估，以商业为引导的自主项目。”①在美国的案例中，有动机进行商业改进区建设活动的非政府组织主要包括社区市民组织、非营利组织、大型房地产投资商等。反观广州的旧城区，正如前文所提，广州旧城区几乎成为家庭居住中心，因此最需要解决的首先是社区居民组织的自治问题，以居住人口的自治带动整个旧城区的发展活力。

广州通过多年来的探索实践，已初步形成了解决旧城区空心化问题的“广州方案”，即引入城市有机更新理念，通过老旧社区更新改造，促进旧城区居住环境和生活质量的优化改善。旧城区更新改造的主要内容包括两个方面，一是对老旧社区进行基础设施和生活环境的“微改造”，内容包括改造化粪池、水电气等49个“基本项”，以及加装电梯等11个列入“优化提升”的项目。2016—2017年，广州已完成了对109个老旧社区的微改造工程，2018—2019年还将微改造400个老旧社区。二是引领老旧社区建立科学的社区管理机制。目前广州已形成了引入物业公司、居民自管、政府和居民共管3种基本治理模式。例如，越秀区司马

---

①布兰德斯．美国如何解决老城区的商业空心化“商业改进区”——以“地区为本”的城市治理创新［J］．中国经济周刊，2017（25）：76—79.

坊社区采取楼院自治的方式，由居民大会选出居民8人组成小区居委会，加强对治安联防、出租屋管理等问题的处理力度，设立小区议事会，以少数服从多数的方式来解决社区中的许多问题。这种楼院自治的管理方式，使居民之间的信任度得到提升、居民的公民意识得到培育，同时促进了基层民主建设的进程，对于补全城市空心化中政府职能的缺位十分有效。而越秀区大东街则以“三会一制度”的形式对社区物业中介服务体系进行指导，并将部分权力下放、部分利益让出，以此刺激中介服务组织的参与。此外，大东街还推行多样化的物业管理模式和“四位一体”的社区治理框架，使得社区治理的治安、卫生等方面问题逐步得到缓解。

第十章

城市综合治理

改革开放40年来，广州经济高速发展和城市人口急剧增长，给广州城市环境和治安管理带来的压力持续增大，但广州不断创新城市治理理念，紧紧围绕城市公共环境、公共秩序、公共关系等核心内容强化城市综合治理，城市生态环境和社会治理水平走在全国城市前列，先后获国际花园城市、水环境治理优秀范例城市（中国人居环境奖）、国家环境保护模范城市、国家园林城市、国家森林城市、全国文明城市等殊荣。

一、广州城市治理理念的历史演进

在改革开放初期，经济建设成为当时我国所有城市发展的优先课题。广州作为我国沿海开放城市和华南地区重要的中心城市，是引领国家经济建设的重要引擎。但随着经济产业项目的不断增加，外来人口的大量涌入，城区范围不断向外延伸，也给城市环境、交通、用水、社会治安等方面带来沉重压力，广州急需寻找一条特大型城市经济发展与城市环境协调可持续发展的城市发展之路。

20世纪70年代，联合国教科文组织在人与生物圈计划中首次提出了生态城市的概念，随后生态城市发展理念迅速在澳大利亚等西方国家中发展起来，被认为是后工业化时代实现城市可持续发展的未来范式。在此创新城市发展思想引领下，从20世纪90年代开始，广州率先引入生态城市发展理念，针对珠江水系、白云山风景区和海珠区果树保护区等重点生态区域开展生态保护与规划控制，并针对科学城、大学城等重点开发地区导入“生态优先”式的规划方法，在城市规划建设中积极开展生态城市理念的探索与实践。

2000年9月，时任广州市市长的林树森正式提出建设生态城市的发展构想。他认为，广州已解决了温饱问题，基础设施改善以后，就应向一个更舒适、更高效的居住环境发展。理想的城市发展模式应该是“生态城市”，而不是一切都是人工设计的“花园城市”。广州要建设“生态城市”而不是“花园城市”。①同年12月，广州市政府举行城市生态可持续发展规划咨询活动，正式委托北京师范大学、北京大学、南京大学和中山大学同时对广州生态城市规划进行专题研究。2001年出台的城市总体战略规划，进一步明确提出了“建设山水型生态城市”的发展目标，并确立了在未来十年间广州建设生态城市的总体指导思想，即以“山、水、城、田、海”的自然特征为基础构筑生态廊道，建设多层次、多功能、立体化、复合型和网络式的生态结构体系。广州市政府2003年印发了《广州市生态城市规划纲要（2001—2020年）》，并随后全面启动“青山、绿地、蓝天、碧水”工程，广州生态城市发展理念进入系统全面落地实施阶段。

---

①林树森. 广州城记［M］. 广州：广东人民出版社，2013：210.

2007年党的十七大报告提出建设资源节约型、环境友好型社会的发展理念，开启了中国从工业文明向生态文明的社会转型。2012年党的十八大报告进一步提出，“面对资源约束趋紧、环境污染严重、生态系统退化的严峻形势，必须树立尊重自然、顺应自然、保护自然的生态文明理念，把生态文明建设放在突出地位，融入经济建设、政治建设、文化建设、社会建设各方面和全过程，努力建设美丽中国，实现中华民族永续发展”。党的十八届五中全会把“绿色发展”作为“十三五”期间引领我国经济社会发展的“五大发展理念”之一，生态文化建设理念正式上升为国家战略意志，中国全面进入生态文明建设的新时代。

2008年5月，由国家林业局、教育部、中华全国总工会、共青团中央主办，广州市人民政府、广东省林业局承办的中国生态文明建设高层论坛在广州举行，并发布了《中国生态文明建设高层论坛——广州宣言》（简称《广州宣言》），“羊城广州，雄踞岭南。改革开放，地处前沿，生态文明，奋勇争先。林茂山翠，碧水盈怀。节能减排，复现蓝天。初夏五月，汇聚群贤。俯仰齐吟、共倡宣言——我们认识到，生态文明是人类进步的重要标志，是人类处理人与自然关系的最终解决形式，是人类文明发展的必然趋势”。《广州宣言》向全社会发出倡议：人人参与，从我做起，自觉承担生态文明建设的重大责任。《广州宣言》发布后，广州以举办 2010年亚运会为契机，积极推进空气环境、水环境、交通环境、人居环境等城市综合治理，生态文明发展理念在广州得以全面落实。2012年12月11日，习近平总书记在越秀区东濠涌考察时对广州的生态文明建设成果给予了充分肯定，“东濠涌以及遍布广东各地的绿道，都是美丽中国、永续发展的局部细节。如果方方面面都把这些细节做好，美丽中国的宏伟蓝图就能实现。希望广州的同志再接再厉，在过去打下的坚实基础上，在十八大精神的指引下，把城市建设得更宜居”。在2012年中国生态城市竞争力排名中，广州位列第十，是唯一进入前十名的国内特大型城市。[①]广州作为引领时代发展的国家中心城市，再次走在生态文明城市建设的最前列。

2016年9月，广州市人民政府办公厅正式印发了《广州市生态文明建设规划纲要（2016—2020年）》，明确提出广州未来城市发展要按照“五位一体”总体布局和“四个全面”战略布局，把生态文明建设摆在更加突出的战略位置，坚持以创新、协调、绿色、开放、共享的发展理念为引领，坚定不移走生态优先的可持续发展道路。创新体制机制，加快建立健全生态文明重大决策机制、生态文明公众参与制度、生态红线管控制度、能源消费双控制度、环境空气功能区管理制度、污染防治区域联动机制、生态环境损害评估制度、生态文明评价考核机制、生态环境损害责任追究制度等生态文明制度体系，不断提高生态文明决策能力和管理水平。到2020年，广州PM2.5的浓度要下降到30微克/立方米以下，空气质量优良天数占比要达到86%，城市环境风险得到有效管控。在森林城市、绿色城市、生态城市建设方面取得重大进展，生产空间更加集约高效、生活空间更加优质宜居、生态空间更加山清水秀，基本破解“垃圾围城”等城市生态难题。（见表10-1）

表10-1　生态文明建设主要指标（部分）

序号	指标	单位	2015年	2020年	备注
1	能源消费总量	万吨标煤	5700左右	7000	预期指标
2	单位GDP能耗下降率	%	〔20.55〕	完成省下达任务	约束指标

①倪鹏飞．中国城市竞争力报告2013：建设可持续竞争力理想城市［M］．北京：社会科学文献出版社，2013．

（续上表）

序号	指标	单位	2015年	2020年	备注
3	万吨GDP用水量	立方米/万元	36.50	19.17	约束指标
4	再生资源主要品种回收率	%	—	75	预期指标
5	空气质量优良天数占比	%	85.5	86.0	约束指标
6	PM2.5年均浓度	微克/立方米	39	≤30	约束指标
7	城市集中式饮用水源地水质达标率	%	100	100	约束指标
8	国控、省控断面水质达标率	%	82.1	100.0	约束指标
9	化学需氧量排放累计减少	%	〔31.90〕	完成省下达任务	约束指标
10	二氧化硫排放累计减少	%	〔25.08〕	完成省下达任务	约束指标
11	氨氮排放累计减少	%	〔22.60〕	完成省下达任务	约束指标
12	氮氧化物排放累计减少	%	〔30.90〕	完成省下达任务	约束指标
13	建成区绿化覆盖率	%	41.5	43.0	预期指标
14	森林公园	个	73	92	预期指标
15	城市人均公园绿地面积	平方米	16.5	18.0	约束指标
16	城镇污水处理率	%	93.22	95.00	约束指标
17	城镇污水处理厂污泥无害化处理率	%	—	>90	约束指标
18	农村生活污水处理率	%	48.63	70.00	约束指标
19	城镇生活垃圾无害化处理率	%	95.24	100.00	约束指标

（续上表）

序号	指标	单位	2015年	2020年	备注
20	工业危险废物和医疗废物处理率	%	100	100	约束指标
21	中心城区公共交通出行占机动化出行比例	%	60	65	预期指标
22	新建建筑中绿色建筑比例	%	20	40	预期指标

注：〔 〕表示五年累计完成

二、城市环境整治

（一）广州城市环境整治法制化进程

改革开放促进了广州城市和经济的大发展，但从20世纪80年代开始，环境污染、交通拥堵等城市问题也逐渐凸显。据统计，在改革开放初期，广州每天进出车辆只有2万辆，至1997年已达40万辆；1992年全市生活污水排放量只有61万吨，至1997年已达到181万吨；废气排放总量从1990年的1144.3亿标准立方米增加到1995年的1871.6亿标准立方米；环境空气中总悬浮微粒浓度从1990年的0.27毫克/立方米提高到1995年的0.306毫克/立方米。同期市内有3000多个工地在同时施工，100多万辆机动车在市内道路上行驶，这些工地、车辆产生的噪声、废气、尘土给城市环境质量带来极为不利的影响。因此，从“八五”期间开始，广州市委、市政府积极贯彻党中央经济建设与环境保护协调发展的方针，以环境法制化建设为基础，大力加强城市环境综合整治工作。市委、市政府先后颁布实施了《广州市饮用水源污染防治条例》《广州市大气污染防治规定》《广州市防治珠江广州河段水域饮食业污染管理规定》《广州市环境噪声污染防治规定》4部地方性法规，并同时出台了《广州市水环境功能区区划》《广州市声环境功能区区划》《广州市防治机动车排气污染监督管理办法》《广州市人民政府关于加强治理机动车排气污染的通告》《城市区域环境噪声标准》《广州市综合治理和利用粉煤灰若干规定》6部行政规章，从此，广州城市环境监督管理工作逐步纳入法治轨道。

进入20世纪90年代中后期后，党中央更加重视环境保护工作。1998年，国家环境保护局从建设部独立出来，升格为国家环境保护总局（正部级），广州也相应成立市环保局。1998年7月28日，时任广东省委书记李长春来广州开现场会的时候提出："广州要一年改变脏乱差面貌，实现环境面貌一年一小变化；三年完善广州基础设施，弥补原来的欠账，有一个中的变化；到2010年广州城市建设、城市管理有根本性变化，率先实现现代化。"李长春的这段讲话后来被总结成为"一年一小变，三年一中变，2010年一大变"行动口号。广州市全面贯彻落实《国务院关于环境保护若干问题的决定》，将环境保护正式纳入广州市"九五"国民经济和社会发展计划，并结合广州城市建设管理"一年一小变，三年一中变，2010年一大变"行动，制定出台了《广州市青山碧水蓝天工程计划（1996年—2000年）》，编制了《广州21世纪议程》《广州市"九五"期间主要污染物排放总量控制规划》《广州市环境保护规划（1996—2010年）》《广州市1998年—2002年环境保护目标与任务》《黄埔区工业污染源环境综合整治工程规划》等环境规划、计划。1997年，《广州市环境保护条例》颁布实施，就环境保护管理职责分工、环境功能区的划分、建设项目与城市建设的环境管理、污染防治设施的管理、环境监测与监理、自然资源保护等进行了明确的法律规定。同时结合城市建设环保审批前置的要求，广州环保部门从1999年开始正式参与广州市建设用地审批工作。而环保法制体系的不断完善也为广州依法综合整治创造了条件。同年，全国第一部机动车污染控制地方性法规《广州市机动车排气污染防治规定》颁布实施，该规定明确要求将机动车排气污染防治纳入城市总体规划，并在综合交通规划中体现机动车排气污染防治的要求，采取措施，防治机动车排气污染。授权市政府根据机动车排气污染防治的需要，对本市机动车实施环保标志管理制度，并根据环境空气质量状况和要求，对没有环保标志或者有某种环保标志的机动车，采取限制区域、限制时间行驶的交通管制措施。据统计，在“九五”期间，广州先后开展了清理“十五小”专项执法、机动车专项执法、保护饮用水源专项执法、整治噪声扰民专项执法、“油改气”专项执法、“双达标”专项执法等多个专项执法行动，1996—1999年全市共查处环境违法案件695宗，作出行政处罚313宗，环境执法力度明显加强。

进入21世纪以后，广州一方面根据实际需要进一步完善环境整治法制体系，在“十五”和“十一五”期间，先后完成《广州市固体废物污染防治规定》《广州市大气污染防治规定》《广州市环境噪声污染防治规定》《广州市机动车排气污染防治规定》《广州市饮用水源污染防治条例》等地方法规和政府规章的编制修订；另一方面不断创新体制机制，切实提高环境综合治理能力。自2001年起，广州在对建设项目用地审批实行环保前置管理的基础上，又对重大规划和建设项目的决策实行环保前置管理。加强环境保护信息系统建设，创建广州市环境保护城域网和办公自动化网络系统，在全省率先实现了市级环保部门间信息数据的安全、可靠交换。2009年，为统筹解决生态保护和资源利用的区域外部性问题，广州牵头全面推进广佛同城化、广佛肇经济圈环保合作，先后签订了《广州市佛山市同城化建设环境保护合作协议》和《广佛肇经济圈建设环境保护合作协议》，并编制了《广州市佛山市同城化建设环境保护3年工作规划》《广佛肇经济圈生态环境保护和建设规划（2010—2020年）》。以水环境污染和空气污染联防联治为突破口，建立健全区域性环境问题联防联治长效机制，加强两地流域和区域的环境综合整治和跨界环境违法行为联合执法行动，区域环境保护合作机制的建立标志着广州环境综合整治从城市单一治理迈入城市群合作治理的新时代。积极加强环境应急管理和突发环境事件处置能力建设，出台了《广州市突发环境事件应急预案》，为处置突发环境事件提供依据和指引。在“十一五”期间，广州成功处置了“10·12”广州辐照技术研究开发中心卡源事件，得到国家和省环保部门的充分肯定。制订实施了应对甲型H1N1流感环保监管行动预案，出色完成了污染监控和应急处置工作。

2010年以来，广州秉承“源头严防、过程严管、后果严惩”的原则继续加强城市环境综合整治的顶层设计。一是实行严格的环境准入制度，对不符合产业政策和环保要求的项目环评文件一律不予批准。实行污染物排放总量前置审核制度，要求项目明确污染物总量来源。二是积极推行扬尘污染防治，餐饮业油烟防治精细化、标准化、规范化管理，出台了《广州市建筑施工扬尘排放量核算办法》和《广州市餐饮场所污染防治管理办法》，建立了扬尘排污费征收机制和餐饮企业核发排污许可证制度，引导各区积极创建“扬尘污染控制示范区”和“餐饮业环保综合监管示范区”。三是强化饮用水水源保护立法，出台了《广州市饮用水水源污染防治规定》《广州市流溪河流域保护条例》等地方法规，制定实施了《广州市实施〈南粤水更清行动计划〉工作方案》，建立水环境治理联席会议机制。四是大力推行垃圾分类管理，创新垃圾分类全流程设计，实现“源头减量、分类投放、分类收集、分类运输、分类处置及全过程监管”垃圾分类处理流程再造。到2016年底，广州实行生活垃圾“定时定点”分类投放模式的社区已达到965个，中心城区165座垃圾压缩站实现达标治理，2503个临时收运点实现环境治理。成功入选全国首批生活垃圾分类示范城市，垃圾分类处理项目获得“2015中国城市可持续发展范例奖”。五是继续强化区域污染联防联控体制机制建设。广州、佛山、肇庆三市已实现空气质量监测数据实时互查，并建立了广佛肇跨界环境污染联合执法机制及三地监测预警与信息通报机制。同时广州还与东莞共同推动火电厂脱硝工作，联动整治区域空气污染；与清远共同整治乐排河至巴江河沿岸污染企业，两市已实现交界水质信息互通。另外2013年广州还与河源签订了《广州河源环境友好合作协议》，加强在保护修复东江流域水资源、治理东江中上游污染等方面的联防联治合作，并加强两市火电厂和重点工业企业脱硫、脱硝和除尘治理技术方面的合作，共同推进机动车标志管理、限制高污染汽车通行。

（二）城市环境治理成效

1. 污水治理

广州城市污水处理起步较早，早在1978年，广州第一个大型污水处理厂——大坦沙污水处理厂就开工兴建。1988年12月，一期工程（污水处理能力为7.5万吨/日）通水试运行，1989年9月二期工程完工，大坦沙污水处理厂的污水日处理量达到15万吨，成为当时华南地区二级处理容量最大的城市污水处理厂。为应对城市快速发展带来的污水处理压力，大坦沙污水处理厂在1992年和1999年进行了两次扩容，污水日处理能力已达到33万吨。1997年，日处理能力22万吨的猎德污水处理厂一期工程开工建设，到1999年11月正式通水试运行。但在1999年之前，广州的污水处理率一直很低。1996年，广州的城市污水处理率仅为7.6%，到1999年也只达到13.96%。[①]

1998年3月，广州市提出用3年左右时间创建国家环保模范城市的发展目标，为此，广州污水处理能力建设全面加速。2000—2003年是广州城市污水处理全面规划、全面建设的三年，大坦沙污水处理厂三期、猎德污水处理厂二期、西朗污水处理厂首期、沥滘污水处理厂首期四大污水处理工程完全建成。2000年，随着猎德污水处理厂参与运行，广州的城市污水处理率有了较大提高，2000年达到26.28%。而此时国家环保模范城市创建中城市生活污水处理率指标大幅提高，由当初的大于25%提高到了大于70%。污水处理能力不足，这也是原计划用3年左右的时间建成国家环保模范城市结果却用了整整8年时间才创建成功的最主要原因之一。

2004年，广州市进一步制定《2004—2006年广州市老八区污水处理工程项目建设实施计划》，提出把原来四大污水处理系统扩展到九大系统（新建大沙地、经济开发区、江高—石井、龙归—人和、九佛五大污水处理系统），到2006年底，老八区范围内的建成区、镇中心、中心村的城市污水（综合生活污水和部分工业废水）处理率达到100%的发展目标。据广州市政府的《广州市创建国家环境保护模范城市工作报告》（2006年11月5日修改稿）数据显示，2002年以来，广州共投入80多亿元，建成9个污水处理系统和30座污水提井泵站，铺设污水管网385公里，并建立了国内规模最大的水质水量在线监测系统。全市城市污水日处理能力从2001年的58万吨提高到2005年的155.3万吨，城市生活污水处理率从2001年的28.5%提高到2005年的71.34%。[②]广州创建国家环保模范城市的最后一个“拦路虎”被彻底扫除。2006年11月，广州成功通过国

①林树森．广州城记［M］．广州：广东人民出版社，2013：266-267.

②林树森．广州城记［M］．广州：广东人民出版社，2013：262.

家环保模范城市考核验收。

“创模”成功以后，广州继续加强城市生活污水处理能力建设。污水管网从2008年的1813公里提高到2010年的2907公里；污水处理厂从2005年的11座增加到2010年的47座；生活污水日处理能力从2005年的182.7万吨提升至2010年的465.18万吨；城市生活污水集中处理率从2005年的71.34%提升至2010年的85.65%，中心城区生活污水集中处理率达到90.46%，位居全省前列。2011年，广州开始实施主要污染物总量控制与减排计划，积极推进建设污水管道、污水处理厂及城中村的截污纳管工程，不断强化工业污染防治和畜禽养殖污染监管，全市尤其是农村地区的污水处理水平明显提升，城镇污水处理率从2014年的92.09%提升至2017年的93.5%，农村污水处理率从2014年的44%大幅跃升至2017年的60%，其中水环境空间管控区内农村污水处理体系实现全覆盖。

2. 河涌整治

广州是一个典型的山水城市，自古以来就有“六脉皆通海，青山半入城”的美誉，彼此贯通的渠濠系统和大大小小的桥梁，成为广州城市一道道美丽风景线。但到了近现代，随着人口密度加大，城市污水处理设施建设严重滞后，生活污水直排河涌，又黑又臭的河涌不仅大煞风景而且严重影响市民的正常生活。同时广州地处于珠江三角洲的中心、珠江流域的下游河口区，改革开放后珠三角地区的高速工业化和城镇化进程，也使得20世纪80—90年代珠江水系广州段的区域环境污染负荷明显加大。到20世纪90年代末，市区各河涌、人工游览湖石油类和有机污染严重，水质大部分接近Ⅴ类地面水标准；珠江广州河段经过综合整治，工业污染物逐年减少，水质有所改善，除氨氮、亚硝酸盐氮、总磷和溶解氧外，其他指标已符合国家《地表水环境质量标准》（GB3838-2002）Ⅲ类标准；市区饮用水水源地水质继续受到不同程度污染，各饮用水水源细菌总数、总大肠菌群数和浊度达不到国家生活饮用水标准。

进入21世纪以后，广州全面启动水环境综合整治工程。一方面全面强化饮用水水源保护区污染整治，积极推进珠江广州河段、西部水源地、东部水源地和南部水源地的水污染综合整治工作；另一方面对全市121条重点河涌实施综合整治，全力推进污水治理和河涌综合整治，广州水环境质量开始得以逐步改善。到2011年，珠江广州河段水质已稳定达到IV类标准，集中式饮用水水源地水质地达标率和城市水域功能区水质达标率均达到100%。部分河涌水质明显改善，基本实现不黑不臭，河涌整治取得初步成效。在饮用水水源地和珠江水系综合整治取得明显成效后，2014年广州创新引入河长制，治水重心转向河涌综合整治攻关。设立了广州市水环境整治联席会议办公室，将51条河涌纳入“水更清行动计划”，出台了《广州市水环境治理责任追究工作意见》《广州市河长制实施方案》《广州市河长制考核办法》《广州市河长巡河指导意见》等16项配套制度，落实河长“涌边三包（包卫生保洁、包控违拆违、包截污纳管）、守水有责”，实现“五无”（即河道无直排污水、河面无垃圾、沿岸无违章、堤岸无损坏、绿化无损毁）目标。到2017年，全市纳入《广东省水污染防治目标责任书》的地表水国考监测断面水质优良率为66.7%，其中达到Ⅰ—Ⅱ类水质为33.3%，无劣Ⅴ类水体；流溪河从化段、增江、东江北干流、市桥水道、沙湾水道、蕉门水道等主要江河水质优良，稳定保持在II—III类水平；每月发布水质监测信息的53条重点整治河涌（河段）中，7条河涌（河段）达到或优于Ⅴ类水体，列入全国城市黑臭水体整治监管平台35条黑臭河涌有24条已基本消除黑臭。全市3条主要入海河流中，莲花山水道入海河口水质稳定为Ⅳ类，达到功能用水要求；洪奇沥水道入海河口和蕉门水道入海河口年均水质为Ⅱ类，优于功能用水要求。（见表10-2）

表10-2 2010—2017年广州市城市集中式饮用水水源地水质达标情况

年份	水源地数目 / 个	年度水质达标率 / %
2010	8	89.6
2011	6	100
2012	6	100
2013	9	100
2014	10	100
2015	10	100
2016	10	100
2017	10	100

数据来源：《2017年广州市环境质量状况公报》

3. 交通拥堵治理

随着城市经济发展和人民消费水平的提高，拥有小汽车的家庭越来越多，到20世纪末，广州的汽车保有量已超过300万辆。为了解决日益拥堵的城市交通问题，在“三年一中变”期间（1998—2000年），广州市政府投入城建资金464亿元，全力推进以道路、交通为重点的城市基础设施建设。城市人均道路面积从1998年的6.96平方米提高到2000年的9.76平方米，增加40.23%，城区机动车平均车速从原来的18公里/小时提高到2000年的25—30公里/小时。[①]

进入21世纪，在广州这座人口超千万的特大型城市，单纯的城市交通基础设施建设手段已无法解决城市交通拥堵难题，因此2007年广州市政府以迎亚运、创文明为契机，开始实施公交优先发展战略，加快构建完善以轨道交通为骨干、公共汽（电）车为主体、出租车和水上巴士等为重要组成部分的城市立体公共交通体系。2013年，广州成功入选

①林树森. 广州城记［M］. 广州：广东人民出版社，2013：265.

国家“公交都市”创建示范城市，以此为契机，广州大力提升城市公共交通的供给能力和服务水平，积极引导市民多样化出行。据统计，在“十二五”期间，广州新增城市轨道交通里程30公里，现状线网规模达到266公里，新增轨道列车148列（778节），日均客运量从2010年的324万人次增加至2015年的659万人次，承担客运量占公共交通客运总量的比重由2010年的27%增加至2015年的43%。新增公交车2685辆，到2015年，全市公交车总运力已达到14186辆，线网规模达到1178条，公交专用道规模达到420.8公里，中心六区公交线网密度从2010年的3.61公里/平方公里提高到2015年的4.12公里/平方公里，日均客运量约为698万人次，承担客运量占全市公共交通客运总量的45%。新增出租汽车3129台，到2015年，广州出租车总运力已达到22442辆，出租车万人拥有水平约为17辆，日均客运量达到177万人次，占全市公共交通客运量的12%。进入“十三五”以后，广州以持续深化城市公共交通供给侧结构性改革为抓手，大力打造快捷、方便、多元、舒适、智能的多模式城市公共交通综合体系，公共交通服务水平日益提高。截至2018年5月，广州已建成开通地铁线路13条，运营里程391.7公里，2017年地铁日均客运量769.5万人次（其中2017年12月31日客流量突破1000万人次），地铁承担公共交通客运量比例已达54.7%，成为市民长距离、快速出行的重要出行方式。公交专用道里程达420公里（含中山大道BRT），已基本覆盖中心城区主要客流走廊，公交专用道路线网设置覆盖了约1400个站点、400条线路；全市公交线路1226条，运营线路总里程14801公里，已形成干线（含BRT）公交、支线公交、微循环公交三层次线网体系；中心城区公共汽车线路网比率达到93%，在国内处于领先水平；全市243个地铁站口均实现公交接驳，轨道交通站点200米范围内公交线路接驳比率达100%。此外，地面公交与轨道交通的首末班车运营时间有效衔接，已有98条夜班公交线路兜底地铁站点的接驳服务，市中心城区地铁站点与公交服务时间已基本实现无缝衔接。

同时，为了有效缓解城市交通拥堵状况，为公共交通发展赢得时间，2012年7月广州开始试行中小客车总量调控政策，并于2013年7月正式实施。广州对中小客车创新采取“摇号+竞价+环保”的总量调控管理模式，限定每年中小客车增量配额为12万辆，增量指标中三种方式配比为1：5：4，有效遏制了本市籍中小客车迅猛增长的势头。2014年广州又推出差别化停车收费政策，以经济手段引导机动车合理停放和使用，有效提高停车泊位周转率，积极引导中心城区和拥堵地段的交通分流。另外，为了遏制2015年以来广州中心城区本地化使用的外地车呈逐月上升的趋势，精准管控以异地上牌本地使用方式规避广州市中小客车总量调控政策的车辆，2018年4月，广州又推出非广州市籍中小客车“开四停四”通行管理措施，即非广州市籍中小客车驶入广州市中心区连续行驶时间最长不得超过4天（自然日），再次驶入须间隔4天（自然日）以上，城市拥堵管控措施进一步完善。

4. 空气污染治理

由于重工业和机动车等因素的影响，在20世纪八九十年代，广州的大气污染问题日趋严重，广州成为全国闻名的重酸雨区［重酸雨区标准：区域降水pH值（氢离子浓度指数）<4.5或4.5≤pH值<5.0且酸雨频率>50%］，民间曾流行“十雨八酸”的说法。为改变这种不良状况，广州市委、市政府大力推进空气污染综合整治。第一，狠抓机动车废气排放控制。1998年，广州颁发了全国第一个机动车污染控制的地方性法规——《广州市机动车排气污染防治规定》，并以此为依据积极推进淘汰高排放汽车工作，开始限制1升排量以下小汽车上牌，并逐步限制摩托车上牌到最终在市区全面禁行。2003年后，考虑到限制排量1升以下小汽车上牌政策外界非议较多，市政府开始转向考虑通过提高机动车排放标准的做法来控制小排量汽车大量上路的问题，并于2005年7月颁布了《广州市执行国家第二阶段机动车排放标准的通告》，2006年9月率先开始实施国家机动车国Ⅲ标准。到2010年，广州市拥有的国Ⅲ标准汽车达到80.3万辆，约占全市汽车保有量的49.8%；拥有国Ⅳ标准汽车7.3万辆，约占全市汽车保有量的4.5%，在国内城市中处于领先地位。第二，全力推动工业废气减排。从2004年开始，针对环境空气二氧化硫年平均浓度超过国家二级标准的严峻形势，广州强力推进56家重点企业的103台锅炉安装了脱硫设施或采取脱硫措施，形成了年削减6.8万吨的脱硫能力，到2005年末空气质量全面提升至国家二级标准。同时全面启动重点工业企业降氮脱硝工作，在国家未考核氮氧化物总量减排工作的情况下，广州“先试先行”率先实施降氮脱硝工程，并建立大气污染区域联防联控机制，与佛山、肇庆、东莞、河源等城市共同推动火电厂脱硝工作。第三，大力推行清洁能源行动。1999年1月1日颁布实施《关于饮食服务业使用清洁能源的通告》，在餐饮行业、机关学校食堂推行油改气工程，并要求安装油烟治理设施。同时大力实施绿色公交工程，到2007年全市85%的公交车和100%的出租车已使用清洁能源。

随着这些措施的出台，从20世纪90年代末开始，广州市区大气中总悬浮微粒、二氧化硫、氮氧化物、一氧化碳等主要污染物浓度呈下降趋势，大气污染问题开始得到有效控制，全市空气质量开始逐年好转。据统计，到2017年，全市环境空气质量达标天数294天，比2013年增加34天（2013年为按国家新空气质量标准评价起始年份）；达标天数比例为80.5%，比2013年增加9.3%。其中空气质量优75天、良219天，未出现严重污染。二氧化硫、一氧化碳、PM10和PM2.5浓度等环境空气指标呈现稳定下降趋势（见表10-3），空气质量水平在国内特大型城市中处于领先地位，“广州蓝”已成常态。

表10-3　2010—2017年广州环境空气质量指标

年份	二氧化硫浓度/（微克·米$^{-3}$）	二氧化氮浓度/（微克·米$^{-3}$）	PM10浓度/（微克·米$^{-3}$）	PM2.5浓度/（微克·米$^{-3}$）	臭氧浓度/（微克·米$^{-3}$）	一氧化碳第95百分位浓度/（毫克·米$^{-3}$）
2010	33	53	69	—	—	2.0
2011	28	49	69	—	—	1.6
2012	22	49	69	51	182	1.7
2013	20	52	72	53	156	1.5
2014	17	48	67	49	165	1.5
2015	13	47	59	39	145	1.4
2016	12	46	56	36	155	1.3
2017	12	52	56	35	162	1.2

数据来源：《2017年广州市环境质量状况公报》

5. 垃圾分类管理

改革开放以来，随着城市人口的增长和居民生活水平的提高，广州垃圾日产量呈现逐年递增态势。为解决日趋严峻的“垃圾围城”危机，实现生活垃圾资源化、无害化、减量化目标，2000年广州借鉴世界先进国家和地区的先进经验，在国内城市中率先进行垃圾分类管理探索，先后出台《广州市生活垃圾分类收集工作方案》和《垃圾分类标志和分类方法》，将生活垃圾分为可回收物、大件垃圾、有害垃圾、餐厨垃圾和其他垃圾五大类。2004年，广州主持编制的《城市生活垃圾分类及评价标准》，由建设部作为国家行业标准在全国颁布实施。在随后的几年里，广州积极完善城市垃圾收运系统和垃圾终端处理设施建设，创新垃圾投放、收集、运输、处置流程，在全市范围内积极推广“定时定点+误时定点”垃圾分类投放模式，并在社区、学校、机团单位开展生活垃圾分类示范点创建活动。到2010年，广州生活垃圾无害化处理率达到91.96%，工业固体废物处置利用率达到99.52%，工业及医疗危险废物处置率均达到100%。2015年，全市城镇生活垃圾终端处理总量为455.84万吨，城镇生活垃圾无害化处理总量达到434.63万吨，无害化处理率达95.24%，工业固体废物综合利用率达到90.01%，处置利用率达到99.5%。成功入选全国首批生活垃圾分类示范城市，垃圾分类处理项目获得了“2015中国城市可持续发展范例奖”。

2017年3月，国务院办公厅转发国家发展改革委、住房城乡建设部《生活垃圾分类制度实施方案》，要求在直辖市、省会城市和计划单列市等重点城市的城区范围内先行实施生活垃圾强制分类。广州市作为全国生活垃圾分类示范城市，又在全国率先实施强制分类试点，2017年底将2015年出台的政府文件《广州市生活垃圾分类管理规定》上升为地方性法规，对生活垃圾分类的全程管理作出明确的法律规定。同时，生活垃圾分类实施情况也将纳入生态文明城市、卫生城市、环境保护模范城市、园林城市和全域旅游示范区等创建活动考核指标中。

三、城市生态保护与景观建设

（一）城市自然生态保护

广州是一个具有“山、水、城、田、海”典型自然特征的特大型城市，自然资源禀赋优越。改革开放以来，在经济发展的同时，广州市历届党委和政府都高度重视城市绿化和自然生态保护工作，2001年花城广州被评为“国际花园城市”。

2002年，《广州市生态城市规划纲要（2001—2020年）》颁布实施，生态城市发展理念正式得以确立，“生态优先”城市发展原则的建立使得广州城市自然生态保护迈入全新时代。该规划纲要明确提出，从市区的“（白）云山珠（江）水”扩大到市域“山、水、城、田、海”的自然空间格局，构筑1座区域绿色生态屏障环廊，向市区嵌入2个森林“绿楔”和水道“蓝楔”，建设3条南北向生态廊道和4条东西向生态廊道，在20年内，基本构筑起以“一环两楔”“三纵四横”为主骨架的多层次、多功能、立体化、网络式的城市生态结构体系，在全国大城市中率先建成“园林置于城中，城置于园林中”、人与自然高度和谐、兼备岭南自然景观与人文景观及山水特色的生态型现代化大都市。

根据《广州市生态城市规划纲要（2001—2020年）》，2003年广州启动了声势浩大的“青山绿地、蓝天碧水”工程。其中一期工程建设期为2003—2006年，共投入绿地建设资金20余亿元，新增城市园林绿地57平方公里，包括西焦公园、文元山公园、马务公园等47个城市公园，东山口绿化广场等32个城市绿化景观广场，珠江两岸沿江休闲带、绿化带，10多条河涌约80公里沿线绿化，新机场高速、南沙港快线、内环路等65条交通主干道及118公里铁路沿线绿化，以及338个采石场和149个采泥场的整治复绿，505个违章建筑区域拆违复绿，179个老城区住宅小区环境整治，84座人行天桥、9座高架桥、12座立交桥绿化整饰，城市绿化网络化、立体化、群落化的生态绿网架构基本建立起来。到2005年，广州建成区绿化覆盖率已达到36.38%，人均公共绿地面积达到11.32平方米，是1995年4.7平方米的2.4倍。

二期工程建设期为2007—2010年，约投入绿地建设资金41亿元，新增和改造绿地面积100平方公里，构建了中心城区260平方公里以森林为主体的生态体系、2990平方公里的城市周边绿色生态屏障，建设和完善了帽峰山、火炉山、龙头山、大夫山等近郊重点森林公园，新建广州市天麓湖省级森林公园，建立了广州市第一个省级自然保护区——陈禾洞省级自然保护区。全市批建森林公园、自然保护区总数达到51个，总面积达786平方公里，占广州市域土地面积的10.6%。到2010年，广州森林覆盖率已达到41.4%，林木绿化率达44.8%，建成区绿化覆盖率达40.15%，建成区人均公园绿地面积达15.01平方米。2008年广州先后被建设部和国家林业总局授予“国家园林城市”和“国家森林城市”荣誉称号。至2010年，广州累计创建各类绿色学校809所、绿色社区259个、生态示范村（镇、园）68个、环境友好企业20家，海珠区小洲村、增城区西南村先后荣获首批“国家级生态村”称号。

2014年，广州成为全国首批开展环境总体规划试点城市之一，也是首批试点城市中经济总量最大、人口最多的城市。《广州市城市环境总体规划（2014—2030年）》（简称《规划》）在全国各大城市中首次提出“环保底线”、划定“生态红线”。《规划》明确提出，生态保护红线是区域生态安全的底线，按照“不能越雷池一步”的总体要求，线内实施严格的生态用地性质管制，确保各类生态用地性质不转换、生态功能不降低、空间面积不减少。生态保护红线区内除必要的科学实验、教学研究需要外，禁止城镇建设、工农业生产和矿产资源开发等改变区域生态系统现状的生产经营活动，市政公益性基础设施建设等活动也应符合相关法律法规要求。生态保护红线区总面积为1059.66平方公里，约占广州市域土地面积的14.25%。其中，法定生态保护区包括饮用水水源一级保护区、市级及以上自然保护区的核心区、省级及以上风景名胜区的核心景区、森林公园的生态保育区、湿地公园的湿地保育区、地质公园。共有41个区域被划入生态保护红线的区域，包括3个自然保护区、25个饮用水水源保护区、4个风景名胜区、7个森林公园、1个湿地公园和1

个地质公园。广州著名的白云山风景名胜区、海珠湖湿地公园、流溪河国家森林公园、从化温泉自然保护区等区域均位列其中。（见表10–4）

表10–4　广州市生态保护红线区分类

序号	类型	名称	内容	数量	面积／平方公里
1	生态系统重要区	生态系统重要区、敏感区、脆弱区	重要土壤保持、水源涵养、生物多样性保护地区；水土流失敏感区	—	777.87
2	法定生态保护区	自然保护区	自然保护区核心区	3	39.02
3		饮用水水源保护区	一级水源保护区	25	20.3
4		风景名胜区	风景名胜区核心景区	4	103.93
5		森林公园	森林公园生态保育区	7	120.43
6		湿地公园	湿地保育区	1	2.72
7		地质公园	地质公园	1	78.72
合计			不计重复面积	41	1059.66

2013年，广州市启动“花城、绿城、水城”建设计划，提出用4年时间将广州建设成为一个“森林围城、绿道穿城、绿意满城、四季花城”的花园城市；构建多样化、多层次、多功能的生态绿地系统，提升城市绿色竞争力，塑造“绿色、健康、安全”的新型城市形象。《广州市花城绿城水城建设方案》确定2013—2016年重点建设的生态保护项目为：（1）岭南花园。建设提升白云花园、麓湖花园、莲花山世界名花园、陈田花园、海珠花园、大沙河花园、甘泉花园、花都花园、香雪花园等岭南花园，让“公园变花园、花园成名园”。（2）森林公园。建设提升流溪河国家森林公园、石门国家森林公园、帽峰山森林公园、大夫山森林公园、火龙凤森林公园、天鹿湖森林公园、王子山森林公园、太子坑森

林公园等森林公园，打造北部生态旅游区、中部都市生态休闲区、南部生态滨水区三大森林公园片区。（3）生态湖。建设提升荔湾大沙河调蓄湖、天河智慧东湖、黄埔龙头湖、花都湖、增城挂绿湖、萝岗九龙湖、凤凰湖、从化云岭湖二期、番禺金山湖、番禺湖。（4）湿地公园。建设南沙滨海湿地、海珠湿地二期、花地湿地、增城湿地、花都湿地、天河智慧湖核心区东部湿地、黄埔长洲湿地、萝岗九龙湖湿地、番禺草河湿地。（5）道路绿化提升工程。建设提升机场高速及北延线、东南西环高速、广佛高速、新光快速、南二环高速、街北高速、广河高速、北环高速、广深高速、南沙港快速、增从高速及鱼黄支线等道路绿化工程。（6）绿道工程。建设提升都市动感绿道、生态海珠绿道、文化休闲绿道、西关风情绿道、西福河畔绿道、南国水乡绿道、滨海湿地绿道、萝岗香雪绿道、流溪风光绿道、滨水森林绿道。

在生态红线政策和花城绿城水城发展战略的推动下，“十二五”以来广州城市自然生态保护迈上新台阶，全市绿化布局逐渐均衡，花城绿城特色日渐突出，城市生态环境更加优化。已形成了以中心区城市公园、绿化广场、居住绿化、路网绿化、立体绿化等为“内圈”，以白云山、万亩果园保护区及近郊森林公园、防护林为“中圈”，以远郊的自然保护区、生态保护区为“外圈”的城乡一体大环境绿化系统。2015年，全市自然保护区、城市公园、森林公园已分别达到6个、246个和73个，林业用地面积2920平方公里，生态公益林1800平方公里，森林蓄积量1593万立方米。全市森林覆盖率达42.03%，建成区绿地率达36%，绿化覆盖率达41.5%，人均公园绿地面积达到16.5平方米。已建成海珠国家湿地公园、南沙湿地公园、天河大观湿地公园、番禺草河湿地公园、花都湿地公园等12个湿地公园，全市湿地总面积达到762.8平方公里，占广州市域土地面积的10.26%。其中海珠国家湿地公园规划面积达到8.69平方公里，为全国特大型城市中心区最大的国家湿地公园。2015年，广州晋升为全国绿化模范城市。“全国绿化模范城市”是代表一个城市绿化成就的最高荣誉，是一个城市生态环境优良的重要标志。

（二）绿地景观系统建设

1. 城区园林绿地系统建设

1997年，广州人均公共绿地面积为5.68平方米，尚未达到国家园林城市人均公共绿地6平方米的标准。为此，广州市政府当年在中山纪念堂召开城市绿化动员大会，提出了3年增加城市绿地面积6平方公里的宏大建设目标，其中1997年增加3平方公里、1998年增加2平方公里、1999年增加1平方公里。动员大会后，广州形成了一股前所未有的城市绿化热潮，城市绿化建设逐渐从“见缝插绿”“清违复绿”发展到“规划建绿”。根据1998年市政府提出的“一年一小变，三年一中变，2010年一大变”的城市形象建设目标，“中变”期间（1998—2000年）新增绿地面积23.06平方公里，植树8400万棵；全市建成区人均公共绿地面积达到了10.36平方米，绿化覆盖率达31.6%。[①]

2013年，广州启动花城绿城建设工程，同年《广州市城市绿地系统规划（2010—2020）修编》明确提出，在2020年前，广州市将在10年内新建232个综合公园和59个专类公园，平均每年新增公园数量达到29个。新建公园主要包括四大类：一是每区建设一个岭南花园，如白云花园、麓湖花园、莲花山世界名花园、海珠花园等；二是建设14个碳增汇示范公园，如花地河生态湿地公园等；三是建设一批儿童公园，保证至少一区一园，结合地方特色建设具有科普教育内容、安全完善的游戏设施，

---

①林树森. 广州城记［M］. 广州：广东人民出版社，2013：235.

公园绿化覆盖率应大于80%；四是规划新建一系列主题突出、富有特色的专类公园，如岭南文化公园、现代城市文化公园、滨水公园、气象公园等。另外，还将再规划建设990个居住区公园、2010个小区游园、957个带状公园，使得居民出门500米就有一个社区公园或带状公园。到2015年，广州已建成城市公园246个、森林公园73个、湿地公园12个，建成区人均公园绿地面积由2010年的15.01平方米提高至16.5平方米，城市公园数量和人均公园绿地拥有量等指标均走在全国城市前列。

2. 绿道建设

2010年，广东省住房和城乡建设厅在全省范围内印发了《珠江三角洲地区绿道网总体规划纲要》，广东省绿道规划建设的序幕正式拉开。广州作为广东省省会城市和国家中心城市，率先响应广东省关于绿道建设的规划，开始全面启动城市绿道网的建设。截至2016年底，广州已经建成绿道3000公里，绿道网串联起了300多个景点、160多个驿站服务点，形成了荔枝湾绿道、大学城绿道、珠江黄金岸线绿道等24条精品绿道旅游线路，全市绿道共接待市民游客逾2000万人次，绿色出行、绿色生活在广州蔚然成风。广州市绿道工程先后获国际“可持续交通奖”“国家健身步道示范工程”“中国人居环境范例奖”等多项荣誉。

3. 城市空中花廊

广州在人行天桥、立交桥等城市空中廊道上进行绿化景观再造起始于21世纪初。2003年，广州市开始在环市路上7座人行天桥和东风路上13座人行天桥上试行天桥绿化，城市空中花廊建设从此起步。经过几年的技术经验积累，2007年广州市地方技术规范《人行天桥、立交桥绿化种植养护技术规范》正式发布实施，自此广州城市空中花廊建设进入标准化时代。2008年，该规范实施一年后，广州市人行天桥、立交桥绿化总长度就达到38公里，广州成为当时全国桥梁绿化最多的城市。到2016年底，广州的人行天桥、立交桥绿化已覆盖全市330多座主要桥梁，桥梁绿化总长度已达300多公里，空中花廊成为广州城市的一道独特风景线。同时，《人行天桥、立交桥绿化种植养护技术规范》已通过国家标准化管理委员会立项，广州城市空中花廊地方标准有望上升为国家标准，标志着广州城市桥梁绿化无论是技术还是建设成效都已远远走在全国城市前列。

4. 一江两岸绿化景观带

早在2000年前后，广州就开始着手进行珠江河流堤岸综合整治和生态景观恢复。根据《广州市2003年—2010年珠江综合整治实施方案》，到2003年底，已基本完成珠江沿江两岸的窝棚等违章建筑、露天垃圾堆放场的拆除、清理和复绿工作。2015年9月，广州市国规委出台《珠江两岸三带工作方案总纲》，提出了“巩固和提升国际航运中心、国家中心城市的地位，建设幸福美丽家园，构筑独具特色、国际一流的珠江经济带、创新带、景观带”的总体目标，一江两岸绿化景观带建设使得珠江岸线生态绿化与景观再造品质全面升级。随后出台的《广州市国家森林城市品质提升规划（2016—2020年）》进一步明确将一江两岸30公里核心段绿化景观带建设列为森林城市品质提升八大重点工程之一。根据该规划，在2016—2020年期间，广州将重点在珠江核心段白鹅潭至南海神庙30公里区域内，倾力打造三个10公里绿化景观带。其中，西10公里主要结合传统历史风貌，以多类型立体绿化为主，增加开花植物，形成温馨、舒适、典雅的主题景观段；中10公里则采用现代简约手法，建设串联成网的绿道缓跑径，形成连续开敞、舒朗通透的高品质国际都市主题景观段；东10公里将采用自然生态手法，以湿地类型为主，统筹岸线和江心岛，形成自然、生态、野趣、科普的主题景观段。到2020年，一江两岸核心段景观绿化工程将达到6.01平方公里，使之成为共享性、生态性、连续性魅力景观岸线。

四、平安广州建设

（一）改革开放以来“平安广州”建设进程

在改革开放初期，随着经济社会转型和人口流动性加快，各种深层次社会矛盾不断凸显，我国社会治安形势一度变得十分严峻。根据公安部统计，1980年全国立案75万多起，其中大案5万多起；1981年立案89万多起，其中大案6.7万多起；1982年立案74万多起，其中大案6.4万多起。[①]广州地处中国改革开放前沿，是外来人口主要的目的地城市之一，社会治安管理和犯罪防治的压力沉重。在“七五”期间，广州的犯罪数量年均增速高达15%，到“八五”期间，犯罪数量增速有所回落，但年均增速依然维持在14%的高位。[②]

面对严峻的社会治安形势，广州一方面积极执行党中央《关于严厉打击刑事犯罪活动的决定》《关于严惩严重危害社会治安的犯罪分子的决定》和《关于迅速审判严重危害社会治安的犯罪分子的程序的决定》，按照“从重从快”的中央方针开展集中“严打”专项行动；另一方面加快社会治安管理制度建设和管理模式创新，全力推动社会治安管理的法制化、长效化进程。1991年8月，《广州市社会治安综合治理条例》颁布实施，明确规定市、区（县）、街（镇）依法设立社会治安综合治理委员会，市属各局、总公司和大中型企业、事业单位根据实际需要可以设立社会治安综合治理领导机构。同时，按照“谁主管、谁负责”的原则，建立社会治安综合治理任期目标管理责任制。为切实

---

①陈兴良. 中国刑事政策检讨［M］. 北京：中国检察出版社，2004：281.

②朱穗生. 广州市刑事犯罪常态研究［J］. 公安研究，2003（4）.

增强各级领导干部抓社会治安综合治理工作的责任感和使命感，进一步落实社会治安综合治理领导责任制，2003年6月，市维护稳定及社会治安综合治理委员会、市纪律检查委员会、市委组织部、市人事局、市监察局重新修订《广州市维护稳定及社会治安综合治理领导责任制实施办法》，明确规定“党政一把手为本地区、本部门、本单位维稳及综治工作第一责任人，分管的党政领导为直接责任人；团体、学校、企业、事业单位包括非公有制经济组织的法定代表人或主要负责人为第一责任人，分管的副职为直接责任人。维稳及综治领导责任制的责任人要按照‘属地管理’和‘谁主管、谁负责’的原则，承担‘保一方平安’的政治责任”。同时，还相继出台了《广州市流动人员IC卡暂住证管理规定》《广州市房屋租赁管理办法》《中共广州市委办公厅、广州市人民政府办公厅关于加强我市出租屋外来暂住人员管理工作的意见》《中共广州市委办公厅、广州市人民政府办公厅关于加强我市出租屋管理工作的意见》等地方性法规和政策文件。为了加强重点人群和重点区域的社会治安管理，2011年，广州市政府成立了市流动人员和出租屋管理工作领导小组，并于2014年成立了广州市来穗人员服务管理局，在全市建立了166个街（镇）流动人员和出租屋管理服务中心和1042个社区（村）服务站。

随着社会治安管理体系的不断完善，从20世纪90年代中后期开始，广州社会治安形势得以明显改善，群众安全感逐步回升。据统计，在“九五”期间，广州的犯罪数量（剔除立案统计不实因素后）年均增长已大幅下降到2.7%。[①]进入2000年后，广州的刑事发案总量上升态势开始出现逆转，实现了刑事发案总量从上升到下降的历史性突破。2001年，

---

①朱穗生. 广州市刑事犯罪常态研究［J］. 公安研究，2003（4）.

广州刑事发案总量较2000年下降了13%。据广州市社情民意中心2002年的调查数据显示，2002年广州具有基本安全感的人数比例已达到42.3%；认为在过去一年，广州改善治安的工作“成效较大”的占72.9%，有16%的人认为“成效很大”，两者比例接近九成。2005—2008年，广州刑事发案总量连年下降，分别同比下降5.7%、10.1%、15.8%、13.9%。4年来，广州没有发生在全国、全省有重大影响的刑事、治安、安全案件和群体性事件、暴力恐怖事件，以及群死群伤重特大事故，2008年市民对广州社会治安的满意度首次超过不满意度，群众安全感由2005年的69.9%上升到87.2%。广州也因此被评为“2005—2008年度全国社会治安综合治理优秀市”。从2013年开始，广州全面开展“平安广州”创建，全市案件类警情、刑事立案和破案数呈现“两降一升”的良好局面。据广州市统计咨询中心调查显示，2016年市民对广州公共安全的满意度比2015年、2014年分别提高1.8%、10.7%，2016年广州的公众安全感和治安满意度分别达到94.5%和94.1%。中山大学城市社会研究中心开展的“2017年广州市群众安全感与公安工作满意度”大型问卷调查结果显示，当前广州市群众安全感已高达98.2%、社会治安满意度达98.7%，均创历史新高。

（二）社会治安综合治理的“广州样本”

1. 主动型治安警务机制的先期尝试

改革开放促进了社会人口的大流动，传统的被动型、静态化社会治安管理模式显然已不能适应复杂的社会治安形势，亟须建立更加积极灵活的主动型、动态化治安警务新机制。1984年，广州市公安局开始着手进行全市通信指挥和联络系统的技术设计与安装调试。1986年1月10日，广州市公安局在全国公安机关中率先开通110报警服务电话，建立起集接、处警于一体的110报警服务平台，正式开展110报警服务工作。1987

年6月，公安部部署要求全国各大中城市公安局普遍建立110报警服务台，此后，110报警平台机制在全国大中城市中得以迅速推广，各级公安机关也开始在公安局值班室的基础上开通了110报警服务电话，并逐步建立指挥中心负责接警和控制社会治安局势。广州110报警平台机制建设是我国治安警务方式从被动到主动的一次重大创新突破，提升了传统治安警务的工作效率，为统一指挥、迅速处警提供了可能，在我国公安史上具有里程碑式的意义。

2. 出租屋管理模式创新

出租屋是城市外来流动人口的重要集聚地。广州出租屋主要以城乡接合部、“城中村”的出租屋为主，且规模庞大、增长很快，2004年，广州市登记的出租屋数量为76.06万套，到2013年已增至421.48万套。[①]为从源头上消除城市治安消防隐患，2004年，广州平均每100—120套出租屋设置一个出租屋管理员，全面加强出租屋治安管理。经过10多年的摸索实践，广州出租屋管理已形成6种基本模式：一是以越秀区北京街等为代表的“围院式”管理模式。该管理模式采取半封闭式管理，总体上仍以屋主自行管理为基础，较好地解决了治安、卫生等问题。二是以天河区棠下街为代表的“托管式”管理模式。在该管理模式中，物业公司接受私人出租屋屋主的委托，以6年为起点期限，对整栋或多栋出租屋实行连片管理。三是以萝岗区东区街等为代表的“公寓式”管理模式。在该管理模式中，进大门需要专门的IC卡，门口有物业保安站岗，这些高端出租屋主要面向企业员工统一租赁。四是以天河区石牌街等为代表的“旅业式”管理模式。采取“人来登记，人走注销”的方式进行管理。五是以海珠区琶洲街等为代表的“出租屋主联组式”管理模式。由屋主

①禾木. 破解出租屋管理难题的广州样本［J］. 人民公安，2014（8）.

成立“出租屋租赁合作社”，而街道会提供一个出租平台。六是以白云区同和街等为代表的“物业式”管理模式。在该管理模式中，由物业管理公司负责为出租屋投资安装、维护门禁系统、监控系统和报警系统等，屋主每人每月向物业公司交纳5元的物管费。

3. 社区治安防控模式创新

2002年，广州市公安局开始实施社区警务试点工作，推动警力下沉，加强社区治安防控。经过10多年的探索实践，广州已针对不同社区环境创新形成了4种具有广州特色的社区治安防控模式。一是以西关大屋为代表的居民生活社区警务模式。在不影响居民出入和消防通道的前提下，将处于自然围合状态的居民生活社区建成封闭、半封闭的管理小区，在出入口设立岗亭实施围院、半围院式物业管理。二是以江南市场为代表的商业繁华社区警务模式。针对繁华的商业社区人、财、物流量大的特点，通过警务室组织单位联防，并通过警务室与各单位保安员的联合管理，加强了社区的警务防控的力度。三是以华侨新村为代表的开放杂居社区警务模式。这是一种由社区民警牵头负责，以治保会、居委会积极分子为纽带，各类小区（单位企业）保安、治安员为基础的社区治安联防模式，在这种模式中大家通力合作、各司其职，对社区有效实施联防联片守点和全天候24小时巡逻。四是以江夏为代表的重点复杂社区警务模式。在这类社区大力推进视频监控、自动报警等技防措施建设，并设立网格化治安岗点，通过人防与技防相结合的方式来保证社区安全。

发展展望篇

第十一章
建设引领型全球城市

一、什么是全球城市

全球城市概念的提出与全球化进程分不开，对城市的探讨也随着全球化进程的推进从世界城市演变到全球城市。一般认为，全球化是20世纪80年代以来在世界范围内日益凸现的新现象，已经成为当今时代的基本特征，人员、知识、货物与资本在全球范围内流动，文化、生活方式、价值观念、意识形态等精神力量也在全球范围内交流、碰撞、冲突与融合。换言之，以经济全球化为核心的全球化进程在政治、文化、科技、军事、安全、意识形态、生活方式、价值观念等多层次、多领域展开，人员、物质和精神产品的流动冲破了区域和国界的束缚。[1]在这样的背景下，对城市的研究似乎也要升级换代，跟上全球化的步伐，从世界

①吕拉昌．世界城市体系的形成与中国的国际城市化［J］．世界地理研究，2000（1）．

城市上升到全球城市。全球城市是在全球化经济环境下，国际资本对全球经济进行控制和发挥影响的空间节点，也是国际移民流动的集散地，因此在全球经济体系中具有举足轻重的地位，是在全球经济中起支配和控制功能的关键城市节点。

1966年，英国地理学家、规划师彼德·霍尔对全球城市这一概念做了经典解释。全球城市是指那些对全世界或大多数国家产生全球性经济、政治、文化影响的国际第一流大城市。具体特征包括：主要的政治权力中心；国际贸易中心，拥有大的港口、铁路和公路枢纽以及大型国际机场等；主要金融中心；各类专业人才集聚的中心；信息汇集和传播的地方，有发达的出版业、新闻业及无线电和电视网总部；大的人口中心，而且集中了相当比例的富裕阶层人口；娱乐业成为重要的产业部门。

美国学者弗里德曼根据企业总部和大银行的位置划分全球城市，他把全球城市的特征概括为：主要金融中心；跨国公司总部（包括地区性总部）；国际化组织所在地；商业服务部门高速增长；重要的制造中心；主要交通枢纽；较大的人口规模。

美国芝加哥大学社会学系教授丝奇雅·沙森根据生产性服务业来鉴别全球城市。通过对全球领先的生产性服务公司进行分析，她把全球城市定义为：发达的金融和商业服务中心。沙森强调，全球城市是特殊的生产基地，生产的是高度专业化的服务和金融产品。她认为，生产性服务业集中在全球城市，这些城市逐渐成为“全球性服务中心”。她强调“全球城市”的4个区位特征：世界经济组织高度集中的控制中心；金融机构和专业服务公司的主要集聚地；高新技术产业的生产和研发基地；产品和创新的市场。

总体上，全球城市的核心特征是：在全球产业分工中具有独特地位，享有对世界政治、经济格局的影响力和控制力。建设全球城市不是单纯地增加一个城市的国际化色彩或提高城市的知名度，而是要提高其对世界政治、经济格局的影响力和控制力。建设全球城市也不是通过基础设施建设和扩大城市规模来实现，而主要是通过提高战略性产业的规模、竞争力和控制力来实现。

当前，全球城市变革存在八大趋势：全球城市发展的价值取向正由高度聚焦经济价值转向关注综合价值；功能取向由流量集聚转向决策控制；实力取向从突出强调硬实力，到软实力影响日益突出；发展动力取向从要素驱动到创新驱动；空间取向从单体城市转变为城市区域；互动联系导向从垂直联系向扁平化、网络化方向转变；发展路径取向从综合性转变为多样性；政策取向从优惠性转变为开放性；等等。

二、国内外先进城市的经验借鉴

在建设全球城市方面，本节重点选取国际公认的纽约、东京作为先进城市的案例，以及重点分析我国上海建设“卓越全球城市”的先进经验，从而为广州建设全球城市提供经验借鉴。

（一）纽约

全球城市最主要的衡量标准应该有两个方面：一方面要看其所拥有的跨国公司总部的数量，另一方面要看它是否拥有全球化的生产性服务业。因为跨国公司总部的集中之地就是全球生产的控制节点，而协助跨国公司总部实现这种控制的则是生产性服务业。所谓生产性服务业，是指专门服务于经济生产的一些行业，主要包括金融业、保险业、房地产业、银行业、广告公司、律师事务所、会计、咨询公司、交易所、通信业等。纽约之所以成为一个全球城市或全球性的城市地区，除了全球经济结构的调整和美国经济结构转型这个大背景以外，还与纽约的发展史有着密切的联系。纽约坐落于美国传统的制造业核心地带，自近代以来其制造业就构成了其综合型产业中的主导产业，而且纽约还是美国首屈一指的商业港口城市，产业基础雄厚，因而有众多的生产性公司总部坐落于该市或该大都市区。

1963年，在世界500强的公司中，有147家公司的总部坐落于纽约市。而且有些总部虽然离开了纽约市，但并没有离开纽约大都市区，只是迁移到了纽约大都市区的郊区而已。这些跨国公司的总部对全球化的生产经营进行控制，从而使纽约成为一个真正的“世界经济活动的控制节点”，成为一个有全球影响力的全球城市。这些位于纽约的跨国公司的总部要将其触角伸展到全球各个角落，实现对全球生产的控制功能，能够顺利地与众多的国家和地区的政府、企业、团体、劳工等进行生产、经营、投资、法律、税务、会计等诸多方面的活动，就必须拥有强势的生产性服务业的支持，正是这种现实需要推动了纽约专业化的生产性服务业公司的高度发展。[①]纽约异常顺利地完成了产业结构的转型，实现了产业的服务化。

纽约市生产性服务业的主要内容：

第一，FIRE（金融、保险和房地产）产业。就纽约市而言，金融业是纽约市生产性服务业的主导行业，纽约市金融公司的数量及其资产额度和收益，都是美国其他城市，甚至世界其他城市所难以比拟的。金融业主要包括银行业、保险业和证券业，这三者是金融业的三大支柱。根据马克·亚伯拉罕森于2004年的研究，在世界百强金融机构中，包括银行、保险公司和证券公司等，纽约市独占鳌头，拥有14家，紧随其后

①王兰，刘刚，邱松，等．纽约的全球城市发展战略与规划［J］．国际城市规划，2015（4）．

的是伦敦和东京，分别是10家和9家。另外，银行的资本额度和收益额度同样可以反映一个城市在全球经济中的重要性。在世界最大的100家银行中，1988年纽约市所占的资本份额为8.57%，收入份额占20.83%，虽然远远低于东京的36.51%和28.94%，但却高于伦敦的4.18%和13.18%，居世界第二。除了银行外，纽约市各类证券公司和保险公司的规模也相当可观。从股票方面来看，1998年，在机构股票持有的前10位城市中，纽约市以总价值20084亿美元的额度名列世界第二，稍逊于伦敦的21176亿美元，但是远高于东京、巴黎和世界的其他城市。如果从证券业方面来看，1988年纽约市拥有世界前25家证券公司中的12家，资产总额达3034.79亿美元，占前25家证券公司资产总额的58.58%，远远高于东京和伦敦的29.65%和11.07%；而到1997年，世界前25家证券公司有11家落户纽约，虽然比1988年减少了1家，但东京和伦敦减少的幅度更大，分别从8家和4家减少到6家和2家。[①]可见，纽约市的证券公司不仅在数量上，而且在资产额度和资本份额上也远胜于其他城市，正是纽约市发达的证券业使其成为全球金融中心。关于房地产业，经济活动的分散化要求服务性产业的集聚，对区位有极强选择性的金融业以及其他生产性服务业，在它们扩张并集中于纽约市的过程中，很自然地就抬高了地产价值。如曼哈顿地产价值的飙升，可以说是生产性服务业区位选择上的集聚性，导致了地价的上涨。而且国际房地产市场进一步紧密地联系在一起，国际化程度日益提高，纽约市中心的地产价格与伦敦和法兰克福的地产价格，比与该市其余地方的地产价格联系更密切。

第二，法律和会计等其他生产性服务业。经济的全球化除了需要较强的金融服务支持外，还需要管理和法律上的服务。所以，法律、会计

①王兰. 纽约城市转型发展与多元规划［J］. 国际城市规划，2013（10）.

以及广告等公司的崛起也就不足为奇了。它们作为生产性服务业，并不需要遍及世界各地。就像金融公司一样，它们也需要聚集效益。像纽约这样拥有便利的交通和通信设施，对这些服务有很高需求的大城市，就成为这些生产性服务业的最佳区位选择。面对经济的全球化，面对日渐复杂的生产以及多样化的产业关系，公司和企业很难独自完成并处理这些难题，还需要其他各种不同的服务，相关的有会计和广告等，它们直接面向各类公司，为它们提供服务，成为全球化时代下公司不可缺少的助手。同时，它们对区位的选择性很强，多集中于如纽约这样的大城市之中。此外，它们还与海外保持着很强的业务联系，已经融入全球化的生产之中。

第三，非服务性跨国公司总部。非服务性跨国公司主要是指传统的制造业跨国公司。由于这些跨国公司的生产车间多数已被转移到了成本低廉的发展中国家，其生产职能和管理职能的划分相当明显，其总部也应划归生产性服务业部门。①1995年，在全球的100强工业性跨国公司中，美国拥有40家，而纽约市则拥有这40家跨国公司中的4家，这些跨国公司的总部在指挥全球生产中发挥了重大作用。

此外，纽约成为全球城市的佼佼者，还得益于科技创新、旅游会展及高级人才汇集等因素。

（1）科技创新和文化创意。科技创新发生在纽约州多个地区，纽约州的学院将42%的研发支出投给纽约上州（纽约州北部），51%投给纽约市，7%投给长岛和西切斯特。2005—2010年，纽约市高新技术从业人员数量年均增长接近30%，科技劳动力的增幅是同期全市劳动力增幅的十多倍，至2010年，纽约已经拥有超过1000家科技初创企业。文化创意产业

①杜德斌，段德忠．全球科技创新中心的空间分布、发展类型及演化趋势［J］．城市研究，2015（1）．

被认为是新的高附加值的经济引擎。著名学者理查德·佛罗里达认为，发展创意产业对城市有两个主要益处，一是预示着城市拥有更高的生活质量，二是文化产业是城市和区域经济的活力点，支持其他产业，包括金融、公共关系等。[①]2012年纽约市有40340名全职设计师和3884家设计类企业，名列全美第一。2003—2012年的10年间，设计类工作岗位增加了23%。受2008年金融危机影响，纽约设计类企业的员工数量有所减少，但随着经济复苏，设计类企业工作岗位迅速增长，2010 —2012年工作岗位增加了10%。其中，2012年纽约市时尚产业共有18万名从业者，占全市就业人数的6%，占全美国时尚设计师总人数的42%。纽约拥有900家时尚产业总部以及13800家时尚企业，每年带来1090亿美元的工资收益以及20亿美元的税收。这得益于超过75个主要时尚交易展和上千个产品展示厅。同时，纽约的传媒产业具有全球影响力，拥有权威的新闻机构和覆盖世界的广播及有线电视网。纽约市人口约占全美人口的2.7%，但杂志出版商的就业比例达到20.4%，图书出版商的就业比例为15.4%，电影行业的就业比例为11.5%。

（2）国际性的旅游和会展。旅游业的就业岗位数在纽约所有产业中名列第五，并在次贷危机后为稳定纽约经济做出了重要贡献。自1998年以来，纽约市的国际游客数量除了2001年、2002年和2003年之外每年都在增长。近些年增长的国际游客主要来自发展中国家，比如中国和巴西，这两个国家的游客数量分别从2008年的17.4万人次和34.1万人次增加到了2013年的64.6万人次和89.5万人次。2012年纽约市游客总数达到5200万人，其中国外游客只占全部游客数量的20%，但他们创造了133亿美元的消费，相当于游客总消费的47%。2013年，纽约市的国际游客数量打破

①石光宇. 全球城市比较研究：以纽约和上海为例［J］. 城市，2015（7）.

历史纪录，达到1140万人次。会议和贸易展览也是纽约市经济发展的重要驱动力，吸引着全世界的游客、企业家和投资者。纽约市的整体吸引力、便捷的公共交通网络以及丰富的酒店和娱乐设施资源是其强大的竞争优势。2006—2016年，来纽约参加会展的人数增长了40%，经济产出增加98%，直接消费增加了97%。纽约市旅游会展局正在努力扩大纽约市商业展览的国际影响力，从而吸引更多人来访并增加城市对于会展组织者的吸引力。

（3）精英人才汇聚。纽约市拥有广阔的人才市场。普华永道在2010年基于城市劳动力的受教育水平和城市所拥有的全球排名前500高校的数量，对21个城市的发展机遇进行排名，纽约市排在首位。2012年曼哈顿25岁以上拥有学士学位的人口比例高达59%，相比1990年增加了17%。纽约市吸引了来自国外的大量移民以及美国其他地区的高素质人才。以2009年为例，美国其他城市移民到纽约市的12.7万人中有2/3具有学士及以上学位，接近1/3的人拥有研究生及专业硕士学位。在过去20年里，越来越多来自快速发展中的国家，比如印度和中国的学生在美国的本科学校和研究生院接受教育。美国的教育出口总值也从1992年的62亿美元飞涨到2009年的199亿美元。纽约州立大学的国际学生在2009—2010学年产生了约4.1亿美元的经济效益。2008—2010年，纽约的国际学生在学杂费和日常生活方面花费了26亿美元。

（4）信息、通信、交通枢纽。城市的电信基础设施在全球化中扮演着重要角色，快速的信息获取和交换是城市信息经济发展的基础，电信通信保障了城市的运转。尽管纽约市人口只占全球人口总量的0.1%，但它网站流量大约占全世界网站流量的3%。全球航空业务也为纽约带来了巨大的经济收益。2007年，港务局的报告显示，肯尼迪机场创造了19580个货物中转和分配的工作岗位以及4340个卡车运输工作岗位。同年，肯尼迪机场运输的货物中77%是国际货物。

（二）东京

东京坐落在关东平原之上，与天然良港东京湾相邻。复杂的产业结构和众多的人口数量为东京成为一座国际化大都市打下了坚实的基础。与此同时，东京也具备着全球城市所具有的功能，如全球辐射功能等。毋庸置疑，东京是一座具有全球性功能的城市。有很多的指标可以证明这一点。全球性功能不仅体现在经济的集聚与分散上，也体现在对全球经济的影响和掌控上。东京同纽约、伦敦、巴黎和法兰克福一样是全球的经济中心，是全球城市网络中的重要节点。在东京都市区集聚着影响全球经济的众多产业。东京与纽约、伦敦这两座具有代表性的世界顶级全球城市相比，还存在着一定的差异。二战后日本经济的快速发展为东京成为全球城市奠定了良好的基础，而且东京具有很强的经济自生功能。首先，从地理位置上讲，东京远离由西方国家构成的世界经济中心；其次，东京有很长一段时间没有接受外商投资和外来移民。

从二战后东京产业结构变化的情况可以看出具有全球辐射功能的产业在东京的产业结构中不断地占据着更大的比例。二战后，不仅东京的产业结构发生了转变，整个日本的产业结构也处在一个转型的阶段。自20世纪70年代以来，日本的产业结构发生了重大的变化。化学工业逐渐从日本移出，汽车、电子和电气行业成为日本的支柱性产业。1960—1990年，东京都市区的制造业就业人数占日本制造业总就业人数的比例略有下降，从28.6%下降到了24.8%。生产性服务业的迅猛发展成为改变东京产业结构的重要因素。东京市区的许多工业企业也是经济全球化的产物，是全球产业链的重要的环节，具备着全球性的功能。因此，具有全球性功能的工业企业在东京的集聚也是其确立全球城市地位的重要因素。毋庸置疑，全球性功能是东京具有全球城市地位的最根本原因。全球城市的全球性功能体现在全球城市对世界其他城市和地区的影响上。二战后，东京都市区内发生了大规模的产业结构变化，即大量具有全球性功能的产业集聚在了东京都市区内。这些产业的集聚是东京确立全球城市地位的重要原因。

全球许多大的金融机构集聚在全球城市之中。东京的金融产业十分发达，有大量的跨国银行总部集聚在东京都市区。

全球15家最大的银行总部有3家在东京。从银行总部在东京集聚的数量中可以分析出，东京同纽约一样是世界的金融中心。金融产业的集聚为东京成为全球城市奠定了良好的基础。因为金融产业具备着很强的全球性功能。大的跨国银行总部在东京的集聚增强了东京对全球经济的影响力。因此，全球最大银行总部在东京的集聚也是东京成为全球城市的关键因素之一。东京拥有发达的金融产业不仅体现在金融机构在东京都市区的集聚上，也体现在东京控制着全球大量的股票资源。[①]毋庸置疑，全球城市控制全球股票份额是全球城市控制全球金融体系的重要手段。1997年，25个城市控制着世界上83%的股票。其中，纽约、伦敦和东京掌控着世界1/3的股票和58%的外汇市场份额。[②]东京占有全球大量的股票份额。东京对全球股票的持有是其实现全球性功能的又一重要的途径。当然，东京同样占有很高的外汇市场交易额。

跨国公司总部在全球城市中的集聚的数量始终是衡量全球城市等级的一个重要指标。无法否认，跨国公司具备着很强的全球辐射功能。跨国公司把分支机构和工厂设置在全球各地区，而跨国公司总部往往具备

---

①刘召峰，周冯琦．全球城市之东京的环境战略转型的经验与借鉴［J］．中国环境管理，2017（6）．

②石光宇．东京全球城市的形成及其功能考察［J］．日本研究，2014（3）．

着发号施令的能力。因此，集聚跨国公司的城市具备着掌控和影响世界其他城市和地区经济的能力。无论从跨国公司总部集聚的数量上看，还是从跨国公司的级别上看，东京都远远领先于世界其他全球城市。2002年世界前100家跨国公司总部集聚在东京有17家，纽约有12家，巴黎有11家，大阪有6家，底特律有4家，伦敦有3家。2002年世界前100家跨国公司总部在东京的数量最多，紧随其后的是纽约和巴黎。从跨国公司总部在东京集聚的情况中可以看出，东京是一座具有很强的全球经济控制功能的城市。

东京与世界其他城市和地区的关联度不仅体现在生产性服务行业和跨国公司总部的集聚上，也体现在国际和国内航班的数量上。国际航班次数多少也是全球城市实现全球辐射功能强弱的一种表现形式。在2002年，东京全球航班次数为1538次，地区航班次数为801次，国内航班次数为2814次，东京国际航班的数量排全球第三。

（三）上海

上海是我国首先提出建设全球城市的城市，它提出了一系列建设全球城市的宏伟设想。

发展目标：《上海市城市总体规划（2016—2040）》（以下简称《总体规划》）将上海的城市性质表述为，上海至2040年建成卓越的全球城市，国际经济、金融、贸易、航运、科技创新中心和文化大都市。

城市规模：上海将严格控制常住人口规模，到2020年常住人口规模控制在2500万人以内。用地方面，上海明确提出城市规划建设用地负增长的目标。明确2040年不能超过3200平方公里，与2020年规划建设用地3226平方公里相比，削减了26平方公里。[①]

①郑德高，马璇，葛春晖. 追求卓越的全球城市：上海城市发展目标和战略路径研究［J］. 城市规划学刊，2017（7）.

空间格局：上海要形成“网络化、多中心、组团式、集约型”的空间格局。一是促进区域一体化发展。重点是落实国家“一带一路”倡议，长江经济带、长江三角洲城市群协同发展等部署，加强区域交通设施、生态环境、市政基础设施、文化的互联互通和共建共享，促进上海与近沪地区的协同发展。二是形成“主城区—新城—新市镇—乡村”城乡体系。新的城乡体系既延续了“1966”城镇体系的主要框架，又根据生态基底对空间的限定，着眼于发挥综合交通对城镇发展的骨架支撑作用，对其进行了优化。主城区，包括中心城和中心城周边虹桥、川沙、宝山、闵行 4 个主城片区。①以强化生态安全、防止城市蔓延、促进组团发展为导向，对主城区进行空间优化。新城，包括人口规模在50万人以上的嘉定、松江、青浦、奉贤、南汇5个新城。三是打造由城市主中心（中央活动区）、城市副中心、地区中心和社区中心组成的公共活动中心体系。城市主中心，是一个包括小陆家嘴、外滩、人民广场、世博—前滩—徐汇滨江地区、中山公园、虹桥开发区、北外滩、杨浦滨江等区域的连绵地区，面积约75平方公里，是全球城市核心功能的重要承载区。《总体规划》确定了9个主城副中心、5 个新城中心和 2 个核心镇中心。四是依托城镇圈促进城乡发展一体化。城镇圈是指在郊区由核心城镇与周边的集镇和乡村地区共同组成的区域，其大小以区域内交通出行30—40分钟可达为标准。五是建立“三大空间、四条红线”的空间分区管制体系。在全市域统筹生态、农业和城镇“三大空间”，建立由生态保护红线、永久基本农田保护红线、城市开发边界和文化保护控制线构成的“四线”管控体系。

综合交通体系：2040年，基本实现新市镇轨道交通站点全覆盖。

---

①庄少勤，徐毅松，熊健，等. 超大城市总体规划的转型与变革——上海市新一轮城市总体规划的实践探索［J］. 城市规划学刊，2017（2）.

《总体规划》从4个方面对综合交通体系进行了阐述：一是提升国际枢纽功能，完善区域、城市枢纽体系。进一步提高上海国际、国内两个扇面的服务辐射能力，提升空港、海港、铁路等国际门户枢纽地位，增强区域交通廊道上的节点功能，形成国际（含国家级）枢纽—区域枢纽—城市枢纽的枢纽体系。重点是提升浦东枢纽、虹桥枢纽和洋山枢纽成为国际级（含国家级）枢纽。到2040年，上海航空枢纽设计年客运吞吐能力1.6亿—1.8亿人次，旅客中转率、国际客流比例提高到20%以上和40%以上，货邮运量达到700万吨左右。二是强化综合运输廊道建设，促进区域交通一体化。构建以高速铁路、城际铁路和高速公路为骨干，多种方式综合支撑的对外交通走廊，重点提升沪宁、沪杭、沿江、沪通、沪湖、沿湾、沪甬 7 条区域综合运输走廊的服务能级与效率。三是实施公交优先发展战略，构建一网多模式的轨道交通网络。到2040年，形成由城际线、市区线、局域线构成的轨道交通网络， 3 类线路规划里程均达到1000公里以上，基本实现10万人以上新市镇站点的全覆盖。[①]四是适应绿色交通要求和城市生活方式转变，优化慢行交通和城市物流格局。提高非机动车通行网络的连续性，完善安全通达的骑行网络和舒适便捷的步行活动区域，建设更多的“B+R”（自行车+换乘）设施。

三、广州构建全球城市的现实基础

近年来，广州积极贯彻落实党的十九大和中央经济工作会议、中央农村工作会议精神，以习近平新时代中国特色社会主义思想为指导，按照习近平总书记提出的“三个定位、两个率先”和“四个坚持、三个

①吴勇毅. 上海2035：信息化引领“卓越的全球城市”建设［J］. 上海信息化，2017（11）.

支撑、两个走在前列”以及实现“四个走在全国前列”，当好“两个重要窗口”等一系列重要指示批示的要求，坚持“创新、协调、绿色、开放、共享”五大发展理念，统筹推进“五位一体”总体布局，协调推进“四个全面”战略布局，以供给侧结构性改革为主线，持续推进枢纽型网络城市建设，聚焦国际航运中心、物流中心、贸易中心、现代金融服务体系和国家创新中心城市，高水平建设国际航运、航空、科技创新枢纽，充分发挥国家中心城市引领和辐射带动作用，增强全球资源的配置能力，努力把广州建设成为更好代表国家参与国际合作与竞争的中国特色社会主义引领型全球城市和国际大都市。

广州具有建设全球城市的强大基础，主要有以下体现：

（一）综合经济实力强

广州作为非直辖市、非经济特区城市，能够在近30年来始终被誉为中国第三城，离不开其举足轻重的经济实力。城市地位和分量高低的根本性支撑在于经济实力，经济实力是根本、是基础，能够衍生、带动其他功能的生成与发展。在经济发展方面，广州充分体现了在全国的引领性，是我国城市经济的重要一极。2017年，广州市实现地区生产总值21503.15亿元，按可比价格计算，比2016年增长7%，首次突破20000亿元，位居全国省会城市第一名。

“十二五”期间，广州经济保持较快增长，地区生产总值增长速度达到8%，综合经济实力有新提升，年均增长10.1%，地区生产总值由2011年的1.24万亿元提高到2017年的2.15万亿元，人均地区生产总值突破2万美元；地方一般公共预算收入由960亿元增至1394亿元。2016年联合国发布的《世界城市化前景》报告指出，广州“2010年—2015年的年均发展速度达5.2%，其城市人口去年已达1250万”，成为“全球发展最快的十座超大城市”之冠。在区位方面，广州是门户枢纽，优势明显，经济腹地广阔，是携手港澳打造珠三角世界级城市群的核心城市。在交通运输功能方面，设施先进、通达力强。截至2017年底，空港开通国内航线168条、国际航线157条，旅客吞吐量达6584万人次，居全球第13位，货邮吞吐量为172吨，排全球第15位。海港与世界100多个国家和地区的400多个港口频繁往来海运贸易。2017年港口货物吞吐量为5.9亿吨，集装箱吞吐量为2000万标准箱，分别位居全球第6、第7位。此外，城市内的地铁运营总里程达到308.7公里，居全球前十。在商贸方面，从“千年商都”到国际商贸中心，广州一直保持着长盛不衰的国际影响力。2017年，广州社会消费品零售总额达到9402亿元，商品进出口总额达到9714亿元，广州连续6次荣登福布斯中国大陆最佳商业城市榜首。在信息网络方面，广州拥有中国内地最大的国际出口带宽，互联国际出口带宽超2000G，聚集了互联网主营收入超1亿元的187家企业，跨境电子商务规模居全国第一。在国际交流交往方面，截至2018年8月17日，广州共有62家外国领事馆，有国际友城37个、国际友好合作交流城市34个，而且在友城“百城计划”的推动下，广州的国际朋友圈正在快速扩大。广州的交流设施完备，国际会展现代化，定期筹办广交会、创交会、留交会、国际投资年会等，在全国“城市展览业发展综合指数”中排名第二，2015—2017年，举办重大国际会议近60场，并于2017年成功举办《财富》全球论坛。

（二）枢纽功能突出

作为国家中心城市，广州海陆空铁交通方式齐全，且等级上远超一般城市，广州还是国内三大国际航空枢纽之一、三大会展中心之一、三大电信枢纽之一、国际互联网接入枢纽等。广州即将在增城建设第二机场，在南沙建设商务机场、通用机场，不难看出，多层次的航空枢纽布局将有力支撑广州进一步成长为全球资源配置的枢纽节点。在国际航运枢纽方面，2017年广州港集装箱年吞吐量超过2000万标准箱；广州港集装箱航线达到197条，国际海运通达世界100多个国家和地区的400多个港口，成为非洲、地中海航线核心枢纽港。（见图11-1）

在国际航空枢纽方面，2017年广州白云国际机场运输旅客超过6500万人次；启用广州首个商务航空服务楼；白云机场的航线网络已覆盖全

图11-1　广州国际航运枢纽

图11-2　广州国际航空枢纽

球超过220个航点，奠定了面向东南亚及澳洲的第一门户枢纽地位，以亚太地区以及大洋洲、非洲地区为主，逐步覆盖欧美等全球地区的航线网络布局已经初具雏形。（见图11-2）

在国际科技创新枢纽方面，2017年广州新增高新技术企业4000多家，累计超过8700家；科技型创新型企业4万家，累计16.9万家；《广深科技创新走廊规划》获广东省委常委会议审议通过，广州、深圳、东莞合力打造“中国硅谷”。《财富》国际科技头脑风暴大会永久落户广州，为广州带来了永久性资源平台以及未来发展的无限可能。2017年广州在多个知名全球城市排名中表现突出。例如，在GaWC（全球化与世界级城市研究小组与网络）的世界城市分级中跃升至Alpha-级别，进入“世界一线”城市序列；在澳大利亚智库2 Think Now发布的2017年《全球创新城市指数》中，广州在全球500个城市中位列第97位，已从“创新节点城市”跃升为“创新枢纽城市”。

（三）制度创新走在前列，政策优势明显

作为重要的国家中心城市，广州始终在中国改革开放中发挥“开道”“探路”的作用，在制度文明进步中发挥引领性作用。早在改革开放之初，广州就曾开创了多项制度改革上的全国第一，如在流通体制、金融体制、商品房体制、开发区体制等改革方面都是中国最早的探索者、设计者和实践者，直接为我国建立现代市场经济体制做出了重大贡献。近年来，广州也在社会治理、城市管理等方面首开制度创新之先河。如创立公共咨询委员会制度，率先实行政府财政预算公开制。除改革引领外，广州软实力的另一个方面就是面向世界的开放优势，以广交会和中新知识城等众多平台为代表，广州成为“一带一路”的节点城市和自贸区战略的示范基地，地位举足轻重。

国家政策也为广州打造全球城市提供了强力支持。《中华人民共和国国民经济和社会发展第十三个五年规划纲要》和《珠江三角洲地区改革发展规划纲要（2008—2020）》指出，要加快珠三角世界级城市群建设发展。国家自贸区战略要在南沙推进穗港澳服务贸易自由化，促进三地在人才、金融、会展、法律服务等领域深化合作。国家“一带一路”倡议鼓励广州企业加快对港澳地区的投资。泛珠合作战略推动穗港企业在泛珠区域布局、投资、贸易。通过这三层合作，把穗港澳合作打造成全球资源配置的重要平台。在地方政策上，《广州市国民经济和社会发展第十三个五年规划纲要》提出，广州国家中心城市功能实现整体跃升，成为珠三角世界级城市群核心城市、辐射带动泛珠地区合作的龙头城市、国家建设“一带一路”的枢纽城市。

（四）城市发展环境不断完善

作为全国首批历史文化名城之一，广州历史底蕴深厚，文化资源丰富，人文生态环境良好，开放包容，宜居宜业，全市森林覆盖率达42.14%，建成绿道3200公里、碳汇造林21万亩，建成区绿化覆盖率达41.8%。此外，广州是投资首选地和最佳发展地，市场化程度高，社会治安综合治理经验多，社会满意度和集聚力上升，房价、企业运营成本相对较低，吸引了一批企业总部落户。作为国内一线城市的代表，广州得到的关注度高，城市文化认可度高；开放、多元的城市文化品质受到广泛认同；城市文化具备鲜明的独特性和差异性；文化底蕴深厚，文化体验层次丰富多彩；广州公共文化建设总体受到市民肯定；“图书馆之城”建设成效显著。①

①曾德雄．广州迈向全球城市的文化思考［J］．人民之声，2017（7）．

广州的国际认可度和吸引力逐步提高，外籍人口数量保持稳定增长，据统计，截至2017年4月25日，在穗居住的外国人口数量为8.8万人，其中亚洲人口为4.76万人、非洲人口为1.50万人、欧洲人口为1.01万人、北美洲人口为1.01万人、大洋洲人口为0.28万人、南美洲人口为0.24万人。为方便这些外国人的衣食住行，让世界更好地认识广州、了解广州的发展，广州努力加快城市国际化进程，不断提升城市国际化水平，大力加强城市语言环境建设，继续完善城市推介的国际传播渠道，例如广州城市形象片《花开广州·盛放世界》亮相美国纽约时代广场，不仅向世界展示了城市的魅力，而且扩大了全球影响力。

四、广州构建全球城市的探索与实践

（一）城市定位

突出全球视野、国家责任、广州特色，承接和传导“一带一路”倡议、粤港澳大湾区建设等国家政策，以及习近平总书记对广东工作“四个坚持，三个支撑，两个走在前列”的重要批示精神，并落实广东省委书记李希关于打造独具特色、文化鲜明的国际一流城市的发展指示，科学谋划，提出广州目标愿景为“美丽宜居花城，活力全球城市”；[①]城市性质是广东省省会，国家重要中心城市，历史文化名城，国际综合交通枢纽、商贸中心、交往中心、科技产业创新中心，逐步建设成为中国特色社会主义引领型全球城市。[②]

①戴春晨．广州未来将成全球城市，对标“芝加哥+新加坡+东京”［N］．21世纪经济报道，2018（1）．

②孙不熟．总规获批，广州被赋予更高的城市定位［N］．南方日报，2016-02-25（A2）．

（二）城市空间格局

深刻认识广州的自然禀赋和历史文脉，构建理想城市空间格局。

一是加快区域协同发展，充分发挥“一带一路”建设支撑作用和粤港澳大湾区核心增长极作用，携手共建粤港澳大湾区世界级城市群。

二是优化生态、农业、城镇三类空间，保护生态空间山清水秀，保障农业空间提质增效，促进城镇空间紧凑集约。

三是优化城市空间结构，以山、水、城、田、海为基底，以珠江水系为发展脉络，以生态廊道相隔离，以交通骨架为支撑，聚焦航空、航运和科技创新三大战略枢纽，强化多点支撑，强化枢纽对城镇群的发展带动，逐步构建枢纽型网络空间格局。

在城市发展过程中，要强化底线意识，守住城市生态环境、规划管控和安全稳定底线，合理控制发展规模。一是守住城市生态环境底线，对接生态保护红线划定全市生态控制线。划定2020年永久基本农田保护面积895平方公里。二是守住规划管控底线，实施全域蓝线、绿线、紫线管控。三是守住城市安全稳定底线，积极应对防风内涝、垃圾围城、消防安全等风险问题，提升基础设施运行保障水平。四是合理控制城市规模。

（三）空间体系构建

对于广州主城区包括哪些范围，历年来广州各类文件有不同的提法。未来广州将形成“主城区—副中心—外围城区—新型城镇—乡村”的城市空间网络体系。其中，主城区包括荔湾、越秀、天河、海珠四区，以及白云区北二环高速公路以南地区、黄埔区九龙镇以南地区、番禺区广明高速以北地区。主城区是承担科技创新、文化交往和综合服务职能的核心区域。番禺区广明高速以北地区覆盖了广州大学城、广州长隆、大石街、洛溪村、南村镇等大片范围。广州副中心则包括南沙区全域。该区域是功能完整的滨海新城，也是广州面向粤港澳大湾区的重要门户。

（四）强化南沙的作用

广州未来要“强南沙”，建设粤港澳大湾区核心门户。南沙的发展定位为：高水平对外开放门户枢纽、绿色智慧宜居城市副中心、粤港澳大湾区综合服务功能核心区和共享发展区。强化南沙的粤港澳大湾区核心功能。其核心功能包括粤港澳大湾区交通中心和综合服务功能核心区。为强化南沙的粤港澳大湾区交通中心功能，广州将推进南沙枢纽站规划建设和提升庆盛站综合交通服务能力；推进建设南沙与广州主城区、香港国际机场、深圳宝安国际机场、广州南站畅达的高速交通走廊，实现30分钟直达粤港澳大湾区主要城市中心区和重大交通枢纽。为强化南沙的粤港澳大湾区综合服务功能核心区功能，重点发展国际航运、国际服务贸易、国际创新金融、科技创新、国际交往等功能。根据规划，南沙还将建设粤港澳全面合作示范区，面向港澳实施更大程度的先行先试和更高水平的开放政策。

（五）完善相关公共配套

截至2017年底，广州地铁发布消息称，广州地铁4号线南延段、9号线一期、13号线一期和14号线知识城支线4条新线开通后，地铁线网线路长度增加81.6公里，达到390.6公里。根据国家发改委批复的《广州市城市轨道交通第三期建设规划（2017—2023年）》，广州将建设10条地铁新线路，总长度258.1公里，总投资2196亿元。到2023年，广州将形成18条线路、总长800公里的轨道交通网络。广州要建设世界级空港、海港和铁路枢纽。至2035年，广州要建成2000公里左右城市轨道交通网络。这也意味着，到2035年，广州城市轨道线网线路长度有望达到2017年的5倍。

（六）凸显广州特色

突出广州特色，打造美丽宜居花城。一是优化“山、水、城、田、海”的生态格局，打造三级生态廊道体系，健全城乡公园体系，控制6条通风廊道；二是彰显岭南特色，塑造文化名城，挖掘和展示珠江景观带魅力，整体保护和活化广州历史城区；三是坚持综合交通枢纽建设，打造世界级空港、海港和铁路的枢纽网络。

广州要发掘和保护1913年前用于文书传递、物资运输、人员往来的运用传统技艺修建的驿道和民间古道，主要包括北江—珠江口和东江—韩江古驿道。[①]突出广州在南粤古驿道体系中的中心地位，串联整合沿线名镇名村、传统村落，促进历史文化资源密集地区的整体保护与联动发展。近期重点修复路面和沿线建筑，增加标识系统，建设出入口和服务设施，加快推进从化古道等古驿道重点线路的修缮和活化利用。此外，广州未来还将通过线性载体，策划实施7条“最广州”路线，串联一批最能反映广州历史底蕴与文化特点、最能展现广州传统风貌的建筑、街道、街区，讲好广州故事，展现广州魅力。通过完善人性空间和骑行空间，增设主体标识系统，加强文物、历史建筑本体修缮和周边历史环境修复，注重街区特色风貌展示，丰富体验内容，提升广州城市街道活力。

---

①柳时强．广州将建成中国特色社会主义引领型全球城市［N］．广东建设报，2018-2-27.

五、新时代广州建设全球城市的发展路径与展望

改革开放40年来广州城市建设取得了巨大的成就，为广州在新时代建成引领型全球城市提供了坚实支撑，但也面临不少问题及挑战。为此，广州必须按照“一张蓝图干到底”的要求，对标国际最高最好最优标准，高水平加快城市现代化建设，促进城市高质量发展，加强城市精细化治理，有效化解各种“大城市病”，主动融入和引领粤港澳大湾区发展，提升广州城市国际竞争力和影响力，打造让市民生活更美好的引领型现代化全球城市。

（一）全面强化城市规划建设中的全球意识

全球城市是广州城市发展的高端定位。在建设中，要树立全球意识，以世界眼光、国际标准，对城市发展宏图进行统一规划、科学布局、严谨管理。第一，制定与国际接轨、全球城市发展要求相适应的政策法规和规章制度。第二，指定或成立一个专门管理服务部门由市政府直接领导，负责全球城市建设的统筹、协调、监督、评估等管理工作并提供决策引导、咨询沟通等高效、便捷的服务。第三，构建上下贯通、层级职责分明、严谨规范的管理体系。管理体系由管理内容、管理手段等要素组成。管理内容包含政策规划、法律法规和规章制度等，管理手段包含制度管理、组织管理、人才管理、考核或评估管理等。

同时，广州应当成为全球城市网络中的大型枢纽节点，通过海陆空铁、通信等进行织网活动，进一步增强全球联系度。要充分发挥广州作为粤港澳大湾区核心城市引领作用，对接粤港澳大湾区发展规划，推进广州与粤港澳大湾区的城际轨道、高速公路、枢纽站场等交通基础设施项目建设，合作推进粤港澳大湾区世界级机场群、港口群建设，促进广

州与大湾区各城市交通基础设施无缝衔接及互通。以广深港科技创新走廊为抓手，加强粤港澳大湾区科技创新能力合作，共建国际化开放型创新体系，共同打造国际科技产业创新中心。推进南沙粤港澳全面合作示范区及产业合作园区、珠江创新带和海鸥岛生态休闲旅游区建设，吸纳港澳产业及企业落户发展，培育利益共享的产业价值链和战略性新兴产业集群，促进粤港澳大湾区产业一体化发展。依托南沙自贸试验区、空港经济区、科学城和南站商务区等区域，探索建设自由贸易港，促进穗港澳人流、物流、信息流和资金流有序高效流动和市场一体化，合作打造新时代高水平对外开放的门户枢纽。

另外，要探索建立更加有效的多层次区域协调和国际合作新机制，引领珠三角和粤东西北协调发展，促进泛珠三角合作发展，加强与"一带一路"沿线城市及世界城市合作发展，提升广州对区域的辐射带动力、全国的服务力和国际影响力。一方面，要加快拓展国际人文网络，通过外籍人口的导入、国际社区的建设以及外国使领馆、外国代表处、办事机构、国际组织在广州的成立和引入，提高广州的国际影响力和吸引力。通过举办更多国际会议，成为国际会议之都、展览之都，进一步提高广州国际会展综合承载能力，建设具有全球影响力的会展之都。巩固提升"广交会"品牌的龙头地位，培育广博会、金交会、创交会、海交会等一批具备国际竞争力的专业品牌展会，提升广州会展之都的国际知名度。另一方面，坚持"服务周边就是服务自己"的发展理念，高质量深入推进广佛同城化、广清一体化、广佛肇清云韶经济圈和珠三角世界级城市群建设，加强与东莞、中山、深圳的战略合作，促进基础设施、航运、环境整治、公共服务等方面对接及互联互通，实现区域协同及一体化发展。强化与泛珠三角城市和高铁沿线城市合作，建设珠江—西江经济带和高铁沿线经济带，促进交通基础设施连通、产业融合、资源共享和旅游联盟，拓展广州发展的腹地空间。

（二）加快构建全球城市空间发展新格局

以广州山、水、城、田、海的自然格局为基底，以珠江水系为发展脉络，以交通骨架为支撑，以生态廊道及绿色空间为隔离，加强空间系统整合，优化完善城乡生态、交通、生产、生活空间和信息网络空间，形成多点支撑、多层网络交织、内外互联互通的全球城市空间发展格局。

一是强化三大国际战略枢纽建设。以大学城为重心，整合生物岛、长洲岛、国际创新城、科学城、中新知识城、琶洲互联网创新集聚区等空间资源和科技创新、产业资源，打造面向未来、引领时代的科技城，引领广深科技创新走廊及珠三角国家科技产业创新中心建设，增强国际科技创新枢纽功能。以加快广州第二机场建设为重点，拓展白云国际机场国际航线网络，完善航空和航运集疏运体系，提升航空服务品质，打造国际一流的航空枢纽。推进南沙港区后续工程、邮轮母港、南沙铁路等建设，促进海港、河港与空港、铁路港、公路港、信息港联动发展，建设国际一流的航运枢纽。

二是提升一江两岸三带建设质量。以珠江为天然纽带与网络，以珠江新城、广州国际金融城、琶洲互联网创新集聚区“黄金三角区”为引擎，整合珠江沿岸优质资源，建设及优化提升珠江两岸经济带、创新带和景观带，促进广州开发区、增城开发区、空港经济区等功能区转型升级和高质量创新发展，建设一批价值创新园区和创新节点，培育引领未来发展的新增长极。突出历史文化传承、现代都市品质和未来可持续发展的主题，从西向东重点建设形成30公里精品珠江和白鹅潭、海珠广场、花城广场等世界级城市客厅。

完善国内至国际、市内至区域及全国的交通中转衔接网络，强化广州各交通枢纽客运零距离换乘和货运无缝化衔接。

三是促进交通运输服务品质化。实施“互联网+交通”行动计划及促进大数据在交通运输领域的广泛应用，加强广州综合交通联程联运、智能管理、公共信息、海陆空协同联动等系统工程建设，发展智能交通、联程联运和交通运输新业态、新模式，增加高品质的交通运输服务有效供给，发展壮大国际化交通运输企业，提升综合交通枢纽的服务水平和效率。

（四）加快建设高层次的开放型经济体系

第一，广州要放大《财富》全球论坛效应，吸引更多世界500强企业、大型跨国公司、行业领军企业和重大项目落户。坚持创新引领，聚焦新一代信息技术、人工智能、生物医药和新能源、新材料等战略性新兴产业，培育和引进世界级创新产业集群和世界一流企业。同时，加快培育本土跨国企业，鼓励大型企业有效利用两个市场两种资源，走出去建立境外生产基地、营销网络、研发中心和能源资源供给体系。

第二，大力强化金融产业。金融产业是制约广州迈入全球城市的主要瓶颈和最大挑战。未来五年是广州金融产业发展的黄金期、机遇期，要努力突破障碍和瓶颈，加快抢占制高点，极力争夺金融机构和平台，不断扩大世界影响力，加速建设区域金融中心。一是增强金融服务功能和专业化水平，健全现代金融服务体系。二是创立网络金融服务平台和国际金融市场交易平台，扩大广州金融产业的知名度和区域金融中心的辐射影响力。三是提高国际知名金融机构落户数量，吸引全球高端金融精英、国际金融产品、国际资金集聚于广州，提升广州金融产业的国际竞争力。四是优化金融生态环境，科学合理布局金融产业城市空间，促进本地金融、特色金融做大做强。

第三，大力助推总部经济发展。总部经济的发展一般可以分为以下几个阶段：一是区域性（省市级）总部为主阶段；二是区域性总部与全国性总部混合阶段；三是全国性总部为主阶段；四是全国性与国际性总部为主阶段。目前，以区域性、全国性总部为主的广州总部经济处于向高级阶段发展的过渡阶段，而这一阶段的总部经济往往只能影响区域性或国家级中心城市的发展。要想提升全球经济控制力，形成世界级城市群核心城市乃至全球城市，有赖于世界500强企业、跨国公司、国际组织等总部的集聚力及其总部经济的辐射力、引导力。所以，建设世界级城市群核心城市，把握国际经济话语权和主导权，重中之重是通过举办国际会议、世界经济论坛、国际会展、交易会等，吸引国际组织落户；通过营造开放的营商环境、夯实雄厚的经济基础、集聚优质的人力资源等，吸引世界500强企业和跨国公司落户。

第四，全面优化语用系统，营造便捷开放的营商环境。综观纽约、伦敦、东京等全球城市的发展历程，可以得出，多语言服务、规范的标识语、便捷的语用平台和系统是全球城市功能的要素。因此，在语言服务上，建立外语人才储备库，满足政府、企业、团体等对外语谈判人才、外语翻译人才的高端需求。以外语培训为抓手，提高外语普及率，从领导到群众，从窗口和服务业的工作人员到志愿者，全面提升市民外语服务能力，不断优化外语服务环境。在外语标识语上，针对目前广州外语标识语种种乱象，一方面，制定国际标准的外语标识语通则，确保译文统一、译名规范、用词准确、表达地道。另一方面，加大外语标识语监管、纠错力度，指定相关部门专门监管，组织动员各方力量参与纠错，构建纠错、监控系统等。在语用平台和系统上，运用先进的语言技术，创建语料库、网络图书馆、电子阅览室等，营造动态、全球共享的资源环境；搭建商务谈判交互平台、网络多功能多语服务平台、网络音视频会议系统等，为使用者提供智能化的语言服务，构建便捷、开放的营商语言环境。

（五）高标准精准促进城市治理现代化

超大城市治理是一项复杂的系统工程。要统筹城市规划、建设、管理三大环节，强化城市规划权威性，提升城市建设质量，开展城市社会治理协同创新创建，促进城市治理现代化，打造全国最安全稳定、最公平公正、法治环境最好的超大城市。

一是加强城市精细化管理。充分利用智能信息技术加强城市管理综合执法，改造消灭城中村和搬迁转型批发市场，加强内街巷、城郊接合部和农村治理，坚决遏制新增违法建筑，依法处理历史违法建筑。深入整治城市乱搭乱建、乱堆乱放、乱设摊点等乱象和违法户外广告、余泥渣土排放，深化交通违法行为和消防安全隐患综合治理，推动市容环境整治向内街小巷延伸。加强对城市的空间立体性、平面协调性、风貌整体性、文脉延续性等方面的管控，强化历史文化遗产、街区、镇区、建筑等的保护和活化利用，建设历史文化步径和城乡古驿道，展示广州历史文化名城风貌。

二是强化城乡公共安全。增强安全及防范意识，建设现代化的消防和安全应急设施，完善安全生产治理体系和应急管理体系，建设安全教育体验中心，抓好重点行业领域安全监管，遏制重特大安全事故。全面开展城市风险点、危险源普查和隐患整治，深化重点行业专项整治；实行最严格食品药品安全监管，创建国家食品安全城市。完善现代社会治安防控体系，提升应急处突能力，严厉打击违法犯罪活动，巩固提升市民安全感。

三是率先营造共建共治共享的社会治理格局。创新城市社会治理体制，改进城市社会治理方式，拓展外来人口参与社会治理的途径和方式，构建形成人人参与、人人尽责的城市社会治理局面；推进资源、服务、管理向城乡社区下沉，使基层有权有物，更好地为群众提供精准有效的服务和管理。深化社区网格化服务管理，发展社区服务综合体，发展社区社会组织，创建城乡幸福文明社区。把城市各项建设管理工作纳入法治化轨道，依靠法治解决城市各种社会矛盾，加大全民普法力度，完善社会矛盾纠纷多元化解机制，促进城市善治，建设法治政府和法治社会，当好广东营造共建共治共享社会格局走在全国前列的排头兵。

（六）面向世界高质量推进基础与公共服务设施现代化

基础与公共服务设施现代化是城市现代化的基础支撑和保障。广州城市建设应弘扬“工匠精神”，按“绣花功夫”要求高质量推进基础与公共服务设施现代化，更好地为城市全面现代化提供基础支撑。

一是建设现代化的市政路网及设施。加快对接航空、航运、铁路及换乘枢纽的路网建设，加快市域骨架路网改造及快捷化，加快重点功能区配套路网建设，加快老旧社区、农村及城郊接合部路网升级改造及建设，优化发展常规公交、出租汽车和水上巴士网络，完善公共停车场的布局及配置，打造高效便捷的“综合运输服务示范城市”和“公交都市”。

二是建设现代化的市政设施。按照智能化、绿色化趋势及未来技术发展要求，建设现代化的城乡电网、快充电桩、天然气管网、供排水网、污水管网、垃圾处理等网络及设施，提高市政设施服务供应质量；超前建设新一代信息网络基础设施，大力推进智能化、数字化、云计算技术的应用，建设智慧广州和数字广州；促进“三网”融合及升级发展，打造虚拟型国际化网络及交易交流平台；建设地下综合管廊等基础设施，促进各种管线入廊及精细化综合管理；新改扩建一批公共厕所，深入推进城乡全域“厕所革命”及实现“厕所文明”。

三是建设现代化的公共服务设施。建设国际一流大学与学科、国际化的健康医疗中心和标志性文化设施，提供国际化的教育、医疗和文化服务；根据城市发展及人口布局，均衡布局建设幼儿园、中小学、医疗卫生、养老、文化、体育、社会福利等公共设施及网络，完善城市社区和农村公共服务设施，促进城乡优化公共服务均等化，提供高质量全覆盖的现代化公共服务。

（七）持续发力建设美丽花园城市

牢固树立绿水青山就是金山银山的意识，像保护生命一样保护生态环境，以珠江及河涌的治理为抓手，统筹山、水、城、田、海的系统治理，实行最严格的生态环境保护制度，建设多元化的生态补偿机制，推进节能减排、绿色发展和生态文明，把广州建设成为全球人与自然和谐共生的美丽花园城市。

一是构建山水连通、蓝绿相融、绿网穿城的城乡生态空间网络。严守广州生态保护红线、永久基本农田、城镇开发边界三个控制线，保育北部生态绿洲和中南部农田生态片区，建设纵横交错的多层次生态廊道，优化提升城市主题花景、花带和公园，建设绿色建筑、绿色枢纽、绿色网络、绿色社区、绿色村镇、绿色学校和海绵城市，优化城市建筑景观和风貌，打造国际美丽花城品牌。

二是坚决打赢治理黑臭河涌攻坚战。持续实施水环境治理行动计划和饮用水水源地保护措施，全面深入实施河长制和湖长制，加强源头治理，彻底清理整治各类污染源及“散乱污”场所，完善城乡污水处理厂和管网建设，强力推进黑臭河涌的整治，推进水环境综合治理向边沟边渠延伸，强化水污染监督考核和执法，逐步全面消除黑臭水体。到2035年实现城市生活污水处理率不低于96%，实现河涌治理长治久清。

三是促进“天更蓝”和“地更净”。持续实施大气污染防治行动计划和蓝天保卫战措施，继续推进污染企业环保治理、搬迁和关闭，全面推进企业使用清洁和绿色能源；加强机动车船等移动污染源控制，推进机动车船等使用清洁能源，加快公交电动化和推广使用新能源车船，全面推进绿色施工及建设，加强扬尘管控，确保PM2.5稳定下降及达标，实现大气环境质量明显改善。加强污染土壤修复和农业面源污染防治。持续深入实施垃圾强制分类，强化居民和机构垃圾分类意识和责任，加强城乡生活垃圾无害化处理利用和建筑废弃物资源化利用，防治固体废物污染。

后　记

美国经济学家、诺贝尔经济学奖获得者斯蒂格利茨曾断言：21世纪对世界影响最深的两件事，一是美国的高科技产业，二是中国的城镇化。改革开放给我国带来了经济的大发展，也带来了城镇化的快速推进。广州作为我国首批沿海开放城市，得改革开放风气之先，不仅城市经济综合实力长期稳居全国城市第三位，而且在城市规划、城市建设和城市治理方面均走在全国前列。在短短40年间，广州的城市面貌日新月异，城市综合实力节节攀升，城市国际影响力日益拓展，已从区域性中心城市发展成为重要的国家中心城市，并向国际一流的引领型全球城市目标迈进。

本书试图通过翔实的数据、图片、案例，从城市发展战略、城市规划布局、城市建设与管理等多个视角，梳理和概括广州40年来的历史演进和成长变迁，系统记录了改革开放40年来广州这座国际大都市的城市演化历程。其目的是通过对广州在快速城镇化进程中取得的成就与经验、存在的困惑进行系统回顾、全面梳理和深度总结，探索改革开放、思想解放、创新发展与城市规划建设提速、城市治理理念升级之间的内在逻辑关系，为新时代广州经济社会实现高质量增长与协调平衡发展、加快建设引领型全球城市提供经验启示，助推广州城市再上路、再出发。

《城市变迁——一座国际大都市的成长》是集体合作的成果。涂成林研究员负责全书的策划、组稿、统筹工作，谭苑芳教授、曾恒皋副研究员、姚华松副研究员、粟华英经济师等负责书稿的编撰和修改工作，李佳希、曾梓犇、李佳曦等同学也参与部分书稿的资料收集和文字整理工作。

中国的改革开放是一幕宏阔的历史大剧。40年来广州城市规划、建设和管理方面发生过数不胜数的修订和发展，取得了许多首创性、突破性的成果，积累了许多宝贵的经验和发展模式。由于受时间、研究能力和资料所限，本书的梳理、总结、概括和提炼可能并不全面，难免挂一漏万。敬请各位读者谅解并批评指正。